제5판

회계원리

Accounting Principles

이충섭 · 조용언 · 이상완 · 정재현
정재경 · 이승태 · 정현욱 공저

도서출판
청람

| 머리말 |

회계! 하면 많은 학생들이 어려워한다. 그래서 가능하면 회계과목 수강신청을 하지 않으려고 한다. 회계가 어려운 건 사실이다. 그런데 회계란 도대체 무엇이기에 쉽게 범접할 수 없는 분야라고 인식되어 버렸는가? 회계는 어려울 뿐인가? 그렇지 않다. 회계는 예로부터 동서양을 막론하고 비즈니스를 하는 사람들의 필요로 탄생한 것이다.

회계가 존재하는 이유는 지금도 과거와 다를 바 없다. 회계는 한자로 會計, 즉 모임 또는 회사의 계산으로 뜻풀이가 된다. 영어로는 accounting이라고 부른다. 그 뜻을 조금 더 풀어보자. 한자어인 회계의 회(會)는 '이해하다 또는 깨닫다'라는 뜻도 있다. 회계는 '계산을 통해 알게 하다'는 뜻이 된다. 조직의 활동을 계산을 통해 알려준다는 것이니 회계의 측정과 보고기능을 아우르고 있다는 의미이다. 영어 accounting 또한 같은 의미를 가지고 있다. '세다, 계산하다'는 count에 ing를 붙이고 여기에 '~을 향하여 또는 ~을 위하여 계산한다'는 뜻의 접두사 ac를 덧붙인 것이다. 상대가 있다는 것이니 조직의 활동을 원하는 누군가를 위해 계산하여 알려준다는 것이다. 회계는 이러한 커뮤니케이션의 필요에 따라 사용되기 시작한 것이니 그 목적과 기능은 매우 단순하고 명쾌하다. 회계가 본질적으로 난해하다기보다는 경제활동이 보통의 상식으로는 이해하기 어려운 수준까지 고도화되었기 때문에 회계도 덩달아 어려워진 것일 뿐이다.

저자들도 대학시절 회계과목은 어려웠다. 그러나 세상의 모든 일은 쉬운 것이 하나도 없다. 자전거를 탈 줄 몰랐던 어린 시절 자전거 타기를 배우려던 때를 생각해보라. 음식을 먹을 때 세계인들이 잘 쓰지 않는 젓가락질도 마찬가지이다. 그러면 어려움을 극복하는 방법은 무엇인가? 그건 한 계단 한 계단 밟고 올라가는 것이다. 기본 기술을 익히고 기본 체력을 기르는 것이다. 그런 다음 조금 더 수준이 높은 단계로 조금씩 나아가는 것이다. 여기에는 노력과 인내심, 그리고 집중력이 요구된다. 등산에도 같은 방식을 적용하면 웬만한 높이의 산이라도 다 오를 수 있다. 그러다가 등산에 매력을 느끼고 산사랑에 빠지게 되면 전문 산악인으로 나아가게 되고 세상에서 가장 높은 히말라야 꼭대기까지 오를 수도 있다. 회계원리는 그야말로 회계라는 산을 오르기 위한 첫 계단이다.

이 책은 독자들이 조금이라도 더 쉽게 회계에 다가설 수 있도록 저자들이 고민한 지적 생산물이다. 오랜 강의 경험을 살려 어떻게 하면 회계에 대한 흥미를 유발할 수 있는지를 탐색한 결과물이다. 젊은 세대의 생각과 감각이 반영될 수 있도록 싱크로율을 높이려고 애썼다. 캔버스에 아름다운 그림을 그리듯 세밀한 터치를 놓치지 않았다. 각 장마다 각기 다른 주제들이 옴니버스식으로 구성되어 있지만 훌륭한 오케스트라가 한 곡의 교향곡을 연주하듯 각 주제들 사이에 하모니를 연출할 수 있도록 조율하였다. 이 책을 통해 회계라는 고글을 쓰고 메타버스의 세계로 들어가면 회사나 조직의 전체 활동이 한 눈에 실감나게 구현될 수 있도록 구성하였다.

불가능이란 없다. 얼마 전에 끝난 세계적 축구제전인 월드컵에서 아디다스는 광고카피로 'Impossible Is Nothing'이라는 문구를 썼다. 축구경기에 딱 어울리는 광고문구가 아닌가! 회계를 처음 시작하는 학생들에게 모든 미래는 가능성의 세계이고 열린 세상이다. 이 책을 통해 회계에 흥미를 느끼게 된다면 기업의 회계담당자, 공인회계사나 세무사와 같은 회계전문가로까지 자신의 인생을 확장할 수 있을 것이다. 저자들은 이 책을 저술하면서 회계에 첫발을 내딛는 독자들에게 '중요한 것은 꺾이지 않은 마음'임을 나누고 싶고 또 그런 결심을 도와주고 싶었다.

2023년 1월

저자 일동

차 례

Chapter 3 회계등식과 거래의 기록

Chapter 4 회계의 순환과정

Chapter 5 상품매매업의 회계순환과정

Chapter 6 재고자산

Chapter 7 금융자산-현금및현금성자산

Chapter 8 금융자산-수취채권

Chapter 9 금융자산-지분증권

Chapter 10 금융자산-채무증권

Chapter 11 유형자산과 무형자산

Chapter 14 자 본

Accounting Principles

Chapter 1 회계의 기초개념

Chapter 01 회계의 기초개념

Accounting Principles

1. 회계의 본질

회계는 의사결정자들이 경제적 의사결정을 합리적으로 할 수 있도록 기업실체에 관한 유용한 경제적 정보를 측정・기록・전달하는 정보시스템으로 정의된다. 회계의 목적은 의사결정자들의 경제적 의사결정에 유용한 정보를 제공하는 것이다. 예를 들어, 기업의 경영자에게는 경영의사결정에 필요한 정보를 제공하고, 주식투자자에게는 투자목적에 적합한 정보를 제공하고, 금융기관에게는 기업에 자금을 대여할 것인지를 결정할 때 필요한 정보를 제공하고, 세무당국에게는 적정한 과세소득 산정을 위한 정보를 제공하는 것이 바로 회계이다.

과거에는 회계를 단지 거래나 사건들을 일정한 방법으로 기록하고 요약하는 기술적인 것으로 여겼다. 그러나 현대에서의 회계의 의미는 회계정보를 필요로 하는 사람들(예 : 주주, 채권자)에게 필요한 정보를 제공하는 정보시스템으로서 단순히 장부를 처리하는 기능보다는 훨씬 폭넓은 영역을 차지하고 있는 것으로 받아들여지고 있다.

또한 회계는 기업의 언어라고 일컬어지기도 한다. 왜냐하면 회계에 대한 기본지식이 없이는 기업활동을 효율적으로 수행하기 위한 의사소통을 할 수 없기 때문이다. 회계의 대상은 기업, 정부, 개인 등 다양하지만 그 중에서 가장 많은 경제적 정보를 생산하고 이를 이용하고자 하는 정보이용자가 많은 기업이 회계의 주된 대상이다.

대부분의 사람들은 회계와 부기를 동일한 것으로 생각하고 있는데 양자 간에는 분명한 차이점이 있다. 부기는 회계의 한 과정으로서 경제적 사건들을 장부에 기록하고 보관하는 단순한 기능적 활동만을 말한다. 부기는 반복적이고 기계적이라는 특성을 지니고 있다. 그러나 회계는 정보를 산출하고 산출된 정보를 의사결정의 목적을 위해 분석하고 해석하며 활용하는 영역까지 포함한다. 그러므로 부기는 정보이용자의 측면을 고려하지 않는 개념이다.

자본주의사회를 살아가고 있는 우리들은 회계를 생활 속에서 계속적으로 접하고 있으며, 실제 회계의 개념이 필요한 경우가 한두 가지가 아니라는 사실을 이미 경험하여 왔다. 작게는 가계부작성에서부터 크게는 기업의 세무신고 및 영업성과의 계산, 정부기관들의 예산편성과 집행, 경영의사결정 등에 있어서 회계가 빠지지 않고 등장한다. 그런데도 대다수의 사람들은 회계를 대단히 어려운 것으로 생각할 뿐만 아니라 등한시하는 경우가 종종 있다. 이제 모든 경제활동에서 회계는 반드시 필요한 존재가 되었으며 복잡한 현대사회의 경제활동에 좀더 유연하게 이해의 폭을 넓혀 나가기 위해서 기본적인 회계지식의 습득은 필요불가결한 요소가 되었다.

이상의 논의된 회계의 정의를 요약하면 [그림 1-1]과 같다.

그림 1-1 회계시스템

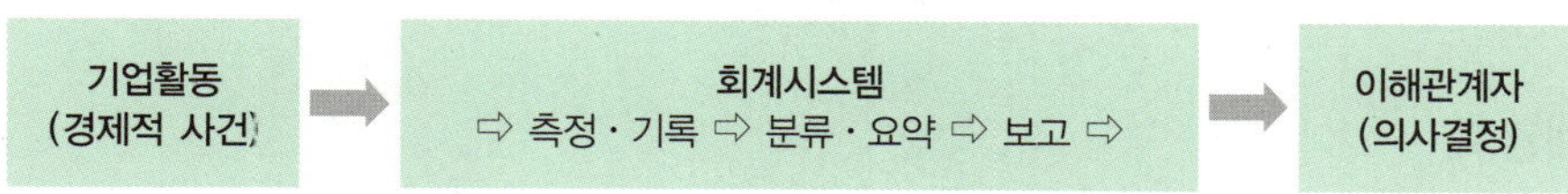

2. 회계정보이용자

대부분의 사람이 현재나 미래의 회계정보이용자라고 할 수 있다. 회계정보이용자는 크게 기업내부이용자와 기업외부이용자로 분류된다. 내부이용자는 경영자와 같이 기업활동에 책임을 지고 기업에 관한 영업, 투자 및 재무에 관한 의사결정을 내리는 집단이다. 외부이용자는 투자자, 채권자, 고객, 납품업체, 그리고 정부기관 등과 같은 기업외부에서 기업과 관련된 의사결정을 내려야 하는 집단이다. 기업은 내부이용자와 외부이용자, 즉 투자자, 채권자, 종업원, 납품업체, 그리고 정부기관 등 다양한 사회구성원들과 이해관계를 갖고 있으며, 이들은 기업의 경제활동에 관한 회계정보를 필요로 하고 있다.

(1) 투자자

투자자는 주식, 국·공채, 회사채 및 기타 금융상품에 투자하였거나 투자할 의사를 가진 개인이나 기관이다. 투자자에는 개인투자자와 보험회사, 투자신탁회사, 은행 등과 같은 기관투자자가 있다. 기업이 필요로 하는 자금의 대부분은 증권시장으로부터 조달되며 자금의 공급자는 투자자들이다. 증권시장이 발달하고 활성화되어야만 기업들은 자금조달이 원만하고 안전하게 사업을 전개할 수 있다. 소유와 경영이 분리된 주식회사제도에서 기업경영에 직접 참여하지 않고 경영자에게 기업자원의 안전한 보전과 효율적인 활용을 위탁한 주주는 경영자가 수탁책임을 잘 이행하고 있는지를 감시하고, 그들이 주주들의 부의 극대화를 위해 노력하도록 경영자 행위를 자신의 이해관계와 일치하는 방향으로 유도하기 위하여 회계정보를 이용한다.

(2) 경영자

경영자는 기업의 인적 및 물적 자원을 활용하여 기업활동을 계획하고, 조정하며, 통제하는 역할을 하는 기업구성원이다. 경영자는 목표이익의 결정, 신제품의 개발, 생산설비의 교체, 연구개발비 투자, 토지의 취득, 그리고 주식이나 사채의 발행 등과 같은 여러 가지 의사결정을 하게 되는데 이때 회계정보를 활용하게 된다.

(3) 채권자

채권자는 기업에 자금을 대여하거나 상품, 원자재 및 기타 자산을 외상으로 판매함으로써 수취채권을 보유하고 있는 금융기관 및 거래처이다. 기업은 필요한 자금을 금융기관이나 채권자들을 통해 조달할 수도 있다. 따라서 금융기관 등의 채권자집단은 기업의 주요 이해관계자라 할 수 있다. 금융기관을 비롯한 채권자들은 신용대상인 기업들에게 자금을 빌려줄 것인가 말 것인가를 결정하고, 빌려준 자금을 언제 회수해야 할 것인가 등을 결정해야 한다. 채권자들은 채권회수 가능성을 확인하기 위해 자금을 빌려가게 될 기업의 안정성과 관련된 회계정보를 필요로 한다. 채권자들은 신용대상의 선정이나 결정을 하기 위해 기업의 회계정보를 절실히 필요로 한다.

(4) 종업원 및 노동조합

종업원은 기업에 고용되어 재화와 용역의 생산 및 판매과정에서 노무용역을 제공하고 그 대가로 임금 및 급여를 받는 기업구성원이다. 종업원들은 계속해서 그 기업에서 일해야 할지, 아니면 직장을 바꿀 것인가를 결정해야 하고 계속 근무할 경우, 급여나 임금인상은 얼마나 요구할 것인가에 관한 의사결정을 해야 할 것이다. 이를 위해 안정적 고용, 적절한 보상 등을 판단하는 데 유용한 회계정보를 필요로 한다.

노동조합은 임금 협상 시 기업의 재무상태나 경영성과를 파악한다. 예를 들어, 기업의 당기 경영성과가 크게 증가했는데 임금을 동결한다면 노동조합은 임금인상을 요구할 수 있으며 경영성과 자료의 원천은 회계정보가 될 것이다.

(5) 정부기관

정부기관(예 : 국세청, 공정거래위원회, 조달청, 지방자치단체 등)은 조세를 부과하거나 징수, 또는 기업의 경영활동에 대해 각종 규제와 관리를 한다. 이와 같은 의사결정을 할 때 기초자료로서 기업의 회계정보를 이용한다.

(6) 소비자 등 기타 이해관계자

최근 들어 기업에 대한 사회적 책임요구가 커지면서 소비자나 시민단체도 중요한 회계정보이용자가 되고 있다. 예를 들어, 자동차의 품질 문제로 사고가 발생한 경우 소비자나 시민단체들은 자동차의 제조원가를 절감했기 때문에 사고가 발생한 것은 아닌지에 대한 회계정보를 요구할 수 있다. 학계, 환경보호단체, 자선단체 등 다양한 비영리단체들도 회계정보를 필요로 한다. 학계는 기업으로부터의 대학발전기금에 관심이 있고, 자선단체들은 자선기부금에 관심이 있으므로 과연 기업으로부터 기부금 등의 후원을 요청할 수 있는지 판단하기 의해 기업의 회계정보를 필요로 한다.

3. 회계의 영역과 학문적 분류

(1) 재무회계

재무회계는 기업의 외부이해관계자를 위하여 경제적 의사결정을 위한 정보를 제공하며, 기업의 외부이해관계자는 주주, 채권자, 소비자, 노조, 정부기관 등 매우 다양하다. 재무회계는 이러한 이해관계자들에게 유용한 정보를 생산하여야 하지만, 외부이해관계자들의 다양한 목적을 모두 충족시키는 정보를 생산하는 데는 비용과 시간 등에 따른 현실적인 한계가 존재한다. 따라서 재무회계는 특정한 이해관계자에게만 유일하게 적합한 정보가 아니라 일반적으로 모든 이해관계자들이 대체로 유용하게 활용할 수 있는 단일한 형태의 정보를 제공함으로써 기업의 다양한 외부이해관계자가 각자의 의사결정을 위한 회계정보의 사용에 차별을 받지 않도록 한다.

기업외부의 다양한 정보이용자들이 공통적으로 갖고 있는 정보에 대한 욕구를 충족시킬 수 있도록 일반목적의 재무보고서를 작성하는데 이를 재무제표(예 재무상태표, 포괄손익계산서 등)라고 하며, 재무제표를 작성할 때 따라야 할 원칙을 일반적으로 인정된 회계원칙(GAAP : Generally Accepted Accounting Principles)이라 한다. 일반적으로 인정된 회계원칙이라는 기준에 의하여 처리되는 회계정보는 측정자가 달라지더라도 동일한 회계정보를 산출하므로 객관성을 가지게 되며, 모든 기업이 회계처리에 공통적으로 사용되기 때문에 회계정보의 기업 간 비교가능성도 확보할 수 있다.

재무회계에서 필요로 하는 회계정보의 객관성은 또한 기업실체의 경제활동 결과에 대한 주관적인 예측정보가 아니라 과거지향적이고 구체적인 재무적 정보를 취급하도록 한다. 재무회계정보를 보고하는 시기와 횟수 또한 특정한 이용자를 위하여 개별적으로 결정할 필요는 없으나 일반적으로 1년, 반기, 분기 등의 주기에 따른다.

(2) 관리회계

관리회계는 기업의 내부정보이용자인 경영자를 위하여 회계정보를 생산하며, 기업의 경영자는 최고경영자, 중간관리자, 현장책임자 등 계층별로 경영관리 및 책임의 범위와 정도는 다르지만 경영활동의 계획과 통제라는 공통적인 정보이용 목적을 갖는다. 경영자를 위한 회계정보의 산출은 다양한 이해관계자를 위한 객관적이고 공평한 정보를 제공하는 재무회계와는 달리 일정한 회계원칙을 필요로 하지 않으며, 경영자의 의사결정 목적에 대한 적합성을 보다 강조하게 된다. 이에 따라 관리회계는 재무적 정보뿐만 아니라 미래의 의사결정에 유용하게 쓰일 수 있는 주관적인 예측정보와 비재무적·비계량적인 정보를 생산하여 경영자에게 제공한다.

관리회계는 다양한 외부이해관계자들이 아닌 경영자를 위하여 회계정보를 보고하므로 일정한 회계원칙에 따른 회계보고서의 형식이나 기업의 경제활동에 관한 일반적인 회계정보를 제공하여야 한다는 조건을 따르지 않는다. 경영자는 관리활동 과정에서 직면하는 다양한 의사결정에 필요한 특수한 정보를 필요로 하며 또한 개별 경영자가 선호하는 방식의 회계보고서 형식을 요구할 수 있다. 따라서 관리회계는 경영자의 의사결정 목적에 따라 회계정보의 범위, 정보의 정확성, 보고형식 등이 달라지는 다양한 형태의 특수목적 회계보고서를 작성하여야 하고 이러한 보고서를 통하여 필요할 때마다 수시로 경영자에게 정보를 제공하게 된다.

표 1-1 | 재무회계와 관리회계의 차이

구분	재무회계	관리회계
정보이용자	외부정보이용자 (주주, 채권자, 정부기관 등)	내부정보이용자 (경영자, 중간관리자, 현장책임자 등)
보고내용과 형식	일반적으로 인정된 회계원칙	회계원칙에 따른 보고서 양식 없음
정보성격	과거지향적	미래지향적
보고빈도	정기보고	수시보고
보고수단	재무제표	특수목적보고서

이상에서 설명한 바와 같이 재무회계와 관리회계의 차이는 기본적으로 회계정보이용자가 다르다는 점을 바탕으로 쉽게 이해할 수 있을 것으로 본다. 재무회계와 관리회계의 구체적인 특성별 차이는 [표 1-1]과 같이 정리할 수 있다.

(3) 세무회계

기업은 경영활동의 결과에 따라 일정한 금액의 세금을 국가나 지방자치단체에 납부하게 된다. 세금을 내기 위해 세법에 의한 정확한 이익을 계산하고 세금을 산출하는 절차를 다루는 회계분야를 세무회계라고 한다. 기업회계기준에 따라 작성되는 재무회계 자료와 세법규정에 따라 산출되는 세무회계 자료는 여러 가지 면에서 차이가 있다. 이것은 기업회계기준은 그 목적이 일반이용자를 대상으로 기업의 경영성과와 재무상태를 제공하고 있는 데 비해, 세법은 국가의 세출예산을 위해 소요되는 세수를 안정적으로 확보하는 데 그 목적이 있기 때문이다. 납세액 계산을 위해 기업회계기준과 세법의 차이를 조정하는 것을 "세무조정"이라고 한다. 이러한 세무조정 업무는 주로 공인회계사나 세무사에 의해 수행된다.

(4) 회계감사

회계감사란 기업이 준비한 재무보고서의 신뢰성을 높이기 위해 회계에 대한 전문지식을 갖춘 자격 있는 전문가(公認會計士, CPA)가 객관적이고 공정한 입장에서 기업의 재무보고서를 검토하여 의견을 제시하는 기능을 뜻한다. 기업의 회계보고기능이 경영자에 의해 수행되고 경영자와 기업 외부의 이해관계자들 사이의 이해관계가 항상 일치하는 것은 아니라고 볼 때, 경영자가 작성한 재무제표를 그대로 인정하는 데에는 위험이 따른다. 왜냐하면 경영자의 업적이 자신이 작성하여 보고하는 손익결과를 기초로 판단되고, 재무제표 작성에 적용되는 회계원칙들이 대부분 경영자의 판단에 의해서 선택될 수 있기 때문에 경영자는 회사의 경영성과가 가능하면 양호하게 표시되도록 할 동기가 항상 존재하기 때문이다. 이런 이유로 재무제표가 이용자들에게 전달되기 이전에 객관적 입장에 있는 회계전문가에 의해 검증받을 필요성이 제기된다.

4. 회계원칙과 기업회계기준

재무보고(financial reporting)란 기업의 다양한 외부이해관계자의 경제적 의사결정을 위해 경영자가 기업실체의 재무상태, 경영성과, 현금흐름, 자본변동 등에 관한 재무정보를 제공하는 것을 말한다. 재무보고의 가장 주된 수단은 재무제표(financial statements)이다. 재무제표의 작성을 회사에게만 전적으로 맡기면, 회사는 회사에게 유리한 정보만 제공하고 불리한 정보는 숨긴다거나, 가능하면 이익을 많이 내는 방향으로 회계처리하는 등 회계정보를 왜곡할 가능성이 높다. 따라서 재무제표가 사회적인 신뢰성을 확보하기 위해서는 기업이 회계처리 및 회계보고를 할 때 사회적으로 공정타당하다고 인정되는 일정한 기준을 정하여 이 기준에 의한 회계처리 및 회계보고가 이루어져야 한다. 이때 회계처리 및 회계보고의 기준이 되는 것을 회계기준(accounting standards) 또는 회계원칙(accounting principles)이라고 한다. 회계기준은 기업회계의 실무 중에서 관습적으로 발달한 것들 가운데에서 일반적으로 공정타당하다고 인정되는 것들을 집합한 것으로서 모든 기업이 회계처리 및 보고를 할 때 적용해야 할 기준이 된다.

회계기준 중에서 일반적인 타당성을 갖고 다수인의 지지를 받는 것을 일반적으로 인정된 회계원칙이라고 하고 우리나라에서는 기업회계기준을 대표적인 예로 들 수 있다. 일반적으로 인정된 회계원칙은 회계정보의 신뢰성과 비교가능성을 높여 회계정보이용자의 효율적인 의사결정을 돕는 역할을 한다.

우리나라의 기업회계기준은 금융위원회가 증권선물위원회의 심의를 거쳐 정하도록 하고 있다. 금융위원회는 이러한 회계기준제정업무를 민간공공단체인 한국회계기준원(KAI : Korea Accounting Institute)에 위탁하고 있으며, 한국회계기준원 내 회계기준위원회(KASB : Korean Accounting Standards Board)의 심의·의결을 거쳐 회계기준이 제정되고 있기 때문에 기업회계기준의 실질적인 제정기관은 한국회계기준원인 셈이다.

과거에는 대부분의 기업이 자국 내에서 경영을 하고 자국의 경영환경에 맞게 제정된 회계원칙에 따라 재무제표를 작성·공시하였다. 그런데 오늘날에는 세계화로 인하여 글로벌 경영이 보편화되면서 자금조달이나 해외증시에 상장하기 위하여 자국의 회계원칙에 따라 작성된 재무제표를 다른 국가의 회계원칙에 따라 수정해야 하는 일이 흔하게 되었다. 이로 인하여 부담하는 비용은 엄청나다. 국제적으로 통일된 기준에 의하여 재무제표가 작성되면 해외자금조달이나 해외투자 시에 추가적으로 다른 국가의 회계원칙에 의한 재무제표를 작성할 필요가 없으므로 노력과 비용을 절감할 수 있고, 통일된 기준에 의하여 회계정보가 산출되므로 회계정보의 국제적 비교가능성과 신뢰성을 제고할 수 있다.

그뿐만 아니라 국제적 합작계약의 경우 상호이해가능성을 증진시킬 수 있으며, 해외사업확장을 촉진하여 자본시장의 활성화에도 기여할 수 있다. 우리나라의 상장기업은 2011년부터 국제회계기준을 적용하게 됨에 따라 이제 우리나라 기업회계기준은 이원화되게 되었다. 하나는 상장기업들이 강제적으로 따라야 하는 국제회계기준(한국채택국제회계기준 ; K-IFRS)과 비상장기업들이 사용할 수 있는 일반기업회계기준이다. 한국채택국제회계기준은 2011년 1월 1일부터 시행하도록 제정되었다. 즉, 2011년 이후 모든 상장기업은 반드시 한국채택국제회계기준을 적용해야 하지만, 비상장기업은 한국채택국제회계기준을 적용할 수도 있고, 한국채택국제회계기준의 적용에 따른 회계처리비용의 부담을 경감시켜 주기 위해 별도로 제정되는 일반기업회계기준을 적용할 수도 있다. 이와 같은 내용을 그림으로 표시하면 다음과 같다.

그림 1-2 재무회계의 환경

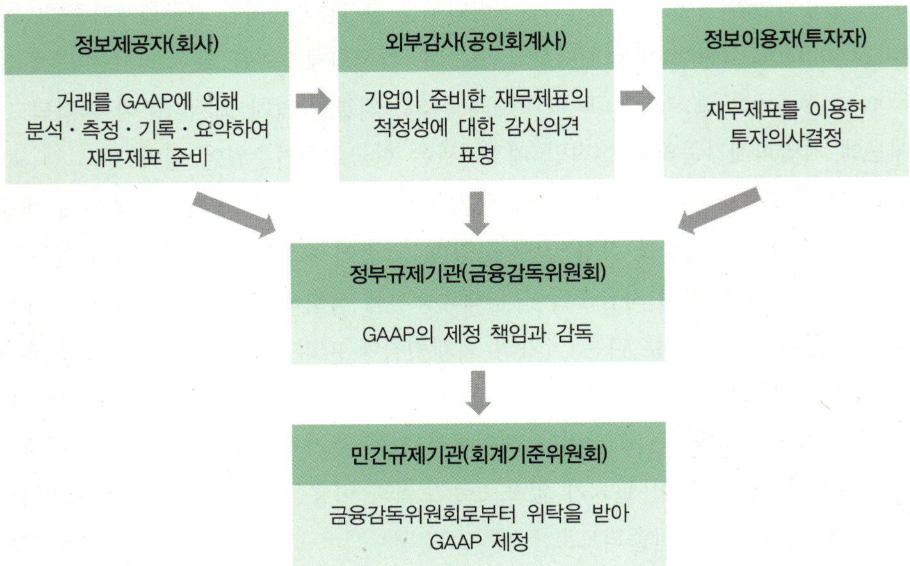

우리나라 기업회계기준의 체계와 한국채택국제회계기준의 도입단계를 다음과 같이 요약할 수 있다.

표 1-2 | 우리나라 기업회계기준의 체계

구분	한국채택 국제회계기준	일반기업회계기준	중소기업회계기준
회계기준 적용대상	상장기업	비상장기업	비상장&비외감 중소기업
적용시기	2011년부터	2011년부터	2014년부터
비고			2012.4.15 상법개정 별도 회계기준제정근거 마련 법무부 장관 고시

표 1-3 | 한국채택국제회계기준의 도입단계

<table>
<tr><th>구분</th><th>2008년까지</th><th>2009~2010년</th><th>2011년 이후</th></tr>
<tr><td>한국채택국제회계기준의 자발적 선택기업</td><td rowspan="3" colspan="2">현행기준</td><td rowspan="2">한국채택국제회계기준</td></tr>
<tr><td>상장회사</td></tr>
<tr><td>비상장회사</td><td>일반기업회계기준</td></tr>
</table>

(2009~2010년의 자발적 선택기업: 한국채택국제회계기준)

참고 ◦ 기업회계기준이란?

우리나라의 기업회계기준의 효시는 1958년 6월, 당시 재무부 장관의 자문기구였던 재정금융위원회의 기업회계준칙제정 분과위원회가 공표한 「기업회계원칙」이고, 실무에 필요한 「재무제표규칙」은 동년 7월에 재무부 고시로 발표되었다. 그 후 1974년에 대통령령으로 「상장법인등의회계처리에관한규정」이 제정되었고 1975년에 재무부령으로 「상장법인등의재무제표에관한규칙」이 공포되었다. 한국공인회계사회는 동 규정의 시행에 따른 실무계의 질의를 처리하기 위하여 1974년부터 1981년까지 10개의 의견서와 135개의 사례를 발표하였다.

1980년 12월에 「주식회사의외부감사에관한법률」이 제정되면서 동법 제13조와 동법 시행령 제6조의 규정에 따라 증권관리위원회는 종전의 모든 규정을 대체하는 전문 9장 133조로 구성된 「기업회계기준」을 1981년 12월에 공포하였다. 이 기준은 1997년까지 9차의 개정을 거치면서 발전하였으나 정부의 정책 목적에 따라 일관성이나 국제적 정합성 없이 빈번하게 변경되었다는 비판을 받았다.

기업회계기준이 법조문의 형식으로 되어 있어 해석이나 적용상의 편차가 있었으며 국제적인 비교도 어려웠다. 1998년에는 기업회계기준의 제정 주체가 금융감독위원회로 바뀌었으며 같은 해 10월에는 30대 기업집단에 적용되는 「기업집단결합재무제표준칙」이 제정되었고, 12월에는 국제회계기준과 합치할 목적으로 기업회계기준이 전면 개정되었다.

1999년 6월 30일자로 한국공인회계사회, 금융감독원, 증권거래소, 한국증권업협회, 대한상공회의소, 전국경제인연합회, 은행연합회, 상장회사협의회 등 14개 단체가 회원으로 참여하여, 정부가 제정해오던 기업회계기준을 민간에게 위탁할 목적으로 사단법인 한국회계연구원이 설립되었다. 한국회계연구원은 「주식회사의외부감사에관한법률」 제13조와 동법 시행령 제7조의2 규정에 따라 2000년 7월 27일부터 기업회계기준의 제정, 개정과 해석에 관한 업무를 금융감독위원회로부터 위탁받아, 내부에 설치한 회계기준위원회의 심의·의결을 통하여 이를 수행하고 있다. 동 위원회는 기업회계기준 구조의 개선방향, 기업회계기준의 개념체계안 검토와 기존 준칙 및 해석의 검토를 완료한 후 기업회계기준을 제개정할 때 발간 순서로 일련번호를 부여한 「기업회계기준서」를 발간하여 기업회계기준, 준칙 및 해석의 관련 조항을 대체해 나가고 있다. 또한 한국회계연구원은 2006년에 한국회계기준원으로 그 명칭이 변경되었다.

우리나라의 상장기업이 2011년부터 국제회계기준을 적용하게 됨에 따라 이제 우리나라 기업회계기준은 이원화되게 되었다. 하나는 상장기업들이 강제적으로 따라야 하는 한국채택국제회계기준이며, 또 다른 하나는 비상장기업들이 사용할 수 있는 일반기업회계기준이다. 한국채택국제회계기준은 2011년 1월 1일부터 시행되도록 제정되었다. 즉, 2011년 이후 모든 상장기업은 반드시 한국채택국제회계기준을 적용해야 하지만, 비상장기업은 한국채택국제회계기준을 적용할 수도 있고 한국채택국제회계기준의 적용에 따른 회계처리비용의 부담을 경감시켜 주기 위해 별도로 제정되는 비상장기업회계기준을 적용할 수도 있다. 즉, 2011년부터 우리나라 기업회계기준은 '한국채택국제회계기준', '비상장기업회계기준', '특수분야회계기준' 등으로 구성되고, 각각에 대하여 '기업회계기준서'와 '기업회계기준해석서'로 구성되며, 기준의 본문은 아니지만 실무적용의 편의를 위하여 관련 '실무지침' 등을 제공한다.

한국회계기준원은 2008년 12월 31일에 국제회계기준에 근거하여 지난 2년여 동안 이루어진 제·개정 한국채택국제회계기준 기준서 37개, 해석서 25개 및 '재무제표의 작성과 표시를 위한 개념체계'로 구성된 한국채택국제회계기준 Bound Volume과 함께 실무적용의 편의를 제공하기 위하여 각 기준서 및 해석서에 대한 '실무지침'을 발표하였다.

5. 재무회계의 개념체계

재무회계의 개념체계(financial accounting conceptual framework)는 회계기준의 개정 및 신규 제정 등을 위한 기초를 이루는 다수의 상호관련성을 갖는 회계개념의 집합체이다. 재무회계 개념체계는 직접 회계정책과 절차를 결정하는 회계기준이 아니라 보다 근본적인 재무회계와 보고의 기초개념을 제시하는 것이다. 재무회계의 개념체계는 회계실무를 평가할 수 있는 준거체계를 제공하여 주며, 새로운 회계실무를 발전시키는 지침으로서의 역할을 수행한다. 일반적으로 인정된 회계원칙은 회계관행상 관련된 이익집단으로부터 다수의 지지를 받고 수용된 회계원칙을 의미한다.

그런데 회계원칙은 수학이나 물리학의 법칙처럼 불변의 진리가 아니라 현실세계에서 경제활동을 수행하는 기업을 대상으로 하기 때문에 기업환경이 변화함에 따라 변화해야 한다. 회계기준을 제정하는 과정과 제정된 회계기준을 실무에 적용하는 과정에서 합리성과 정당성을 판단할 객관적인 이론이나 개념이 필요한데, 이를 재무회계의 개념체계라고 한다. 재무회계의 개념체계에 대한 자세한 내용은 중급회계에서 다루게 되며 본서에서는 간략하게 설명하고자 한다. 재무회계 개념체계는 [그림 1-3]과 같이 정리될 수 있다.

그림 1-3 재무회계 개념체계

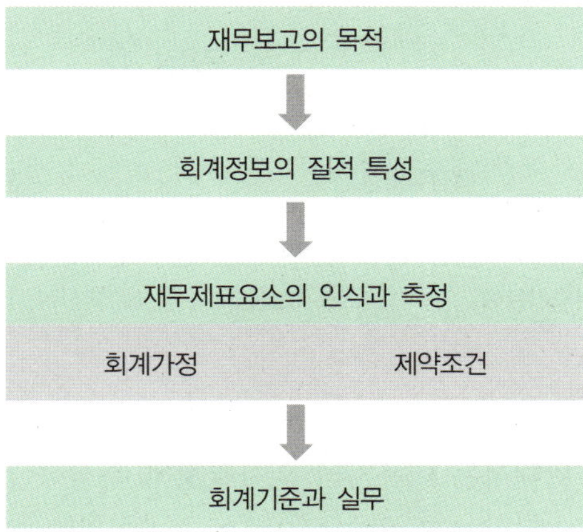

(1) 재무보고의 목적

재무보고(financial reporting)란 앞에서 기술한 바와 같이 기업의 다양한 외부이해관계자의 경제적 의사결정을 위해 경영자가 기업실체의 재무상태, 경영성과, 현금흐름, 자본변동 등에 관한 재무정보를 제공하는 것을 말한다. 재무보고는 재무제표에 의해 주로 이루어진다. 재무보고의 목적은 광범위한 정보이용자의 경제적 의사결정에 유용한 기업의 재무상태, 경영성과와 재무상태변동에 관한 정보를 제공하고, 동시에 위탁받은 자원에 대한 경영진의 수탁책임이나 회계책임의 결과를 평가하는 데 필요한 정보, 즉 정보이용자의 의사결정에 유용한 정보를 제공하는 것이다.

(2) 회계정보의 질적특성

재무제표 정보의 질적특성(qualitative characteristics)은 정보이용자의 의사결정에 유용하기 위하여 회계정보가 갖추어야 할 주요 속성이다. 재무회계개념체계에서 말하는 주요한 질적특성은 [그림 1-4]와 같이 목적적합성과 충실한 표현이라는 두 가지 근본적 질적특성과 비교가능성, 검증가능성, 적시성, 이해가능성이라는 네 가지 보강적 질적특성으로 구성된다.

그림 1-4 유용한 재무정보의 질적특성의 체계

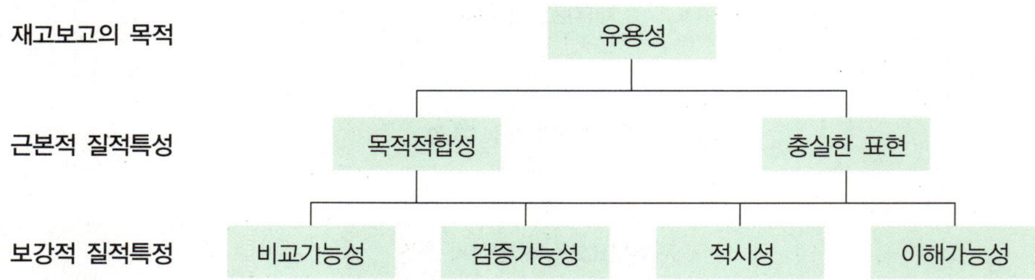

1) 목적적합성

재무정보가 유용하기 위해서는 이용자의 의사결정에 목적적합해야 한다. 목적적합성(relevance)이란 정보의 이용 여부에 따라 이용자의 의사결정에 차이를 발생시킬 수 있는 정보의 능력을 말한다. 예를 들어, 어떤 회계정보를 이용하여 주식투자를 한 사람과 그렇지 않은 사람 간에 수익률의 차이가 발생한다면 그 회계정보는 목적적합하다. 즉, 정보를 이용한 의사결정의 결과가 이용하지 않은 의사결정의 결과보다 더 효율적으로 나타난 경우 그 정보는 목적적합하다고 볼 수 있다. 목적적합한 정보가 되기 위해서는 정보가 예측가치와 확인가치를 통하여 이용자의 의사결정에 영향을 주어야 한다. 예측가치(predictive values)란 이용자가 과거, 현재 또는 미래의 사건을 평가하는 데 도움을 주는 정보의 가치를 말하며, 확인가치(confirmatory values)란 이용자가 과거의 평가를 확인 또는 수정하도록 도와주는 정보의 가치를 말한다. 정보의 목적적합성은 정보의 성격과 중요성(materiality)에 따라 영향을 받는다. 어떤 정보가 누락되거나 왜곡 표시되어, 재무제표에 기초한 이용자의 경제적 의사결정에 영향을 미친다면 이는 중요한 정보이다. 중요성은 정보의 누락이나 왜곡표시가 있는 특정 상황에서 판단대상 항목이나 오류의 크기에 따라 결정된다.

2) 충실한 표현

재무보고서는 경제적 현상을 글과 숫자로 나타낸다. 재무정보가 유용하기 위해서는 목적적합성뿐만 아니라 나타내고자 하는 현상을 충실하게 표현해야 한다. 완벽하게 충실한 표현을 하기 위해서는 경제적 현상에 대한 서술이 완전하고(complete), 중립적이며(neutral), 오류가 없어야(free from errors) 할 것이다. 예를 들면, 어느 회사의 공장건물의 가치가 재무상태표에 10억 원으로 표시되어 있고, 그 공장건물의 실제 공정가치가 10억 원이라면 충실한 표현이 된다. 반면, 공장건물의 실제가치가 9억 원이라면 재무상태표의 건물가치 10억 원은 1억 원의 오차를 갖게 되어 충실한 표현에서 멀어지게 된다. 형식보다 실질의 우선은 재무정보가 특정 거래나 그 밖의 사건에 대해 나타내고자 하는 바를 충실하게 표현하기 위해서는 거래나 그 밖의 사건을 단지 법률적 형식에 충실한 것이 아니라 그 실질과 경제적 현실에 따라 충실하게 회계처리하고 표시(substance over form) 하여야 한다는 것이다.

완전한 서술이란 필요한 기술(description)과 설명을 포함하여 정보이용자가 서술되는 현상을 이해하는 데 필요한 모든 정보를 포함하는 것이다. 일부 항목의 경우 완전한 서술은 당해 항목의 질과 성격, 그 질과 성격에 영향을 줄 수 있는 요인과 상황, 수량적 서술을 결정하는 데 사용된 절차 등에 대한 유의적인 사실의 설명을 수반할 수도 있다. 중립적 서술이란 재무정보의 선택이나 표시에 편의(bias)가 없는 것이다. 중립적 서술은 정보이용자가 재무정보를 유리하게 또는 불리하게 받아들일 가능성을 높이기 위해 편파적이거나, 편중되거나, 강조되거나, 경시되거나 또는 그 밖의 방식으로 조작되지 않는다. 그렇다고 중립적 정보가 목적이 없거나 행동에 대한 영향력이 없는 정보를 의미하지 않는다. 오히려 목적적합한 재무정보는 그 정의에 의하면 정보이용자의 의사결정에 차이가 나도록 할 수 있다. 오류가 없는 서술이란 현상의 기술에 오류나 누락이 없고, 보고 정보를 생산하는 데 사용되는 절차의 선택과 적용시 절차상의 오류가 없음을 의미한다. 여기서 오류가 없다는 것은 모든 면에서 완벽하게 정확하다는 것을 의미하지는 않는다. 만약 어떤 금액을 추정하였다면, 추정치로서 금액을 명확하고 정확하게 기술하고, 추정 절차의 성격과 한계를 설명하며, 그 추정치를 도출하기 위한 적절한 절차를 선택하고 적용하는 데 오류가 없다면 그 추정치의 표현은 충실하다고 할 수 있다.

3) 비교가능성

비교가능성(comparability)은 정보이용자가 항목 간의 유사점과 차이점을 식별하고 이해할 수 있게 하는 질적특성이다. 유사한 거래나 그 밖의 사건의 재무적 영향을 측정하고 표시할 때 한 기업 내에서 그리고 당해 기업의 기간별로 일관된 방법이 적용되어야 하며, 기업 간에도 일관된 방법이 적용되어야 한다. 즉, 한 기업이 채택한 회계처리방법을 매기 계속하여 적용한다면 기간별로 재무상태와 경영성과를 비교할 수 있을 것이며, 동종산업에 속한 기업이 모두 동일한 방법으로 회계처리한다면 기업 간 비교가능성이 높아질 것이다.

4) 검증가능성

검증가능성(verifiability)은 합리적인 판단력을 가진 독립적인 서로 다른 관찰자들이 어떤 서술이 충실한 표현이라는데, 비록 반드시 완전히 일치하지는 못하더라도, 의견이 일치할 수 있다는 것을 의미한다. 예를 들어, 손상징후를 보인 유형자산에 대하여 회사가 인식한 손상차손의 충실한 표현 여부를 검증하기 위하여 당해 자산의 회수가능액에 대한 평가를 조사한 결과 복수의 평가자 간에 측정한 회수가능액이 거의 일치할 경우 당해 손상차손정보는 검증가능성이 있다고 말할 수 있다.

5) 적시성

적시성(timeliness)은 의사결정에 영향을 미칠 수 있도록 정보이용자가 정보를 제때에 이용가능하게 하는 것을 의미한다. 정보의 적시성을 위한 전형적인 사례는 분기나 반기 재무제표를 작성하여 공시하는 중간재무보고제도이다. 일반적으로 정보는 오래될수록 유용성이 낮아진다. 그러나 일부 정보는 보고기간 말 후에도 오랫동안 적시성이 있을 수 있다.

6) 이해가능성

정보가 유용하려면 정보이용자에게 이해가능해야 한다. 정보를 명확하고 간결하게 분류하고 특성을 기술하고 표시하면 이해가능하게 된다. 아무리 좋은 정보라도 정보이용자가 이해하지 못한다면 정보의 가치는 하락할 것이다. 그러나 일부 현상은 본질적으로 복잡하여 이해하기 쉽게 만들 수 없다. 그 현상에 대한 정보를 재무보고서에서 제외하면 그 재무보고서의 정보를 더 이해하기 쉽게 만들 수 있지만 그 보고서는 불완전하여 잠재적으로 정보이용자를 오도할 수 있다. 경영 및 경제활동과 회계에 대한 합리적인 지식을 가지고 있으며 관련 정보를 분석하기 위하여 합리적인 노력을 할 수 있는 정보이용자가 이해하는 수준이면 이해가능한 정보라고 보아야 한다.

(3) 재무제표의 기본가정

이상적인 회계원칙은 현실세계의 모든 요인을 고려하고 설명할 수 있는 것이어야 하지만 그러한 회계원칙을 제정하는 것은 불가능하기 때문에 기업환경에 대한 기본가정을 설정하여 연역적인 회계원칙을 도출하게 된다. 가정(assumption)이란 이론적인 논리체계에서 증명 없이 참으로 받아들이는 일련의 명제(statements)를 뜻한다. 재무제표는 일정한 가정하에 작성된다. 이러한 가정은 기업을 둘러싼 환경으로부터 귀납적으로 도출된 것으로 재무제표를 작성하거나 회계이론을 전개할 때 연역적으로 적용된다. 기본가정(basic assumptions)은 기본전제, 회계공준이라고도 하며 계속기업이 있다.

1) 계속기업

계속기업(going concern)의 가정이란 기업실체는 일반적으로 목적과 의무를 이행하기에 충분할 정도로 장기간 존속한다고 가정하는 것이다. 즉 기업실체는 그 경영활동을 청산하거나 중대하게 축소시킬 의도가 없을 뿐만 아니라 그러한 필요성도 없다고 가정한다. 그러나 기업실체의 중요한 경영활동이 축소되거나 기업 실체 자체를 청산시킬 의도나 필요가 있어 계속기업을 가정하기 어려운 경우에는 계속기업을 전제로 한 기준과는 다른 기준을 적용하는 것이 타당할 수 있으며 이때 그 적용된 회계처리방법은 적절히 공시되어야 한다.

2) 계속기업의 가정에서 파생된 개념

계속기업가정이 없었더라면 정보이용자는 기업이 청산할 때까지 회계정보를 얻기 어려웠을 것이다. 하지만 계속기업가정이 나타난 이후 경영자는 회계기간(주로 1년 단위)을 분리하여 재무상태와 경영성과를 제시할 수 있게 되었다. 또한 회계기간을 구분함으로써 현금의 유출입 시점과 거래나 사건의 발생 시점이 일치하지 않는 상황이 나타났다. 이에 발생기준의 개념이 시작되었다. 발생기준(accrual basis)은 현금의 유입 및 유출에 관계없이 거래나 사건이 발생한 시점에 해당 거래나 사건을 인식하고 이것에 기초하여 재무제표에 표시하는 것을 말한다. 즉, 일상 경제생활에서는 돈이 들어오면 수입으로, 돈이 나가면 비용으로 처리하는 것이 일반적이지만 정보이용자를 위해 재무제표를 작성할 때는 현금 유출입이 아니라 해당 거래나 사건이 발생한 시점에 수익과 비용을 인식하는 것을 말한다.

Accounting Principles

Chapter 2 재무제표

1. 재무제표의 의의와 종류
2. 재무상태표
3. 포괄손익계산서
4. 재무상태표와 포괄손익계산서의 인식과 측정

Chapter 02 재무제표

Accounting Principles

1. 재무제표의 의의와 종류

회계란 기업활동을 수행하는 과정에서 발생하는 수많은 거래들을 체계적으로 기록·정리·요약하여 회계정보의 이용자에게 제공하는 하나의 정보시스템이라고 언급하였는데, 이때 회계정보이용자에게 제공되는 정보는 의사결정자의 정보요구에 따라 그 내용이 다양하게 나타날 것이며 정보요구의 변화에 따라 그 내용이 변화할 수도 있을 것이다.

기업활동과정에서 발생하는 수많은 거래들이 개별적으로 열거되어 회계정보이용자에게 제공된다면 이 정보를 접하는 정보이용자는 정보내용에 대한 이해부족은 물론이고 접하기조차 싫어할지도 모를 일이다. 수많은 개별거래들을 체계적으로 분류·요약·정리하여 요약된 보고서가 회계정보이용자에게 제공되어야만 회계정보이용자의 경제적 의사결정에 도움을 준다는 회계의 목적을 달성할 수 있게 될 것이다. 재무제표란 이런 요약보고서의 일종으로서, 한국채택국제회계기준에서 규정하고 있는 재무제표의 종류에는 재무상태표, 포괄손익계산서, 자본변동표 및 현금흐름표로 정하며, 여기에 주석을 포함시킨다.

이들 재무제표는 각각 역할이 다르지만 상호 간에 일정한 논리적 관계를 갖고 있다. 이를 그림으로 나타내면 [그림 2-1]과 같다. 또한 [표 2-1]은 재무제표의 체계가 어떻게 바뀌었는지를 보여주고 있다. 본서에서는 재무상태표와 포괄손익계산서를 중심으로 설명하고자 한다.

| 그림 2-1 | 재무제표의 종류 및 상호관계

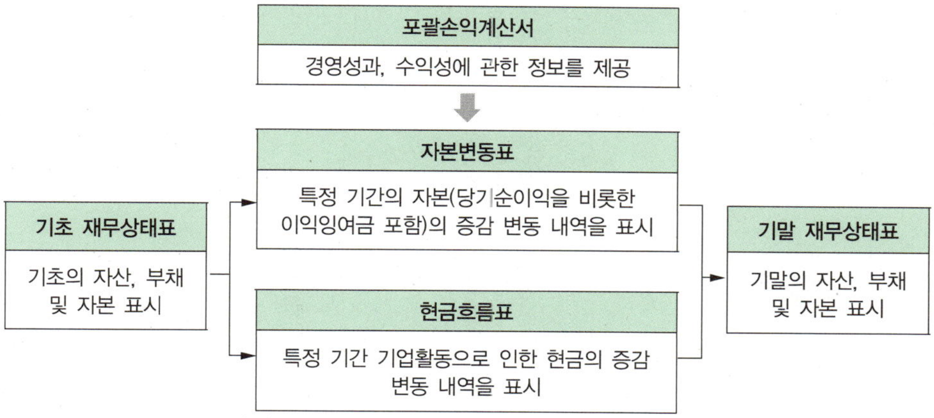

표 2-1 | 재무제표 체계의 변화

구분	한국채택국제회계기준	일반기업회계기준
주재무제표	연결재무제표	개별재무제표
재무제표의 구성 (제1001호)	① 재무상태표 ② 포괄손익계산서 ③ 자본변동표 ④ 현금흐름표 ⑤ 주석	① 재무상태표 ② 손익계산서 ③ 현금흐름표 ④ 자본변동표 ⑤ 주석

2. 재무상태표

(1) 재무상태표의 의의

재무상태표(Statement of Financial Position)는 일정시점 현재 기업의 재무상태를 나타내는 재무제표이다. 여기서 재무상태란 특정 시점에서의 자산(asset), 부채(liability) 및 자본(equity)의 구성내용과 크기를 의미한다. 자산, 부채 및 자본은 항상 일정한 관계를 가지게 되는데 이를 회계등식(accounting equation)이라 한다. 회계등식에 의하면 특정 시점에 기업이 보유하고 있는 경제적 자원(자산)의 합계는 그 자원에 대해 채권자가 주장할 수 있는 권리(부채)와 주주가 주장할 수 있는 권리(자본)의 합계와 같아야 한다. 재무상태표는 좌우대칭이며 좌측에 자산, 우측에 부채와 자본을 표시하는데 좌측을 차변(debit), 우측을 대변(credit)이라고 한다. 좌우가 항상 대칭이 된다는 의미에서 재무상태표는 대차대조표(B/S : Balance Sheet)라고도 한다. 재무상태표의 작성은 바로 회계등식에 의하여 이루어진다.

▌그림 2-2 ▌재무상태표의 작성원리

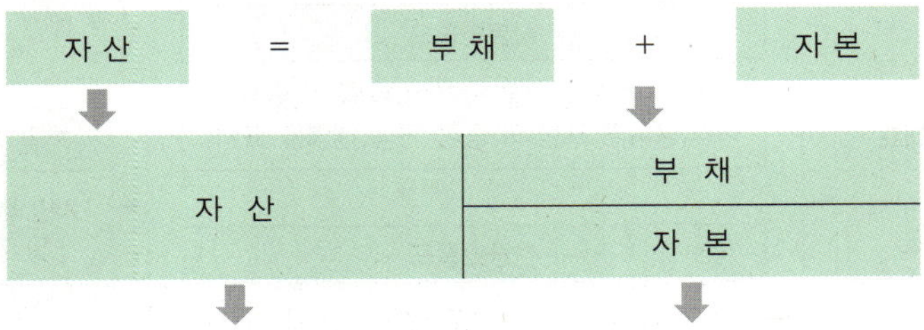

재무상태표

㈜동아 　　　　 2×15년 12월 31일 현재 　　　　 (단위 : 원)

차변	금액	대변	금액
현 　금	1,000	미지급금	2,000
상 　품	1,500	차 입 금	3,000
건 　물	8,500	자 본 금	6,000
차량운반구	3,000	이익잉여금	3,000
자산총계	14,000	부채와자본총계	14,000

재무상태표의 왼쪽에는 자산항목을 기재하고, 오른쪽에는 부채와 자본항목을 기재하여 작성하게 되는데 왼쪽의 자산총계와 오른쪽의 부채와자본총계는 항상 일치하게 되어 앞서 살펴본 회계등식이 그대로 적용되었음을 알 수 있다.

(2) 재무상태표의 기본구조와 구성항목

재무상태표는 보고식과 계정식이 있으며, 당기와 전기를 비교하는 형식으로 작성하는 것이 원칙이다. 실무에서는 보고식을 많이 사용하고 있으나 회계 교과서에서는 설명과 이해의 편의성 때문에 계정식을 주로 사용하고 있다. [표 2-2]는 (주)동아의 2×15년 12월 31일 현재의 재무상태표를 예시하고 있다. 표를 보면 우선 재무상태표라는 재무보고서의 명칭, 기업의 명칭, 그리고 재무상태표일이 머리부분에 나타난다. 특히 재무상태표일은 특정일 현재라는 점에서 차후에 논의될 손익계산서의 특정 기간과 대조된다. 머리부분 밑을 보면 왼쪽에는 회사가 소유하고 있는 자산의 구성항목과 그 금액, 그리고 오른쪽에는 부채 및 자본의 구성항목과 그 금액이 나타나 있다. 자산은 현금화가 빠른 항목부터 배열하고, 부채는 빨리 갚아야 하는 것부터 배열하는데 이를 유동성배열이라고 한다.

표 2-2 | 재무상태표(계정식)

재무상태표
(주)동아 2×15년 12월 31일 (단위 : 원)

자산			부채와 자본		
유동자산		×××	유동부채		×××
현금및현금성자산	×××		단기금융부채	×××	
당기손익인식금융자산	×××		매입채무	×××	
매출채권	×××				
재고자산	×××		비유동부채		×××
			장기금융부채	×××	
비유동자산		×××	부채계		×××
투자자산	×××		자본		
유형자산	×××		자본금	×××	
무형자산	×××		이익잉여금	×××	
장기금융자산	×××		자본계		×××
자산총계		×××	부채와자본총계		×××

자산이란 원래 기업이 소유하고 있는 물건 또는 권리로서 금전적인 가치가 있는 것을 말한다. 자산의 예로는 기업이 소유하고 있는 물리적인 형체가 있는 물건으로서 금전적인 가치가 있는 현금, 상품, 건물, 자동차 등과, 기업이 소유하고 있는 물리적인 형체가 없는 권리로서 금전적인 가치가 있는 매출채권, 대여금, 미수금 등을 들 수 있다.

1) 자산의 분류

① 유동자산과 비유동자산

자산은 재무상태표일로부터 1년을 기준으로 유동자산과 비유동자산으로 분류한다. 유동자산이란 현금과 그 밖의 재산 중에서 1년 또는 정상적인 영업주기 이내에 현금화되거나 또는 그 효익이 소멸될 것으로 기대할 수 있는 자산이며, 그 외의 자산은 비유동자산으로 분류된다. 유동자산에 속하는 세부항목으로는 현금및현금성자산, 매출채권, 그리고 재고자산 등이 있다. 현금및현금성자산은 통화, 보통예금 및 현금으로 볼 수 있을 정도로 현금과 성격이 유사한 자산이다. 매출채권은 외상으로 상품, 제품 등을 판매하여 그 대금을 받을 권리가 있는 자산이다. 재고자산은 제조 또는 판매목적으로 보유하고 있는 원재료, 재공품, 제품 및 상품 등과 같은 자산이다.

② 금융자산

한국채택국제회계기준에서는 현금, 다른 기업이 발행한 지분증권 및 채무증권 등 거래상대방으로부터 현금을 수취할 계약상 권리를 금융자산으로 정의한다. 반면, 거래상대방에게 현금 등을 인도하기로 한 계약상 의무를 금융부채로 정의한다. 금융자산과 금융부채를 총괄하여 금융상품이라고 지칭한다. 금융자산은 현금및현금성자산, 매출채권, 미수금, 다른 기업의 지분증권 및 채무증권이 속하며, 비금융자산은 재고자산, 투자자산, 유형자산, 무형자산 등이 속한다.

③ 유형자산과 무형자산

유형자산은 토지, 건물, 그리고 기계장치 등과 같이 영업에 사용할 목적으로 보유하고 있는 물리적 형체가 있는 자산이며, 무형자산은 특허권, 저작권, 상표권 등과 같이 영업에 사용할 목적으로 보유하고 있는 물리적 형체는 지니지 않았지만 소유자에게 독점적 이용권 등의 가치를 부여하는 장기성 자산이다.

2) 부채의 분류

부채란 기업이 미래에 제3자에게 현금과 같은 자산을 제공하거나 서비스를 제공해야 할 의무를 말한다. 이런 부채에는 매입채무, 미지급금, 차입금과 같이 미래에 현금을 지급해야 하는 의무뿐만 아니라 선수금과 같이 미래에 상품을 인도하거나 서비스를 제공해야 할 의무도 포함된다. 미래에 부채를 상환하기 위해서는 자산을 제공하여야 하는 것이 일반적이므로 부채를 기업의 총자산 중에서 채권자에게 지급해야 할 부분으로 파악하여 채권자지분이라고도 한다. 그러나 미래에 의무를 부담해야 할 성격이 아닌데도 부채로 계상하는 이연계정(이연법인세부채)도 있다.

지급기일이 재무상태표일로부터 1년 이내에 도래하는 경우에는 유동부채, 지급기일이 재무상태표일로부터 1년 이상인 경우에는 비유동부채로 분류한다. 유동부채에는 매입채무, 단기금융부채, 미지급금 등이 포함되며, 비유동부채에는 사채, 장기차입금 등이 포함된다. 매입채무는 기업의 주된 영업활동에서 원재료나 상품 등을 외상으로 구입함으로써 발생하는 외상매입금이나 지급어음을 말하고, 단기금융부채는 금융기관이나 개인으로부터 단기간 차입한 금액을 의미하며, 미지급금은 기업이 종업원이나 거래처 등으로부터 서비스를 제공받은 후 그에 상응하는 대가를 지급하지 않아서 갚아야 할 의무가 있는 금액을 말한다. 사채는 장기자금을 조달할 목적으로 회사가 발행한 회사채로 1년을 초과하는 기간 후에 갚아야 할 의무가 있는 부채이며, 장기차입금은 금융기관 등에서 차입한 부채로 1년을 초과하는 기간 후에 갚아야 할 부채를 말한다.

3) 자본의 분류

기업이 소유하고 있는 총자산에서 채권자지분인 부채를 차감하고 나면 남는 것은 순수한 기업의 자산이 된다. 이를 회계학에서는 자본 또는 순자산이라는 용어로 표현하며, 총자산 중에서 채권자지분을 차감한 잔액이라고 하여 잔여지분 또는 소유자의 몫이라고 하여 소유자지분이라고도 한다.

한국채택국제회계기준은 자본의 분류에 대한 구체적인 지침이 없이 자본금과 적립금만 언급하고 있어 본서에서는 종래의 기업회계기준에 따라 설명하고자 한다.

① 자본금과 자본잉여금

자본금은 회사가 발행한 주식의 총액면가이며, 자본잉여금은 액면금액인 자본금을 초과하여 주주가 회사에 출자한 금액이다. 자본금과 자본잉여금을 합하여 일반적으로 납입자본이라고 한다. 예를 들어, 회사를 연초에 설립할 때 주당 액면금액이 ₩5,000인 주식 10주를 주당 ₩7,000에 발행했다면 자본금은 ₩50,000이고 주식발행초과금은 ₩20,000이며 납입자본은 ₩70,000이다. 주식발행초과금은 자본잉여금 항목으로서 재무상태표에 보고된다.

② 이익잉여금, 자본조정, 기타포괄손익누계액

이익잉여금은 영업활동을 통해 창출한 이익을 주주에게 배당으로 지급하지 않고 사내에 유보시킨 금액을 말한다. 자본조정항목은 주식할인발행차금, 감자차손 등이 있으며, 기타포괄손익누계액은 재평가잉여금, 기타포괄손익인식금융자산평가손익 등이 있다. 자본조정과 기타포괄손익누계액에 대해서는 자본에서 자세히 설명할 것이다.

예제 2-1

(주)동아는 2×15년 초에 액면총액 ₩400,000인 주식을 ₩500,000에 발행하여 조달한 현금으로 영업을 시작하였다. 2×15년 말 현재 보유하고 있는 자산, 부채와 관련된 자료는 다음과 같다. 2×15년 말 (주)동아의 재무상태표를 작성하라.

현　　금	100,000	매출채권	300,000
토　　지	200,000	상　　품	400,000
건　　물	400,000	매입채무	300,000
단기차입금	500,000	이익잉여금	100,000

| 해설 |

재무상태표

(주)동아　　2×15년 12월 31일　　(단위 : 원)

자산		부채와 자본	
유동자산		유동부채	
현　　금	100,000	매입채무	300,000
매출채권	300,000	단기차입금	500,000
상　　품	400,000	**부채총계**	**800,000**
비유동자산		납입자본	
토　　지	200,000	자본금	400,000
건　　물	400,000	주식발행초과금	100,000
		이익잉여금	100,000
		자본총계	**600,000**
자산총계	1,400,000	부채와자본총계	1,400,000

3. 포괄손익계산서

(1) 포괄손익계산서의 의의

포괄손익계산서(Statement of Comprehensive Income)는 특정 기간 동안의 경영성과를 나타내는 재무제표로서, 이는 수익(revenue)과 비용(expense)으로 구성되고 수익에서 비용을 차감한 금액은 순이익으로 보고된다. 포괄손익계산서는 당해 회계기간의 경영성과를 나타낼 뿐만 아니라 기업의 미래현금흐름과 수익창출능력 등의 예측에 유용한 정보를 제공한다.

경영성과는 당기순이익(net income)의 크기로 압축되는데 이는 수익에서 비용을 차감한 금액이다. 한국채택국제회계기준에서는 총포괄손익(total comprehensive income)이라는 개념을 소개하고 있으며, 당기순손익과 기타포괄손익의 합계액을 말한다. 기타포괄손익(other comprehensive income)은 기업 순자산의 변동원인의 하나이므로 넓은 의미에서 손익에 해당하나 당기손익으로 인식하지 않는 수익과 비용항목을 말한다. 한국채택국제회계기준에서는 전통적 방식(기존의 방식)의 포괄손익계산서를 작성하는 경우, 기타포괄손익거래를 포함시킨 포괄손익계산서를 추가로 작성하도록 요구하고 있다.

(2) 포괄손익계산서의 기본구조와 분류항목

수익은 기업이 일정기간 동안 재화나 용역을 제공하고 받은 자산을 의미한다. 서비스업의 경우에는 용역을 제공하고 나면 용역제공의 대가로 즉시 현금을 받거나 현금을 받을 수 있는 권리를 취득하게 되고, 상품매매업의 경우에는 상품을 판매한 후 바로 상품판매대가로 현금을 수취하거나 미래에 현금을 받을 수 있는 권리를 획득하게 된다. 회계법인이나 법무법인 등의 서비스업의 경우에는 서비스를 제공하고 현금을 받거나 미래에 현금을 수취할 수 있는 권리를 얻었을 경우 용역수익이라는 수익의 항목이 발생하며, 상품매매업의 경우에는 상품을 판매한 후 현금을 받거나 미래에 현금을 받을 수 있는 권리를 획득하게 되면 매출이라는 수익항목이 발생하게 된다.

비용은 수익을 얻기 위하여 소비된 자산을 의미한다. 회계법인의 경우 회계와 세무서비스를 제공하면 용역수익이 발생하는데 이런 용역수익을 얻기 위하여 회계법인의 입장에서는 종업원에 대한 급여, 사무실 임차료, 전기료 등을 필연적으로 지출하게 된다. 급여 등의 비용이 발생하면 기업은 그 비용 해당금액을 지급해야 하는데 비용액의 지급시에 자산의 감소가 발생하게 된다. 이와 같이 기업이 수익을 얻기 위하여 발생시킨 급여 등의 항목은 포괄손익계산서를 작성할 때 비용으로 표시된다.

한국채택국제회계기준에서는 포괄손익계산서의 작성에 대해 구체적인 지침이 없이 기업의 재량에 의해 비용을 성격별 또는 기능별로 분류하도록 하고 있다.

표 2-3 | 성격별 분류법과 기능별 분류법

성격별 분류법		
수 익		×××
기타수익		×××
제품과 재공품의 변동	×××	
원재료와 소모품의 사용액	×××	
종업원급여	×××	
감가상각비와 기타상각비	×××	
기타비용	×××	
금융비용	×××	
총비용		(×××)
법인세비용차감전순이익		×××

기능별 분류법	
수 익	×××
매출원가	(×××)
매출총이익	×××
판매비와관리비	(×××)
영업이익	×××
기타수익	×××
기타비용	(×××)
금융비용	(×××)
법인세비용차감전순이익	×××

한국채택국제회계기준에서는 포괄손익을 단일 포괄손익계산서에 표시하거나 별개의 손익계산서에 분리 표시하도록 규정하고 있다. 기능별로 비용을 분류하여 보고식으로 포괄손익계산서를 작성하면 다음과 같다.

단일 포괄손익계산서

포괄손익계산서
1기 2×15년 1월 1일 ~ 12월 31일까지

(주)동아	(단위 : 원)
수 익	×××
매출원가	(×××)
매출총이익	×××
기타수익	×××
판 매 비	(×××)
관 리 비	(×××)
기타비용	(×××)
금융원가	(×××)
법인세비용차감전순이익	×××
법인세비용	(×××)
당기순이익	×××
기타포괄손익인식금융자산평가이익	×××
유형자산재평가이익	×××
총포괄이익	×××

분리 포괄손익계산서

별개의 손익계산서
1기 2×15년 1월 1일 ~ 12월 31일까지

(주)동아	(단위 : 원)
수 익	×××
매출원가	(×××)
매출총이익	×××
기타수익	×××
판 매 비	(×××)
관 리 비	(×××)
기타비용	(×××)
금융원가	(×××)
법인세비용차감전순이익	×××
법인세비용	(×××)
당기순이익	×××

포괄손익계산서

(주)동아	(단위 : 원)
당기순이익	×××
기타포괄손익	×××
기타포괄손익인식금융자산평가이익	×××
유형자산재평가이익	×××
총포괄이익	×××

수익은 매출과 기타수익으로 구분한다. 매출액은 기업의 정상영업활동에서 발생한 제품, 상품, 용역 등의 총매출액에서 매출할인, 매출에누리와환입을 차감한 금액이다. 즉 기업의 가장 중심적이면서도 중요한 영업활동과 관련하여 발생하게 되며 재화를 판매하거나 용역을 제공한 대가로서 받는 수익을 말한다. 예를 들면, 자동차판매회사는 자동차 판매액을, 백화점은 상품판매액을, 운송회사는 승객 혹은 화물의 운송수입을 매출액으로 보고한다. 한편, 기타수익은 정상영업활동 이외의 활동, 즉 재무 및 투자활동과 관련하여 발생하는 수익으로서 이자수익이나 배당금수익, 임대료수익, 유형자산처분이익 등이 여기에 속한다.

비용은 매출원가, 판매비, 관리비, 금융비용, 법인세비용 등으로 소분류할 수 있다. 매출원가는 당기에 판매된 제품이나 상품 등의 매출액에 대응되는 제조원가 또는 매입원가를 말한다. 판매비는 제품, 상품과 용역의 판매활동과 물류원가를, 그리고 관리비는 기업의 일반관리활동에서 발생하는 비용으로서 매출원가에 속하지 아니하는 거의 모든 정상영업활동비용을 포함한다. 판매원 및 관리사원의 급여, 감가상각비, 광고선전비, 여비교통비 등이 여기에 속한다. 금융비용과 기타비용은 영업활동 이외의 활동과 관련하여 발생하는 비용으로서 이자비용, 유형자산처분손실 등이 있다. 마지막으로 법인세비용은 법인세비용차감전순이익에 관련법령에 의해 과세될 세율을 곱하여 계산된다.

이상과 같이 기업의 수익과 비용을 그 발생원천에 따라 구분한 후 그 발생원천이 비슷한 유형의 수익과 비용을 상호 대응시킴으로써 단계별로 이익을 산출한다. 예를 들면, 기업의 가장 중심적인 영업활동과 관련하여 발생한 수익, 즉 매출액에 매출원가를 대응시켜 매출총이익을 계산하고 여기에 다시 정상영업활동 이외에서 발생하는 기타수익을 가산한다. 한편, 이로부터 매출 및 영업수익을 창출하기 위해 간접적으로 소비된 판매비, 관리비, 그리고 영업활동과 관련 없이 발생하는 금융비용이나 기타비용을 차감하여 법인세비용차감전순이익을 산출하며, 여기에 법인세비용을 차감하여 당기순이익을 산출한다.

예제 2-2

(주)동아는 2×15년 초에 액면총액 ₩400,000인 주식을 ₩500,000에 발행하여 조달한 현금으로 사업을 시작하였다. 다음은 (주)동아의 2×15년 경영성과와 관련된 자료이다. 이 회사는 주로 상품을 매입하여 판매하고 있으며, 회계기간은 1월 1일부터 12월 31일까지이다. 다음 자료에 의하여 2×15년도 포괄손익계산서를 작성하라.

매 출	250,000	이 자 수 익	70,000
매 출 원 가	150,000	광 고 비	50,000
급 여	40,000	이 자 비 용	10,000
법인세비용	20,000	기타포괄이익	25,000

| 해설 |

포괄손익계산서

(주)동아 1기 2×15년 1월 1일부터 12월 31일까지 (단위 : 원)

매 출 액	250,000
매 출 원 가	(150,000)
매 출 총 이 익	100,000
기 타 수 익(이자수익)	70,000
판 매 비(광고비)	(50,000)
관 리 비(급여)	(40,000)

금 융 비 용(이자비용)	(10,000)
법인세비용차감전순이익	70,000
법인세비용	(20,000)
당 기 순 이 익	50,000
기타포괄이익	25,000
총 포 괄 이 익	75,000

4. 재무상태표와 포괄손익계산서의 인식과 측정

인식(recognition)은 거래를 공식적으로 장부에 기록 보고하는 행위를 뜻하며, 측정(measurement)은 거래를 얼마에 기록하는가를 뜻한다. 재무상태표의 자산, 부채, 자본 그리고 포괄손익계산서의 수익과 비용을 인식하기 위한 기준을 살펴보면 다음과 같다.

(1) 역사적 원가주의(취득원가주의)

역사적 원가(historical cost)주의는 일반적인 자산평가의 원칙으로서, 모든 자산은 취득시점의 취득원가로 계상하여 당해 자산이 처분될 때까지 취득원가로 계상된 금액이 장부상에 기록됨을 의미한다. 여기서 자산의 취득원가는 취득시점의 매입가액에 부대비용을 가산하여 결정된다. 역사적 원가주의에 의하여 취득시점의 역사적 원가로 자산을 기록하게 되면 장부상 가액은 시간이 경과되어도 항상 취득원가로 기록되게 되어 평가시점의 시가와는 커다란 차이점을 보일 가능성이 있다. 그러나 역사적 원가주의는 그 금액이 취득시점에 객관적으로 결정되고, 후일에 검증가능하다는 장점 때문에 일반적으로 인정된 회계원칙으로서 인정되고 있다.

(2) 발생주의 vs 현금주의

수익과 비용을 인식하는 데는 현금주의회계(cash basis accounting)와 발생주의회계(accrual basis accounting)라는 두 가지 접근법이 있다. 수익과 비용은 각각 현금의 수입과 지출시점을 기준으로 기록될 수 있는데 이를 현금주의라 부른다. 현금을 수취할 때 수익을 인식하고, 현금이 지출될 때 비용을 인식한다. 반면, 발생주의회계는 현금의 유출입이 발생하지 않더라도, 실질적으로 매출 등이 발생한 기간에 수익을 인식하고 이에 대응되는 비용도 같은 기간에 인식하는 방법이다. 발생주의회계는 기업의 영업활동으로 인해 발생하는 경제적 사건들을 적절한 시점에 수익과 비용으로 인식할 수 있도록 함으로써 기업의 성과 측정에 보다 유용하기 때문에 현재 기업회계기준에서도 발생주의회계를 적용하여 수익과 비용을 인식하도록 하고 있다. 단, 모든 재무제표에 발생주의를 적용하는 것은 아니다. 발생주의에 의하면 현금유입의 실현가능성이 하락할 수 있다는 단점이 있다. 따라서 발생기준에 입각하여 작성한 포괄손익계산서를 보완하기 위해 현금주의에 의해 작성된 현금흐름표가 존재한다.

(3) 공정가치

앞서 살펴본 역사적원가는 복식부기 이후 지속적으로 사용되었다. 하지만 1970년대 이후 인플레이션이 심화되어 역사적원가의 유용성이 쇠퇴한다. 예를 들어 과거에 토지를 100만원에 취득하였고 현재의 가격은 1억원인 경우, 역사적원가는 과거 취득가격을 그대로 나타낸다. 즉, 역사적원가는 충실한 표현이 아닐 수 있으며 의사결정에도 유용하지 않을 것이다. 이러한 단점을 극복하기 위해 공정가치(fair value) 개념이 나타났다.

공정가치란 '측정일에 시장참여자 간 정상거래에서 자산을 매도할 때 받거나 부채를 이전할 때 지급하게 될 가격'이다. 즉, 공정가치는 '시장가격'을 의미한다. 과거에 기준제정자들도 공정가치의 유용성을 알고 있었으나 모든 자산과 부채의 시장가격이 존재하는 것은 아니다. 하지만 정보수집기술이 발달하고 활성시장(active market)이 나타나면서 자산과 부채의 시장가격을 측정할 수 있게 되었고 나아가 각종 평가기법의 출현으로 인해 관측가능한 속성을 반영하여 시장가격에 준하는 가치를 측정할 수 있게 되었다. 따라서 국제회계기준은 자산과 부채의 인식에 공정가치 측정 방식을 도입하였고 취득원가만큼 중요한 측정속성이 되었다.

EXERCISE

연 | 습 | 문 | 제 <<<

1 재무상태표와 포괄손익계산서의 구성항목

다음의 항목이 자산, 부채, 자본, 수익, 비용 중 어느 것에 속하는지 구분하라.

선급금	미수금	임대료
예수금	미지급비용	당좌예금
매출채권	보험료	토 지
매입채무	차입금	자본금
급 여	이자수익	이익잉여금
금융자산	단기차입금	선급비용

2 재무상태표등식 I

각 상황별로 다음 ( ) 속의 금액을 구하라.

	자 산	부 채	자 본
상황 1	( )	28,000	49,000
상황 2	83,000	( )	38,000
상황 3	59,000	32,000	( )

3 재무상태표등식 II

공인회계사 김월기씨는 ㈜청람의 2×15년 12월 31일 현재 재무상태를 조사하여 다음의 사항을 발견하였다.

현 금	24,000	자 본 금	50,000	미 지 급 금	21,000
차량운반구	45,000	매 출 채 권	54,000	예 수 금	13,000
토 지	66,000	단기차입금	94,000	금 융 자 산	39,000
매 입 채 무	35,000	선 급 금	29,000	비 품	19,000

1. ㈜청람의 2×15년 12월 31일 현재 자본총계를 계산하라.
2. ㈜청람의 2×15년 12월 31일 현재 이익잉여금 잔액을 계산하라.

EXERCISE

4 재무상태표의 작성

다음은 ㈜성문의 2×15년 12월 31일 현재 재무상태를 나타내는 항목이다. 2×15년 12월 31일 현재 재무상태표를 작성하라(단, 이익잉여금 잔액은 직접 계산하라).

현금	17,000	미지급금	34,000	자본금	50,000
매출채권	28,000	미수금	36,000	차입금	30,000
선수금	18,000	소모품	5,000	토지	60,000
비품	21,000	매입채무	25,000	미지급급여	9,000
대여금	19,000				

5 당기순이익의 계산

다음은 ㈜성광의 2×15년 1년 동안의 영업성과를 나타내는 항목이다. 2×15년의 당기순이익을 계산하라.

매출	91,000	감가상각비	2,100	매출원가	32,600
광고선전비	8,300	급여	13,200	수수료비용	47,000
이자수익	46,400	잡비	1,800	여비교통비	7,500
수선비	15,500	수수료수익	16,100	당기순이익	?

6 포괄손익계산서의 작성

다음은 ㈜성주의 2×15년 1년 동안의 영업성과를 나타내는 포괄손익계산서의 구성항목이다. 2×15년의 포괄손익계산서를 아래의 양식으로 작성하라.

급여	13,500	이자비용	7,800	이자수익	26,000
소모품비	2,500	감가상각비	21,000	여비교통비	18,300
용역수익	138,000	보험료	26,100	광고선전비	23,400

포괄손익계산서

2×15년 1월 1일부터

㈜성주 2×15년 12월 31일까지 (단위 : 원)

비용	×××	수익	×××
⋮	⋮	⋮	⋮
당기순이익	×××		
계	×××	계	×××

EXERCISE

7 재무상태표등식과 당기순이익

다음은 ㈜성화의 기초시점과 기말시점의 자산 및 부채총액이다.

	자 산	부 채
기 초	210,000	163,000
기 말	386,500	238,300

1. 기초자본은 얼마인가?
2. 기말자본은 얼마인가?
3. 기중 자본금의 변동이 없었다고 할 경우 당기순이익은 얼마인가?

8 재무상태표등식과 이익잉여금 I

다음 각 상황별로 ( ) 속의 금액을 계산하라(단, 당기 중 자본금의 변동은 없었다).

	기 초			기 말			기 말		
	자산	부채	자본	자산	부채	자본	수익	비용	당기순이익
상황 1	13,800	4,500	(①)	(②)	5,300	13,600	21,300	(③)	(④)
상황 2	52,600	(⑤)	16,300	62,800	(⑥)	22,900	(⑦)	37,600	6,600
상황 3	(⑧)	59,300	29,500	91,500	43,600	(⑨)	(⑩)	55,100	(⑪)

9 재무상태표등식과 이익잉여금 II

다음 각 상황별로 ( ) 속의 금액을 계산하라.

	기초자본	기말자산	기말부채	기중 자본금의 변동	당기순이익
상황 1	236,500	596,300	292,300	0	67,500
상황 2	117,000	323,800	( )	30,000	75,600
상황 3	332,400	( )	221,300	40,000	84,500

EXERCISE

연습문제 해답

1 재무상태표와 포괄손익계산서의 구성항목

선급금(자산)	미수금(자산)	임대료(수익)
예수금(부채)	미지급비용(부채)	당좌예금(자산)
매출채권(자산)	보험료(비용)	토지(자산)
매입채무(부채)	차입금(부채)	자본금(자본)
급여(비용)	이자수익(수익)	이익잉여금(자본)
단기매매금융자산(자산)	단기차입금(부채)	선급비용(자산)

2 재무상태표등식 I

	자 산	=	부 채	+	자 본
상황 1	77,000		28,000		49,000
상황 2	83,000		45,000		38,000
상황 3	59,000		32,000		27,000

3 재무상태표등식 II

1. 자본총계의 계산

자산총계 :	현 금	24,000
	매출채권	54,000
	금융자산	39,000
	선급금	29,000
	토 지	66,000
	비 품	19,000
	차량운반구	45,000
		276,000
부채총계 :	매입채무	35,000
	미지급금	21,000
	예수금	13,000
	단기차입금	94,000
		163,000

자본총계 = 자산총계 − 부채총계 = ₩276,000 − ₩163,000 = ₩113,000

2. 이익잉여금 잔액의 계산

자본총계 = 자본금 + 이익잉여금이므로,

이익잉여금 = 자본총계 − 자본금 = ₩113,000 − ₩50,000 = ₩63,000

EXERCISE

④ 재무상태표의 작성

재무상태표

㈜성문 2×15년 12월 31일 현재 (단위 : 원)

자산	금액	부채와자본	금액
현 금	17,000	매입채무	25,000
매출채권	28,000	미지급금	34,000
미수금	36,000	미지급급여	9,000
대여금	19,000	선수금	18,000
소모품	5,000	차입금	30,000
토 지	60,000	자본금	50,000
비 품	21,000	이익잉여금	20,000
자산총계	186,000	부채와자본총계	186,000

⑤ 당기순이익의 계산

수익 :	매 출	91,000	
	이자수익	46,400	
	수수료수익	16,100	153,500
비용 : 매출원가			32,600
	감가상각비	2,100	
	광고선전비	8,300	
	급 여	13,200	
	수수료비용	47,000	
	잡 비	1,800	
	여비교통비	7,500	
	수선비	15,500	(128,000)
당기순이익			25,500

6 포괄손익계산서의 작성

포괄손익계산서

2×15년 1월 1일부터
2×15년 12월 31일까지

㈜성주 (단위 : 원)

차변	금액	대변	금액
급 여	13,500	용역수익	139,000
보험료	26,100	이자수익	26,000
여비교통비	18,300		
소 모 품 비	2,500		
감가상각비	21,000		
광고선전비	23,400		
이자비용	7,800		
당기순이익	51,400		
계	164,000	계	164,000

7 재무상태표등식과 당기순이익

1. 기초자본=기초자산−기초부채=₩210,000−₩163,000=₩47,000
2. 기말자본=기말자산−기말부채=₩386,500−₩238,300=₩148,200
3. 당기순이익의 계산

   자본은 기초 ₩47,000에서 기말 ₩148,200으로 ₩101,200 증가하였다. 그런데 자본=자본금+이익잉여금이므로, 자본금의 변동이 없었다면 자본의 변동액은 전액 이익잉여금의 변동액이 될 것이다.

   당기 중 배당금이 없었으므로 당기 중의 이익잉여금 증가액은 전액 당기순이익이 된다.

   따라서 당기순이익은 ₩101,200이다.

8 재무상태표등식과 이익잉여금 I

1. 상황 1의 경우

   자산=부채+자본이므로,

   기초자본 ①=₩13,800−₩4,500=₩9,300

   기말자산 ②=₩5,300+₩13,600=₩18,900

   당기 중 자본의 변동액=기말자본−기초자본=₩13,600−₩9,300=₩4,300이고, 당기 중 자본금의 변동은 없으므로 자본의 변동액 ₩4,300은 전액 당기순이익 ④ ₩4,300이다.

   수익−비용=당기순이익이므로,

   비용 ③=₩21,300−₩4,300=₩17,000

EXERCISE

2. 상황 2의 경우
   자산=부채+자본이므로,
   기초부채 ⑤=₩52,600-₩16,300=₩36,300
   기말부채 ⑥=₩62,800-₩22,900=₩39,900
   당기 중 자본의 변동액=기말자본-기초자본=₩22,900-₩16,300=₩6,600이고, 당기 중 자본금의 변동은 없으므로 자본의 변동액 ₩6,600은 전액 당기순이익이다.
   수익-비용=당기순이익이므로,
   수익 ⑦=₩37,600+₩6,600=₩44,200

3. 상황 3의 경우
   자산=부채+자본이므로,
   기초자산 ⑧=₩59,300+₩29,500=₩88,800
   기말자본 ⑨=₩91,500-₩43,600=₩47,900
   당기 중 자본의 변동액=기말자본-기초자본=₩47,900-₩29,500=₩18,400이고, 당기 중 자본금의 변동은 없으므로 자본의 변동액 ₩18,400은 전액 ⑪ 당기순이익이다.
   수익-비용=당기순이익이므로,
   수익 ⑩=₩55,100+₩18,400=₩73,500

9 재무상태표등식과 이익잉여금Ⅱ

	기초자본	기말자산	기말부채	기말자본	자본의 증가액	기중 자본금의 변동	당기순이익
	ⓐ	ⓑ	ⓒ	ⓓ=ⓑ-ⓒ	ⓔ=ⓓ-ⓐ=ⓕ+ⓖ	ⓕ	ⓖ
상황 1	236,500	596,300	292,300	304,000	67,500	0	67,500
상황 2	117,000	323,800	101,200	222,600	105,600	30,000	75,600
상황 3	332,400	678,200	221,300	456,900	124,500	40,000	84,500

Accounting Principles

Chapter 3 회계등식과 거래의 기록

1. 회계거래의 본질
2. 회계거래와 회계등식
3. 계정과 분개 및 전기
4. 분개장

Chapter 03 회계등식과 거래의 기록

Accounting Principles

1. 회계거래의 본질

이익을 창출하기 위하여 수없이 많은 활동을 수행하는 과정에서 기업은 여러 가지 경제적 사건들을 접하게 된다. 기업은 이러한 경제적 사건들을 체계적으로 기록하고, 기록된 자료를 요약·정리하여 회계정보를 이용하고자 하는 정보이용자에게 제공하게 된다. 회계정보이용자의 의사결정에 도움을 준다는 궁극적인 회계목적을 달성하기 위하여 가장 먼저 기업이 수행하여야 할 일은 기업활동의 결과 발생하는 경제적 사건들 중에서 이것이 회계정보이용자에게 제공되어야 할 사건인지 아닌지를 판단하는 것이고, 만약 이 사건이 회계정보이용자에게 제공되어야 할 경제적 사건이라고 판단된다면 이를 장부에 기록하여야 한다. 일상생활에서 말하는 "거래"와 "회계거래"는 서로 다른 개념으로서 이를 이해하기 위하여 다음 동아회계법인의 예를 생각해 보자.

사건 ① : 2×15년도에 화재가 발생하여 ₩1,000,000에 구입한 사무용 책상을 사용하지 못하게 되었다.
사건 ② : 대표사원이 갑작스런 교통사고로 더 이상 법인의 경영에 참여할 수 없게 되었다.
사건 ③ : 남북은행으로부터 ₩2,000,000을 차입하였다.

우리가 실생활에서 제3자와 재산의 교환이 일어났을 경우를 "거래(去來, transaction)"가 일어났다고 한다. 그러나 "회계거래"는 기업의 재무상태와 영업성과에 영향을 줄 뿐만 아니라 그 영향을 화폐단위로 신뢰성 있게 측정할 수 있어서 회계장부에 공식적으로 기록되는 거래를 의미한다. 이러한 회계거래만이 장부에 기록할 대상이 되는 것이다. 회사의 재무상태에 영향을 미치는 경제적 사건이라 할지라도 객관적 측정이 불가능한 경우에는 회계거래가 될 수 없다.

위의 예에서 사건 ①은 제3자와의 교환거래가 일어난 것은 아니지만 화재로 인하여 회사의 자산이 ₩1,000,000 감소하였으므로 재무상태에 영향을 미쳤고 또한 자산의 감소금액을 화폐액으로 측정할 수 있기에 회계거래가 된다. 사건 ②는 대표사원이 교통사고로 인하여 더 이상 경영에 참여할 수 없게 되어 동아회계법인의 입장에서는 커다란 손해를 입었음에도 불구하고 대표사원의 교통사고가 재무상태에 미치는 영향을 화폐액으로 측정할 수 없기 때문에 회계거래가 되지 못한다. 사건 ③은 남북은행과 교환거래를 통하여 동아회계법인의 현금이 ₩2,000,000 증가한 반면에 차입금 또한 ₩2,000,000이 증가하였으므로 기업의 재무상태가 변화하였고, 변동금액을 화폐액으로 측정할 수 있기 때문에 회계거래이다.

예제 3-1 회계거래

다음은 동서법무법인의 거래이다. 각 거래 중 회계기록의 대상이 되는 회계거래는 어느 것인가?

① 법률서비스를 제공하고 수수료로 ₩100,000을 받다.
② 직원들의 당월분 급여 ₩500,000을 급여지급일에 지급하지 못하다.
③ ₩10,000,000의 정기적금을 가입하기로 약정하다.
④ 현금 ₩100,000을 지급하고 전화기 3대를 추가로 구입하다.
⑤ 노사협의 과정에서 내년부터 종업원 1인당 월 차량유지비 ₩200,000을 지급하기로 협상을 완료하다.
⑥ ㈜성공과 법률고문계약을 체결하다.
⑦ 평촌 신도시에 있는 건물을 구입하기로 약정하고 계약금으로 ₩3,000,000을 지급하다.
⑧ 이사회는 추가로 ₩3,000,000을 증자하기로 만장일치로 결의하다.

| 해설 |

거래번호	재무상태의 변동	화폐적 측정가능성	회계거래 여부
①	○	○	회계거래
②	○	○	회계거래
③		○	
④	○	○	회계거래
⑤		○	

⑥			
⑦	○	○	회계거래
⑧		○	

2. 회계거래와 회계등식

우리는 제2장에서 자산총계와 부채및자본총계의 합은 항상 일치한다는 회계등식을 살펴보았고, 앞절에서는 회계거래가 발생하면 기업의 재무상태에 영향을 미치게 된다는 사실도 알게 되었다. 자본은 납입자본과 이익잉여금으로 나누어지므로 회계등식을 아래와 같이 확장할 수 있다.

자산 = 부채 + 자본
　　= 부채 + 납입자본 + 이익잉여금

회계등식은 항상 유지되어야 하므로 기초와 기말의 확장된 회계등식을 아래와 같이 나타낼 수 있다.

자산 = 부채 + 자본
　　= 부채 + 납입자본 + 이익잉여금
　　= 부채 + (기초 납입자본 + 추가출자) + (기초이익잉여금 + 수익 − 비용 − 배당금)
　　= 부채 + (기초자본 + 추가출자 + 수익 − 비용 − 배당금)

주주가 회사에 직접 출자한 금액을 나타내는 납입자본은 주주의 추가출자(유상증자)에 의해 증가한다. 한편 이익잉여금은 당기순이익에 의해 증가하고 배당금에 의해 감소한다. 당기순이익은 다시 수익에 의해 증가하고 비용에 의해 감소한다. 따라서 자본 전체로는 추가출자와 수익에 의해 증가하고 비용과 배당금에 의해 감소함을 알 수 있다.

위의 등식에서 재무상태표와 손익계산서가 이익잉여금이라는 항목을 통하여 연결되고 있으며 주주의 추가출자와 수익의 발생에 의해 자본이 증가하고 비용의 발생과 배당금의 지급에 의해 자본이 감소함을 다시 한 번 확인할 수 있다. 이러한 관계를 이해하면 회계등식을 이용하여 모든 회계상의 거래를 분석할 수 있다. 회계의 기본모형인 회계등식은 기업의 재무상태에 영향을 미치는 모든 거래를 기록·통합하는 데 지침을 제공해 준다. 즉 회계상의 거래는 반드시 회계등식이 유지되게끔 기록이 되어야 하는데 이것이 바로 복식부기의 원리이다. 몇 가지 예를 들어 설명한다.

2×15년 1월 동아회계법인에 다음과 같은 회계거래가 발생하였다.

거래 ① : 1월 3일 이윤재 씨는 회계와 세무서비스 제공을 사업목적으로 하는 동아회계법인을 설립하고 자본금으로 현금 ₩5,000,000을 출자하다.
거래 ② : 1월 4일 사무실 임차계약을 체결하고 보증금으로 ₩1,000,000을 현금으로 지급하다.
거래 ③ : 1월 5일 사무실용 비품 ₩400,000을 취득하고 구입대금은 외상으로 하다.
거래 ④ : 1월 10일 ㈜유리의 회계감사업무를 수행하고 감사수수료 ₩1,000,000을 현금으로 받다.
거래 ⑤ : 1월 12일 ㈜순금에 대하여 세무자문을 완료하였으나 수수료 ₩800,000은 한 달 후에 받기로 하다.
거래 ⑥ : 1월 31일 1월달 직원급여 ₩600,000을 현금으로 지급하다.
거래 ⑦ : 1월 31일 1월달 사무실 임차료 ₩500,000을 현금으로 지급하다.

거래 ①이 발생하기 전 동아회계법인의 재무상태는 자산, 부채 및 자본의 금액은 모두 ₩0이었다. 그러나 거래 ①이 발생함으로 인하여 동아회계법인은 자산항목 중 현금이 ₩5,000,000 증가하였고 자본항목 중 자본금이 또한 ₩5,000,000 증가하였다.

이를 표시하면 다음과 같다.

	자 산			=	부 채	+	자 본
거래번호	현 금	보증금	비 품	=	미지급금	+	자본금
거래 전	0	0	0		0		0
거래 ①	+5,000,000						+5,000,000
거래 후	5,000,000	0	0	=	0	+	5,000,000

거래 ②에서 동아회계법인은 사무실을 임차하고 보증금으로 ₩1,000,000을 지급하였으므로 현금보유액 ₩5,000,000 중 ₩1,000,000이 감소하였고, 보증금으로 납입한 금액은 임차계약이 해지되면 사무실 주인으로부터 되돌려 받을 수 있는 금액이기 때문에 동아회계법인의 입장에서는 자산항목을 구성하게 된다. 거래 ②로 인한 동아회계법인의 재무상태에 미치는 영향은 다음과 같다.

	자	산		=	부 채	+	자 본
거래번호	현 금	보증금	비 품	=	미지급금	+	자본금
거래 전	5,000,000	0	0		0		5,000,000
거래 ②	−1,000,000	+1,000,000					
거래 후	4,000,000	1,000,000	0	=	0	+	5,000,000

거래 ③을 분석해 보면, 동아회계법인은 사무실에서 사용하기 위해 비품 ₩400,000을 취득하였으므로 자산항목 중 비품항목이 ₩400,000 증가하였고, 동 비품 구입대금을 구입시 현금으로 지급하지 않아서 동아회계법인은 추후에 ₩400,000의 구입대금을 지급하여야 할 의무가 발생하였다. 따라서 부채항목 중 미지급금이 ₩400,000 증가하였다. 이를 다음과 같이 정리하도록 하자.

	자	산		=	부 채	+	자 본
거래번호	현 금	보증금	비 품	=	미지급금	+	자본금
거래 전	4,000,000	1,000,000	0		0		5,000,000
거래 ③			+400,000		+400,000		
거래 후	4,000,000	1,000,000	400,000	=	400,000	+	5,000,000

거래 ④가 발생하여 동아회계법인은 회계감사서비스를 제공하고 발생한 수익 ₩1,000,000을 현금으로 수취하였으므로 현금 ₩1,000,000이 증가하였고, 수익이 발생하였으므로 자본항목 중 이익잉여금이 ₩1,000,000 증가하였다.

	자	산		=	부 채	+	자 본	
거래번호	현 금	보증금	비 품	=	미지급금	+	자본금	이익잉여금
거래 전	4,000,000	1,000,000	400,000		400,000		5,000,000	0
거래 ④	+1,000,000							+1,000,000
거래 후	5,000,000	1,000,000	400,000	=	400,000	+	5,000,000	+1,000,000

거래 ⑤로 인하여 동아회계법인은 회사의 주된 영업활동 중의 하나인 세무자문 서비스 제공을 완료하였으므르 수익 ₩800,000이 발생하여 이익잉여금 ₩800,000이 증가하였다. 또한 발생된 수익금액 ₩800,000을 서비스 제공시 현금으로 받지 못하고 1개월 후에 받

기로 하였으므로 자산항목 중 매출채권이 ₩800,000 발생하였다.

	자 산				=	부 채	+	자 본	
거래번호	현 금	매출채권	보증금	비 품	=	미지급금	+	자본금	이익잉여금
거래 전	5,000,000	0	1,000,000	400,000		400,000		5,000,000	1,000,000
거래 ⑤		+800,000							+800,000
거래 후	5,000,000	800,000	1,000,000	400,000	=	400,000	+	5,000,000	1,800,000

거래 ⑥과 ⑦로 인하여 동아회계법인은 비용항목 중 급여와 임차료가 각각 ₩600,000 및 ₩500,000 발생하여 이익잉여금이 총 ₩1,100,000 감소하였고 동액을 1월 31일에 현금으로 지급하였으므로 현금항목이 ₩1,100,000 감소하였다.

	자 산				=	부 채	+	자 본	
거래번호	현 금	매출채권	보증금	비 품	=	미지급금	+	자본금	이익잉여금
거래 전	5,000,000	800,000	1,000,000	400,000		400,000		5,000,000	1,800,000
거래 ⑥	−600,000								−600,000
거래 ⑦	−500,000								−500,000
거래 후	3,900,000	800,000	1,000,000	400,000	=	400,000	+	5,000,000	700,000

회계거래 ①, ②, ③의 결과를 살펴보면, 이 기업의 재무상태를 자산합계 ₩0에서 ₩5,400,000으로 변화시켰고 부채합계를 ₩0에서 ₩400,000으로, 자본합계를 ₩0에서 ₩5,000,000으로 각각 변화시켰다. 즉, 회계거래 ①에서 ③까지 분석하여 본 결과 회계거래가 발생하면 앞절에서 살펴본 바와 같이 기업의 재무상태는 변동하게 된다. 그러나 비록 회계거래의 발생으로 인하여 기업의 재무상태는 변화하였지만 "자산=부채+자본"이라는 회계등식은 변함없이 성립함을 알 수 있다. 이상의 회계거래 ①부터 ⑦까지의 거래를 회사의 장부에 반영한 후 2×15년 1월 31일 현재의 재무상태표와 2×15년 1월의 포괄손익계산서를 작성하면 다음과 같다.

재무상태표

동아회계법인　　2×15년 1월 31일 현재　　(단위 : 원)

자산		부채	
현　　금	3,900,000	미지급금	400,000
매출채권	800,000	자본	
보 증 금	1,000,000	자 본 금	5,000,000
비　　품	400,000	이익잉여금	700,000
자산총계	6,100,000	부채와자본총계	6,100,000

포괄손익계산서

2×15년 1월 1일부터
동아회계법인　　2×15년 1월 31일까지　　(단위 : 원)

비용		수익	
급　여	600,000	용역수익	1,800,000
임차료	500,000		
당기순이익	700,000		
	1,800,000		1,800,000

이상에서 살펴본 것처럼 단순한 회계거래 ①부터 ⑦까지의 내용을 분석하고 각 항목별 변동금액을 파악하여 1월 31일 현재의 재무상태표와 1월의 포괄손익계산서를 작성하였다.

예제 3-2 **회계거래가 회계등식에 미치는 영향**

다음은 동서법무법인의 거래이다. 각 거래 중 회계기록의 대상이 되는 회계거래는 어느 것인가?

① 이윤재 변호사는 2×15년 2월 1일 동서법무법인을 설립하고 자본금으로 ₩5,000,000을 납입하다.
② 사무실로 사용하기 위해 오피스텔 임차계약을 체결하고 임차보증금으로 ₩3,000,000을 지급하다.
③ 사무용 책상과 복사기 등 비품을 ₩1,000,000에 구입하다.
④ 은행으로부터 현금 ₩3,000,000을 차입하고 3개월 후에 상환하기로 약정하다.
⑤ 미자 씨의 소송업무를 대행해 주고 수수료로 ₩2,000,000을 현금으로 받다.
⑥ 법률고문계약을 체결한 ㈜순금의 법률문제를 상담하여 주고 2월분 고문료 ₩500,000을 청구하다.
⑦ 직원의 2월달 급여 ₩1,200,000을 현금으로 지급하다.

⑧ 2월달 사무실 임차료 ₩800,000을 현금으로 지급하다.

	자	산			= 부 채	+	자 본	
거래번호	현 금	매출채권	보증금	비 품	= 차입금	+	자본금	이익잉여금
거래 전	0	0	0	0	0		0	0
거래 ①								
거래 ②								
…								
거래 ⑨								
거래 후								

| 해설 |

	자	산			= 부 채	+	자 본	
거래번호	현 금	매출채권	보증금	비 품	= 차입금	+	자본금	이익잉여금
거래 전	0	0	0	0	0		0	0
거래 ①	+5,000,000						+5,000,000	
거래 ②	−3,000,000		+3,000,000					
거래 ③	−1,000,000			+1,000,000				
거래 ④	+3,000,000				+3,000,000			
거래 ⑤	+2,000,000							+2,000,000
거래 ⑥		+500,000						+500,000
거래 ⑦	−1,200,000							−1,200,000
거래 ⑧	−800,000							−800,000
거래 후	4,000,000	500,000	3,000,000	1,000,000	3,000,000		5,000,000	500,000

재무상태표

동서법무법인 2×15년 2월 28일 현재 (단위 : 원)

자산		부채	
현 금	4,000,000	차 입 금	3,000,000
매출채권	500,000	자본	
보 증 금	3,000,000	자 본 금	5,000,000
비 품	1,000,000	이익잉여금	500,000
자산총계	8,500,000	부채와자본총계	8,500,000

포괄손익계산서

동서법무법인 | 2×15년 2월 1일부터 2×15년 2월 28일까지 | (단위 : 원)

비용		수익	
급 여	1,200,000	용역수익	2,500,000
임차료	800,000		
당기순이익	500,000		
	2,500,000		2,500,000

3. 계정과 분개 및 전기

실제 기업활동의 결과 발생하는 수많은 회계거래들을 앞에서 설명한 방식으로 기록·요약·정리한다면 이제 재무회계의 가장 기본적인 보고서인 재무상태표와 포괄손익계산서를 작성하는 데는 문제가 없을 것이다. 그러나 수천, 수만 건의 회계거래를 전부 앞에서 설명한 방식으로 기록한다는 것은 엄청난 규모의 기록비용과 노력이 투입될 것이고, 기록과정에서의 오류발생가능성도 또한 매우 높아지게 된다. 즉, 자산, 부채, 그리고 자본의 세부항목에 관한 거래를 보다 효율적으로 기록하는 방법이 필요하고 거래의 기록과정에서 기록의 정확성을 검증할 수 있는 보다 체계적이고 조직적인 방법이 필요하다. 이러한 문제를 해결하기 위한 한 가지 수단으로 실무에서는 계정(account)이라는 형식을 사용하고 있다.

계정이란 회계상의 거래를 기록하도록 표준화된 분류항목이다. 계정의 종류에는 다음에서 보는 바와 같이 두 가지 양식이 있다.

[표준식계정]

×××　계정　　××면

월일	적　　요	분면	금액	월일	적　　요	분면	금액

[잔액식계정]

×××　계정　　××면

월일	적　　요	분면	차 변	대 변	잔 액

이런 계정의 양식은 왼쪽과 오른쪽의 두 가지 변으로 구성되어 있는데 왼쪽을 차변(Dr : Debit)이라고 하고, 오른쪽을 대변(Cr : Credit)이라고 한다. 계정의 가장 윗부분에는 재무제표에 표시되는 항목의 명칭이 기입되는데 이를 계정과목이라고 한다. 앞으로 학습과정에서 수없이 많은 회계거래를 이 계정에 기입하게 되는데 계정기입시마다 잔액식계정 또는 표준식계정을 그릴 수는 없기 때문에 보통 강의용, 학습용으로는 표준식계정의 양식을 다음과 같이 간소화하여 사용한다. 이런 계정 양식을 보통 T-계정(T-account)이라 부른다.

차변　　　×××　계정	대변

기업활동과정에서 발생하는 회계거래를 각 계정에 기입하는 방법은 다음의 [그림 3-1]과 같다. 계정식 재무상태표의 차변에 기입되는 자산항목은 증가금액을 차변에 기입하고, 계정식 재무상태표의 대변에 기입되는 부채와 자본항목은 증가금액을 대변에 기입한다. 그리고 수익의 증가는 자본을 증가시키므로 증가금액을 대변에 기입하여야 자본의 증가로 기입하게 되며, 비용의 발생은 반대로 자본을 감소시키므로 증가금액을 차변에 기입하여야 자본의 감소로 기입하게 될 것이다.

그림 3-1 계정을 이용한 거래의 기록

자산	
차변	대변
증가	감소

부채	
차변	대변
감소	증가

자본	
차변	대변
감소	증가

비용	
차변	대변
증가	감소

수익	
차변	대변
감소	증가

계 정	차 변	대 변
자 산	증 가	감 소
부 채	감 소	증 가
자 본	감 소	증 가
수 익	감 소	증 가
비 용	증 가	감 소

계정을 사용하여 회계거래를 기록하면 기록과정의 정확성을 쉽게 검증할 수 있다. 자산, 부채와 자본의 구성항목별로 독립된 계정을 설정하여 회계거래를 기록하게 되면 각 계정의 잔액합계를 쉽게 산출할 수 있어서 "자산=부채+자본"의 회계등식이 성립하는지를 검증할 수 있게 된다. 수많은 회계거래를 재무제표 구성항목별로 세분화된 계정을 사용함으로 인하여 기록과정에서 발생할 수 있는 오류의 가능성을 현저하게 감소시킬 수 있게 된다. 자산, 부채, 자본의 구성항목별로 계정을 설정하여 이를 집합시켜 놓은 것을 총계정원장(總計定元帳, general ledger)이라고 한다.

이제 다음 동아회계법인의 예를 통해서 연습해 보기로 하자.

거래 ① : 1월 3일 이윤재 씨는 회계와 세무서비스 제공을 사업목적으로 하는 동아회계법인을 설립하고 자본금으로 현금 ₩5,000,000을 출자하다.
거래 ② : 1월 4일 사무실 임차계약을 체결하고 보증금으로 ₩1,000,000을 현금으로 지급하다.
거래 ③ : 1월 5일 사무실용 비품 ₩400,000을 취득하고 구입대금은 외상으로 하다.
거래 ④ : 1월 10일 ㈜유리의 회계감사업무를 수행하고 감사수수료 ₩1,000,000을 현금으로 받다.
거래 ⑤ : 1월 12일 ㈜순금에 대하여 세무자문을 완료하였으나 수수료 ₩800,000은 한 달 후에 받기로 하다.

거래 ⑥ : 1월 31일 1월달 직원급여 ₩600,000을 지급하다.
거래 ⑦ : 1월 31일 1월달 사무실 임차료 ₩500,000을 현금으로 지급하다.

회계실무를 수행함에 있어서 발생되는 거래의 양이 많기 때문에 각 거래의 효과를 해당 계정에 직접 기입하기가 매우 번거로울 뿐만 아니라 기록 도중에 오류가 발생할 가능성도 매우 높다. 이런 문제점을 해결하기 위하여 회계거래를 직접 계정에 기입하지 않고 중간과정을 거치는데 이를 분개(分介, journalizing)라고 한다. 분개란 "어느 계정의 차변에 얼마의 금액을 기입하고 어느 계정의 대변에는 얼마를 기입하라"는 지시를 말한다. 결국 분개는 해당 거래를 계정에 기입하기 전에 계정에 기입하는 절차를 한 번 밟아 보는 것인데 이러한 장부를 분개장이라고 한다. 실무에서는 전표가 분개장의 기능을 대신하고 있다. 분개한 내용은 이제 해당 계정의 차변 혹은 대변으로 기입되는데 이렇게 분개의 내용을 해당계정에 기입하는 절차를 전기(轉記, posting)라고 한다.

이제 각 거래별로 분개 및 전기의 절차를 밟아 보도록 하자.

거래 ①의 분석

동아회계법인은 자산항목 중 현금이 ₩5,000,000 증가하였으므로 현금계정 차변에 동 금액을 기입한다. 그리고 자본항목 중 자본금이 ₩5,000,000 증가하였으므로 자본금계정 대변에 동 금액을 기입한다. 이 거래를 우선 분개하고 분개된 내용을 전기하면 다음과 같다.

(차) 현 금	5,000,000	(대) 자 본 금	5,000,000

현 금

차변	대변
1/3 자본금 5,000,000	

자 본 금

차변	대변
	1/3 현금 5,000,000

거래 ②의 분석

동아회계법인은 자산항목 중 임차보증금이 ₩1,000,000 증가하였으므로 보증금계정 차변에 동 금액을 기입하고, 역시 자산항목인 현금이 ₩1,000,000 감소하였으므로 현금계정 대변에 동 금액을 기입하여야 한다.

(차) 보 증 금	1,000,000	(대) 현 금	1,000,000

보증금	
1/4 현금 1,000,000	

현 금	
1/3 자본금 5,000,000	1/4 보증금 1,000,000

거래 ③의 분석

동아회계법인은 자산항목 중 비품이 ₩400,000 증가하였으므로 비품계정 차변에 ₩400,000을 기입하고, 비품 구입대금은 외상으로 하였으므로 부채항목 중 미지급금이 ₩400,000 증가하여 미지급금계정 대변에 ₩400,000을 기입하여야 한다.

(차) 비 품	400,000	(대) 미지급금	400,000

비 품	
1/5 미지급금 400,000	

미지급금	
	1/5 비품 400,000

거래 ④의 분석

동아회계법인은 회계감사서비스를 제공하여 수익이 발생하였고 용역수익금액 ₩1,000,000을 포괄손익계산서 계정인 용역수익계정 대변에 기록하여야 한다. 또한 동 금액을 용역제공 완료와 동시에 현금으로 수취하였으므로 현금의 증가로서 현금계정 차변에 기록하여야 한다.

(차) 현 금	1,000,000	(대) 용역수익	1,000,000

현 금	
1/3 자본금 5,000,000	1/4 보증금 1,000,000
1/10 용역수익 1,000,000	

용역수익	
	1/10 현금 1,000,000

거래 ⑤의 분석

동아회계법인은 세무자문서비스를 제공하여 수익이 발생하였고 수익금액은 한 달 후에 받기로 하였으므로 자산항목 중 매출채권이 ₩800,000 증가하였다. 따라서 매출채권계정 차변에 ₩800,000을 기입하여야 하고, 거래 ④와 마찬가지로 용역수익계정 대변에 ₩800,000을 기입하여야 한다.

(차) 매출채권	800,000	(대) 용역수익	800,000

매출채권	
1/12 용역수익 800,000	

용역수익	
	1/10 현금 1,000,000
	1/12 매출채권 800,000

거래 ⑥의 분석

동아회계법인은 포괄손익계산서 항목 중 비용항목인 급여가 ₩600,000 발생하였으므로 동 금액을 급여계정 차변에 기록하고, 동 금액을 현금으로 지급하였으므로 현금계정 대변에 ₩600,000을 기록하여야 한다.

(차) 급 여	600,000	(대) 현 금	600,000

급 여	
1/31 현금 600,000	

현 금	
1/3 자본금 5,000,000	1/4 보증금 1,000,000
1/10 용역수익 1,000,000	1/31 급여 600,000

거래 ⑦의 분석

동아회계법인은 비용항목인 임차료가 ₩500,000 발생하였으므로 임차료계정 차변에 ₩500,000을 기록하고 현금계정 대변에 ₩500,000을 기록하여야 한다.

(차) 임 차 료	500,000	(대) 현 금	500,000

임 차 료	
1/31 현금 500,000	

현 금	
1/3 자본금 5,000,000	1/4 보증금 1,000,000
1/10 용역수익 1,000,000	1/31 급여 600,000
	1/31 임차료 500,000

이상과 같이 T-계정에 기록한 거래를 각 계정별로 그 잔액을 산출하면 다음과 같다.

재무상태표계정

현 금	
1/3 자본금 5,000,000	1/4 보증금 1,000,000
1/10 용역수익 1,000,000	1/31 급여 600,000
	1/31 임차료 500,000

- 차변잔액 ₩3,900,000

매출채권	
1/12 용역수익 800,000	

- 차변잔액 ₩800,000

보 증 금			
1/4 현금	1,000,000		

○ 차변잔액 ₩1,000,000

비 품			
1/5 미지급금	400,000		

○ 차변잔액 ₩400,000

미지급금			
		1/5 비품	400,000

○ 대변잔액 ₩400,000

자 본 금			
		1/3 현금	5,000,000

○ 대변잔액 ₩5,000,000

✿ 포괄손익계산서계정

용역수익			
		1/10 현금	1,000,000
		1/12 매출채권	800,000

○ 대변잔액 ₩1,800,000

급 여			
1/31 현금	600,000		

○ 차변잔액 ₩600,000

임 차 료			
1/31 현금	500,000		

○ 차변잔액 ₩500,000

이제 수익과 비용의 각 계정잔액을 이용하여 포괄손익계산서를 작성하고 자산, 부채와 자본의 각 계정잔액을 이용하여 재무상태표를 만들 수 있다.

포괄손익계산서

2×15년 1월 1일 부터
2×15년 1월 31일 까지

동아회계법인 (단위 : 원)

비용		수익	
급 여	600,000	용역수익	1,800,000
임차료	500,000		
당기순이익	700,000		
	1,800,000		1,800,000

재무상태표

동아회계법인 2×15년 1월 31일 현재 (단위 : 원)

자산		부채	
현금	3,900,000	미지급금	400,000
매출채권	800,000	자본	
보증금	1,000,000	자본금	5,000,000
비품	400,000	이익잉여금*	700,000
자산총계	6,100,000	부채와자본총계	6,100,000

* 월초 이익잉여금이 0이기 때문에 월말 이익잉여금은 당기순이익 ₩700,000과 같다.

4. 분개장

연도 중에 거래가 발생하면 증빙서류(證憑書類, source documents)에 의해 회계거래인지를 우선적으로 판단하고, 그 거래가 회계거래로 판단이 되면 다음 단계로 수행되어야 할 업무가 분개이다. 분개 절차는 우선 거래의 발생으로 인하여 기업의 재무상태에 어떠한 영향을 미쳤는지 판단하여 자산, 부채, 자본, 수익 및 비용 중 어느 항목이 변동하는지를 결정하는 것이다. 계정의 명칭이 결정되면 그 변동금액을 결정하고 이상의 절차에서 파악된 내용을 분개장에 기입하게 된다. 이처럼 거래의 분석을 통하여 계정에 미치는 영향을 분개장에 기입하는 절차를 분개라고 한다.

| 그림 3-2 | 분개장의 예

분 개 장

제 1 면

일자		계정과목 및 설명	원면	차변	대변
5	1	비품		3,000,000	
		현금			3,000,000
		현금 ₩3,000,000으로 비품을 구입하다.			

회계거래의 기록에 익숙한 사람이라면 거래의 내용을 분석하여 직접 계정에 기록하는 것도 가능할 것이다. 그러나 회계기간 중에 발생하는 수많은 거래를 직접 계정에 기록하다 보면 기록과정에서 오류가 발생할 가능성이 매우 높아지게 된다. 이런 오류의 발생가능성을 줄이는 방법이 바로 분개장을 사용하는 것이다. 거래의 내용을 분개장에 기입한 후 분개된 거래의 내용을 각 계정에 기록하게 되면 기록과정에서 발생하는 오류를 현저

하게 줄일 수 있으며, 거래를 한눈에 파악할 수 있는 장점을 가지게 된다.

분개장의 기능

- 각 거래를 발생순서대로 기록한다.
- 각 거래로 인한 효과를 한눈에 파악할 수 있게 된다.
- 계정기입시 오류의 발생가능성을 감소시킨다.
- 오류의 발생시 그 추적을 쉽게 한다.

예제 3-3 분 개

다음 ㈜동신의 회계거래를 분개하라.

① ₩50,000의 현금과 ₩30,000의 건물을 출자하여 주식회사를 설립하다.
② 사무실에 필요한 비품을 ₩10,000에 현금으로 지급하고 구입하였다.
③ 장부금액 ₩1,000의 비품을 장부금액으로 처분하고 대금은 아직 받지 않았다.
④ 여비교통비 ₩3,000을 현금으로 지급하다.
⑤ ₩6,000의 소모품을 외상으로 구입하다.
⑥ 고객에게 외상으로 용역을 제공하였는데, 용역대금은 ₩11,000이다.
⑦ 당기 중에 소모품을 ₩1,000 사용하였다.
⑧ 1년 후에 받기로 하고 타인에게 현금 ₩8,000을 대여하다.

| 해설 |

	차변	금액	대변	금액
①	(차) 현금	50,000	(대) 자본금	80,000
	건물	30,000		
②	(차) 비품	10,000	(대) 현금	10,000
③	(차) 미수금	1,000	(대) 비품	1,000
④	(차) 여비교통비	3,000	(대) 현금	3,000
⑤	(차) 소모품	6,000	(대) 미지급금	6,000
⑥	(차) 매출채권	11,000	(대) 용역수익	11,000
⑦	(차) 소모품비	1,000	(대) 소모품	1,000
⑧	(차) 단기대여금	8,000	(대) 현금	8,000

예제 3-4 회계거래의 기록

다음은 동남특허사무소의 2×15년 3월의 거래내용이다.

3/2	변리사 이윤재 씨는 동남특허사무소를 설립하고 자본금으로 ₩3,000,000을 출자하다.
3/3	신문광고비로 ₩1,000,000을 현금으로 지급하다.
3/4	사무실용 비품 ₩500,000을 외상으로 구입하다.
3/5	㈜광명의 특허신청업무를 대행하여 주고 수수료 ₩1,000,000에 대한 청구서를 발행하다.
3/10	소모품 ₩400,000을 구입하고 대금은 전액 현금으로 지급하다.
3/15	특허업무를 수행하고 수수료 ₩800,000을 현금으로 수령하다.
3/18	비품의 외상구입대금 ₩500,000 중 ₩300,000을 현금으로 지급하다.
3/21	㈜자수의 특허업무를 대행하고 수수료 ₩1,300,000에 대한 청구서를 발행하여 이 중 ₩800,000의 현금을 수령하다.
3/25	㈜광명의 매출채권 ₩1,000,000을 현금으로 회수하다.
3/29	3월달 직원급여 ₩900,000을 현금으로 지급하다.
3/30	3월달 사무실 임차료 ₩800,000을 현금으로 지급하다.
3/31	3월 31일 현재 소모품이 ₩100,000만큼 남아 있다.

1. 동남특허사무소의 3월의 거래를 분개하라.
2. 분개내용을 각 계정으로 전기하라.
3. 2×15년 3월 31일 현재의 재무상태표와 3월의 포괄손익계산서를 작성하라.

| 해설 |

1. 거래내용의 분개

3/2	(차)	현　　금	3,000,000	(대)	자 본 금	3,000,000
3/3	(차)	광고선전비	1,000,000	(대)	현　　금	1,000,000
3/4	(차)	비　　품	500,000	(대)	미지급금	500,000
3/5	(차)	매출채권	1,000,000	(대)	용역수익	1,000,000
3/10	(차)	소 모 품	400,000	(대)	현　　금	400,000
3/15	(차)	현　　금	800,000	(대)	용역수익	800,000
3/18	(차)	미지급금	300,000	(대)	현　　금	300,000
3/21	(차)	현　　금	800,000	(대)	용역수익	1,300,000
		매출채권	500,000			
3/25	(차)	현　　금	1,000,000	(대)	매출채권	1,000,000
3/29	(차)	급　　여	900,000	(대)	현　　금	900,000
3/30	(차)	임 차 료	800,000	(대)	현　　금	800,000
3/31	(차)	소모품비	300,000*	(대)	소 모 품	300,000

* 3월 10일 소모품을 ₩400,000 구입하였는데 3월 31일 현재 소모품 ₩100,000이 남아 있다는 사실은 3월 한 달 동안 ₩300,000의 소모품을 사용하였음을 의미한다.

2. 분개내용의 전기

현 금

3/2 자본금 3,000,000	3/3 광고선전비 1,000,000
3/15 용역수익 800,000	3/10 소모품 400,000
3/21 용역수익 800,000	3/18 미지급금 300,000
3/25 매출채권 1,000,000	3/29 급여 900,000
	3/30 임차료 800,000

○ 차변잔액 ₩2,200,000

매출채권

3/5 용역수익 1,000,000	3/25 현금 1,000,000
3/21 용역수익 500,000	

○ 차변잔액 ₩500,000

소 모 품

3/10 현금 400,000	3/31 소모품비 300,000

○ 차변잔액 ₩100,000

비 품

3/4 미지급금 500,000	

○ 차변잔액 ₩500,000

미지급금

3/18 현금 300,000	3/4 비품 500,000

○ 대변잔액 ₩200,000

자 본 금

	3/2 현금 3,000,000

○ 대변잔액 ₩3,000,000

용역수익

	3/5 매출채권 1,000,000
	3/15 현금 800,000
	3/21 제좌 1,300,000

○ 대변잔액 ₩3,100,000

광고선전비

3/3 현금 1,000,000	

○ 차변잔액 ₩1,000,000

급 여

3/29 현금 900,000	

○ 차변잔액 ₩900,000

임 차 료

3/30 현금 800,000	

○ 차변잔액 ₩800,000

소모품비

3/31 소모품 300,000	

○ 차변잔액 ₩300,000

3. 재무상태표와 포괄손익계산서의 작성

재무상태표

동남특허사무소 2×15년 3월 31일 현재 (단위 : 원)

자산		부채	
현　　금	2,200,000	미지급금	200,000
매출채권	500,000	자본	
소 모 품	100,000	자 본 금	3,000,000
비　　품	500,000	이익잉여금	100,000
자산총계	3,300,000	부채와자본총계	3,300,000

포괄손익계산서

동남특허사무소 2×15년 3월 1일부터 2×15년 3월 31일까지 (단위 : 원)

비용		수익	
광고선전비	1,000,000	용역수익	3,100,000
급　　여	900,000		
임 차 료	800,000		
소모품비	300,000		
당기순이익	100,000		
	3,100,000		3,100,000

EXERCISE

연 | 습 | 문 | 제 <<<

1 회계거래

다음 거래를 읽고 회계거래 여부를 판단하라.

① 화재가 발생하여 ₩200,000의 비품이 소실되다.
② 회사의 사장이 교통사고로 사망하다.
③ ₩800,000에 건물을 구입하기로 약정을 맺다.
④ 종업원에게 급여 ₩300,000을 지급하다.
⑤ 차입금에 대한 이자 ₩200,000을 지급하기로 한 약정일이 되었으나 자금부족으로 이자를 납입하지 못하였다.
⑥ 거래처에 용역을 제공하기로 하고 계약금으로 ₩100,000을 받다.
⑦ 외상으로 ₩100,000의 토지를 구입하다.
⑧ 주주총회에서 신주를 발행하기로 결의하다.

2 회계거래의 영향

다음 거래를 분석하여 예와 같이 해당 계정에 미치는 영향을 설명하라.

> 현금 ₩500,000을 출자하여 컨설팅회사를 설립하다.
> ⇨ 현금(자산) ₩500,000 증가, 자본금(자본) ₩500,000 증가

① 비품 ₩800,000을 구입하고 현금을 지급하다.
② 용역을 제공하고 그 대금 ₩200,000을 외상으로 하다.
③ 미회수 용역대금 ₩200,000을 회수하다.
④ 건물임차료 ₩100,000을 지급하다.
⑤ 은행으로부터 ₩250,000을 차입하다.
⑥ 사무용 소모품 ₩150,000을 사용하다.
⑦ 사무용 소모품 ₩300,000을 외상으로 구입하다.
⑧ 전력요금 ₩100,000을 지급하다.

EXERCISE

3 회계거래의 영향과 재무제표의 작성

다음 성주설계법인의 거래를 아래의 양식에 기입하고 2×15년 6월 30일 현재의 재무상태표와 6월의 포괄손익계산서를 작성하라.

① 설계사 최성주 씨는 2×15년 6월 1일 현금 ₩50,000을 출자하여 성주설계법인을 설립하다.
② 6월 2일 비품과 소모품을 각각 ₩10,000과 ₩5,000에 외상으로 구입하다.
③ 6월 5일 설계용역을 제공하고 용역대금 ₩30,000을 외상으로 하다.
④ 6월 10일 은행에서 ₩10,000을 차입하다.
⑤ 6월 15일 미회수 용역대금 중 ₩15,000을 회수하다.
⑥ 6월 20일 전력요금 ₩5,000을 지급하다.
⑦ 6월 25일 임차료 ₩8,000을 지급하다.

	자 산				=	부 채		+	자 본	
거래번호	현 금	매출채권	소모품	비 품	=	미지급금	차입금	+	자본금	이익잉여금
거래 전	0	0	0	0		0	0		0	0
거래 ①										
거래 ②										
⋮										
거래 후										

4 회계거래의 추정

다음 양식을 보고 해당 거래를 추정하라.

	자 산				=	부 채		+	자 본	
거래번호	현 금	매출채권	소모품	차량운반구	=	미지급금	차입금	+	자본금	이익잉여금
거래 ①	+10,000								+10,000	
거래 ②	−2,000		+2,000							
거래 ③				+3,000		+3,000				
거래 ④	+5,000						+5,000			
거래 ⑤		+5,000								+5,000
거래 ⑥	−1,000					−1,000				
거래 ⑦	+3,000	−3,000								
거래 ⑧			−1,500							−1,500

EXERCISE

5 회계거래의 분개

다음 거래를 분개하라.

① 김조아 씨는 현금 ₩20,000을 출자하여 사업을 시작하다.
② 사무용 건물을 임차하고 보증금으로 ₩10,000을 지급하다.
③ 비품 ₩10,000을 외상으로 구입하다.
④ 용역을 제공하고 대금 ₩15,000을 청구하다.
⑤ 당월분 임차료 ₩3,000을 지급하다.
⑥ 당월분 직원급여 ₩3,000을 지급하다.
⑦ 외상용역대금 ₩15,000을 회수하다.

6 회계거래의 추정

다음 분개내용을 보고 해당 거래를 설명하라.

	차변	금액	대변	금액
①	(차) 예 금	10,000	(대) 현 금	10,000
②	(차) 건 물	20,000	(대) 현 금	5,000
			미지급금	15,000
③	(차) 매출채권	8,000	(대) 용역수익	8,000
④	(차) 통 신 비	3,000	(대) 현 금	3,000
⑤	(차) 현 금	5,000	(대) 매출채권	5,000
⑥	(차) 대 여 금	15,000	(대) 현 금	15,000
⑦	(차) 현 금	20,000	(대) 자 본 금	50,000
	토 지	30,000		
⑧	(차) 소모품비	7,000	(대) 소 모 품	7,000

7 분개와 전기

다음 거래를 분개하고 T-계정에 전기하라.

① 보통주 ₩50,000을 발행하고 현금을 납입받다.
② 토지를 ₩20,000에 외상으로 구입하다.
③ 소모품 ₩5,000을 구입하고 대금은 전액 현금으로 지급하다.
④ 용역을 제공하고 대금 ₩10,000 중 현금 ₩2,000을 수령하다.
⑤ 급여 ₩5,000을 지급하다.
⑥ 장부금액 ₩20,000의 토지를 현금 ₩20,000에 처분하다.
⑦ 매출채권 ₩5,000을 회수하다.
⑧ 소모품 중 ₩4,000을 사용하다.

EXERCISE

8 회계거래의 추정

다음 T-계정에 기입된 내용을 보고 해당 거래를 설명하라.

현 금

차변		대변	
① 용역수익	10,000	② 보험료	2,000
⑤ 차입금	20,000	④ 미지급금	6,000
⑥ 용역수익	30,000	⑦ 대여금	10,000

매출채권

차변		대변	
① 용역수익	10,000		

대 여 금

차변		대변	
⑦ 현금	10,000		

비 품

차변		대변	
③ 미지급금	8,000		

미지급금

차변		대변	
④ 현금	6,000	③ 비품	8,000

차 입 금

차변		대변	
		⑤ 현금	20,000

용역수익

차변		대변	
		① 계좌	20,000
		⑥ 현금	30,000

보 험 료

차변		대변	
② 현금	2,000		

9 분개와 전기, 재무제표의 작성

다음은 강호특허사무소의 2×15년 3월의 거래이다.

3/1	조강호 씨는 현금 ₩500,000을 출자하여 강호특허사무소를 설립하다.
3/5	토지와 건물을 각각 ₩100,000, ₩200,000에 외상으로 구입하다.
3/7	특허업무를 대행완료하고 대금 ₩100,000을 청구하다.
3/11	미지급금 ₩100,000을 지급하다.
3/15	매출채권 ₩50,000을 회수하다.
3/17	소모품 ₩30,000을 현금으로 구입하다.
3/20	현금 ₩200,000을 대여하다.
3/25	특허용역을 제공하고 대금 ₩30,000을 현금으로 받다.
3/29	당월분 전력요금 ₩10,000을 납부하다.
3/30	당월분 급여 ₩40,000을 지급하다.
3/31	소모품 ₩15,000을 사용하다.

1. 상기 거래를 분개하라.
2. 분개한 내용을 T-계정에 전기하라.

EXERCISE

3. 2×15년 3월 31일 현재의 재무상태표를 작성하라.
4. 2×15년 3월의 포괄손익계산서를 작성하라.

연습문제 해답

1 회계거래

번호	재무상태의 변동	화폐측정가능성	회계거래 여부
①	○	○	회계거래
②			
③		○	
④	○	○	회계거래
⑤	○	○	회계거래
⑥	○	○	회계거래
⑦	○	○	회계거래
⑧			

2 회계거래의 영향

① 비품(자산) ₩800,000 증가, 현금(자산) ₩800,000 감소
② 매출채권(자산) ₩200,000 증가, 용역수익(수익) ₩200,000 증가
③ 현금(자산) ₩200,000 증가, 매출채권(자산) ₩200,000 감소
④ 임차료(비용) ₩100,000 증가, 현금(자산) ₩100,000 감소
⑤ 현금(자산) ₩250,000 증가, 차입금(부채) ₩250,000 증가
⑥ 소모품비(비용) ₩150,000 증가, 소모품(자산) ₩150,000 감소
⑦ 소모품(자산) ₩300,000 증가, 미지급금(부채) ₩300,000 증가
⑧ 수도광열비(비용) ₩100,000 증가, 현금(자산) ₩100,000 감소

EXERCISE

3 회계거래의 영향과 재무제표의 작성

	자 산				=	부 채		+	자 본	
거래번호	현 금	매출채권	소모품	비 품	=	미지급금	차입금	+	자본금	이익잉여금
거래 전	0	0	0	0		0	0		0	0
거래 ①	+50,000								+50,000	
거래 ②			+50,000	+10,000		+15,000				
거래 ③		+30,000								+30,000
거래 ④	+10,000						+10,000			
거래 ⑤	+15,000	−15,000								
거래 ⑥	−5,000									−5,000
거래 ⑦	−8,000									−8,000
거래 후	62,000	15,000	5,000	10,000		15,000	10,000		50,000	17,000

재무상태표

성주설계법인 2×15년 6월 30일 현재 (단위 : 원)

자산		부채	
현 금	62,000	미 지 급 금	15,000
매출채권	15,000	차 입 금	10,000
소 모 품	5,000	자본	
비 품	10,000	자 본 금	50,000
		이익잉여금*	17,000
자산총계	92,000	부채와자본총계	92,000

* 이익잉여금은 자산총계와 부채와자본총계를 일치시키도록 산출하였다. 이익잉여금의 변동내역은 다음과 같다.

기초이익잉여금		0
당기순이익 : 수익	30,000	
비용	13,000	17,000
기말이익잉여금		17,000

EXERCISE

포괄손익계산서

성주설계법인 2×15년 6월 1일부터 2×15년 6월 30일까지 (단위 : 원)

비용		수익	
수도광열비	5,000	용역수익	30,000
임 차 료	8,000		
당기순이익	17,000		
	30,000		30,000

4 회계거래의 추정

① 현금 ₩10,000을 출자하여 회사를 설립하다.

② 소모품 ₩2,000을 구입하고 대금은 현금으로 지급하다.

③ 차량운반구 ₩3,000을 외상으로 구입하다.

④ 현금 ₩5,000을 차입하다.

⑤ 용역을 제공하고 그 대금 ₩5,000은 외상으로 하다.

⑥ 미지급금 ₩1,000을 상환하다.

⑦ 매출채권 중 ₩3,000을 회수하다.

⑧ 소모품 ₩1,500을 사용하다.

5 회계거래의 분개

	차변	금액	대변	금액
①	(차) 현 금	20,000	(대) 자 본 금	20,000
②	(차) 보 증 금	10,000	(대) 현 금	10,000
③	(차) 비 품	10,000	(대) 미지급금	10,000
④	(차) 매출채권	15,000	(대) 용역수익	15,000
⑤	(차) 임 차 료	3,000	(대) 현 금	3,000
⑥	(차) 급 여	3,000	(대) 현 금	3,000
⑦	(차) 현 금	15,000	(대) 매출채권	15,000

6 회계거래의 추정

① 현금 ₩10,000을 은행에 예입하다.

② 건물 ₩20,000을 취득하고 현금 ₩5,000을 지급하였으며, 잔액은 외상으로 하다.

③ 용역을 제공하고 용역대금 ₩8,000은 외상으로 하다.

④ 통신비 ₩3,000을 현금으로 지급하다.

⑤ 매출채권 중 ₩5,000을 회수하다.

⑥ 현금 ₩15,000을 대여하다.
⑦ 현금 ₩20,000과 ₩30,000의 토지를 출자받다.
⑧ 소모품 ₩7,000을 사용하다.

7 분개와 전기

	차변	금액	대변	금액
①	(차) 현 금	50,000	(대) 자 본 금	50,000
②	(차) 토 지	20,000	(대) 미지급금	20,000
③	(차) 소 모 품	5,000	(대) 현 금	5,000
④	(차) 매출채권	8,000	(대) 용역수익	10,000
	현 금	2,000		
⑤	(차) 급 여	5,000	(대) 현 금	5,000
⑥	(차) 현 금	20,000	(대) 토 지	20,000
⑦	(차) 현 금	5,000	(대) 매출채권	5,000
⑧	(차) 소모품비	4,000	(대) 소 모 품	4,000

현 금

차변		대변	
① 자본금	50,000	③ 소모품	5,000
④ 용역수익	2,000	⑤ 급여	5,000
⑥ 토지	20,000		
⑦ 매출채권	5,000		

매출채권

차변		대변	
④ 용역수익	8,000	⑦ 현금	5,000

소 모 품

차변		대변	
③ 현금	5,000	⑧ 소모품비	4,000

토 지

차변		대변	
② 미지급금	20,000	⑥ 현금	20,000

미지급금

차변		대변	
		② 토지	20,000

자 본 금

차변		대변	
		① 현금	50,000

용역수익

차변		대변	
		④ 제좌	10,000

급 여

차변		대변	
⑤ 현금	5,000		

소모품비

차변		대변	
⑧ 소모품	4,000		

E X E R C I S E

8 **회계거래의 추정**

① 용역을 제공하고 용역대금 ₩20,000 중 ₩10,000을 현금으로 수령하고 잔액 ₩10,000은 외상으로 하다.

② 보험료 ₩2,000을 지급하다.

③ 비품 ₩8,000을 외상으로 구입하다.

④ 미지급금 ₩6,000을 지급하다.

⑤ 현금 ₩20,000을 차입하다.

⑥ 용역을 제공하고 용역대금 ₩30,000을 현금으로 받다.

⑦ 현금 ₩10,000을 대여하다.

9 **분개와 전기, 재무제표의 작성**

1. 거래의 분개

날짜	차변 계정	금액	대변 계정	금액
3/1	(차) 현 금	500,000	(대) 자 본 금	500,000
3/5	(차) 토 지	100,000	(대) 미지급금	300,000
	건 물	200,000		
3/7	(차) 매 출 채 권	100,000	(대) 용역수익	100,000
3/11	(차) 미 지 급 금	100,000	(대) 현 금	100,000
3/15	(차) 현 금	50,000	(대) 매출채권	50,000
3/17	(차) 소 모 품	30,000	(대) 현 금	30,000
3/20	(차) 대 여 금	200,000	(대) 현 금	200,000
3/25	(차) 현 금	30,000	(대) 용역수익	30,000
3/29	(차) 수도광열비	10,000	(대) 현 금	10,000
3/30	(차) 급 여	40,000	(대) 현 금	40,000
3/31	(차) 소 모 품 비	15,000	(대) 소 모 품	15,000

2. 전기

현 금

차변	금액	대변	금액
3/1 자본금	500,000	3/11 미지급금	100,000
3/15 매출채권	50,000	3/17 소모품	30,000
3/25 용역수익	30,000	3/20 대여금	200,000
		3/29 수도광열비	10,000
		3/30 급여	40,000

매출채권

차변	금액	대변	금액
3/7 용역수익	100,000	3/15 현금	50,000

대 여 금

차변	금액	대변	금액
3/20 현금	200,000		

소 모 품

차변	금액	대변	금액
3/17 현금	30,000	3/31 소모품비	15,000

EXERCISE

토 지

차변		대변	
3/5 미지급금	100,000		

건 물

차변		대변	
3/5 미지급금	200,000		

미지급금

차변		대변	
3/11 현금	100,000	3/5 제좌	300,000

자 본 금

차변		대변	
		3/1 현금	500,000

용역수익

차변		대변	
		3/7 매출채권	100,000
		3/25 현금	30,000

급 여

차변		대변	
3/30 현금	40,000		

소모품비

차변		대변	
3/31 소모품	15,000		

수도광열비

차변		대변	
3/29 현금	10,000		

3. 재무상태표의 작성

재무상태표

강호특허사무소 2×15년 3월 31일 현재 (단위 : 원)

자산		부채	
현 금	200,000	미 지 급 금	200,000
매출채권	50,000	자본	
소 모 품	15,000	자 본 금	500,000
대 여 금	200,000	이익잉여금	65,000
토 지	100,000		
건 물	200,000		
자산총계	765,000	부채와자본총계	765,000

4. 포괄손익계산서의 작성

포괄손익계산서

2×15년 3월 1일부터
강호특허사무소 2×15년 3월 31일까지 (단위 : 원)

비용		수익	
급 여	40,000	용역수익	130,000
소 모 품 비	15,000		
수도광열비	10,000		
당기순이익	65,000		
	130,000		130,000

Accounting Principles

Chapter 4 회계의 순환과정

Chapter 04 회계의 순환과정

Accounting Principles

1. 회계의 순환과정

기업이 경제활동을 수행하면서 발생하는 사건을 기록하고 이를 체계적으로 분류·요약하여 회계정보이용자에게 전달하는 과정을 회계시스템이라고 하였다. 회계시스템은 매 영업기마다 거래의 기록에서부터 재무보고까지의 과정을 반복해서 수행하게 되는데, 이 과정을 회계의 순환과정(accounting cycle)이라고 한다. 회계의 순환과정은 다음의 다섯 단계를 거쳐서 이루어지게 된다.

▌그림 4-1 ▌회계의 순환과정

회계의 순환과정	시 기	기 록 대 상
분 개	회계거래의 발생시	분개장 또는 전표
전 기	분개 후 즉시 또는 일정기간마다	원장
수정분개와 전기	회계연도 말	분개장 또는 전표, 원장
재무제표 작성	회계연도 말	재무제표
계정의 마감	회계연도 말	분개장 및 원장

다음의 예를 통하여 회계의 순환과정을 밟아 보도록 하자. 다음은 동아회계법인의 2×15년 5월 중의 거래이다.

거래 ① : 5월 1일 이윤재 씨는 동아회계법인을 설립하고 자본금으로 현금 ₩5,000,000을 출자하다.
거래 ② : 5월 1일 보람은행으로부터 ₩2,000,000을 연 12%의 이자율 조건으로 1년간 차입하다. 이자는 차입금의 상환시에 지급하기로 약정하며 월할계산한다.
거래 ③ : 5월 1일 사무실 임차계약을 체결하고 보증금 ₩2,000,000과 3개월분 임차료 ₩600,000을 지급하다.
거래 ④ : 5월 2일 사무실용 비품 ₩1,200,000을 취득하고 구입대금은 외상으로 하다.
거래 ⑤ : 5월 10일 소모품 ₩500,000을 현금으로 구입하다.
거래 ⑥ : 5월 15일 회계감사업무를 수행하고 감사수수료 ₩2,500,000을 현금으로 받다.
거래 ⑦ : 5월 16일 거래처의 세무자문을 완료하고 자문료 ₩1,200,000을 청구하다.
거래 ⑧ : 5월 30일 5월달 직원급여 ₩800,000을 지급하다.
거래 ⑨ : 5월 31일 5월달 사무실 관리비 ₩250,000을 지급하다.

2. 분개

동아회계법인의 2×15년 5월 중의 거래를 분개장에 기입하면 다음과 같다.

분 개 장 제 1 면

일 자		계정과목 및 설명	원면	차변	대변
5	1	현금	11	5,000,000	
		자본금	31		5,000,000
		현금 ₩5,000,000을 출자하다.			
	1	현금	11	2,000,000	2,000,000
		단기차입금	22		
		₩2,000,000을 차입하다. (이자율 연 12%)			
	1	보증금	17	2,000,000	
		선급임차료	13	600,000	
		현금	11		2,600,000
		임차보증금 ₩2,000,000과 3개월분 임차료 ₩600,000을 지급하다.			
	2	비품	16	1,200,000	
		미지급금	21		1,200,000
		비품 ₩1,200,000을 외상으로 취득하다.			
	10	소모품	15	500,000	
		현금	11		500,000
		소모품 ₩500,000을 현금으로 구입하다.			
	15	현금	11	2,500,000	
		용역수익	41		2,500,000
		용역을 제공하고 현금 ₩2,500,000을 받다.			
	16	매출채권	12	1,200,000	
		용역수익	41		1,200,000
		용역을 제공하고 대금 ₩1,200,000을 청구하다.			
	30	급여	51	800,000	
		현금	11		800,000
		5월분 급여 ₩800,000을 지급하다.			
	31	관리비	52	250,000	
		현금	11		250,000
		5월달 사무실관리비 ₩250,000을 지급하다.			

3. 전기

기업은 재무상태의 변동내용을 기록하기 위하여 자산, 부채, 자본, 수익, 비용항목에 대하여 독립적인 계정을 사용하고 있다. 각 계정의 집합체를 총계정원장이라고 하며, 분개장에 기입된 분개의 내용을 총계정원장으로 옮겨 적는 절차를 전기라고 한다. 전기절차는 분개의 발생시마다 혹은 일주일마다, 열흘마다 이루어지게 되는데 전기의 수행시기는 회사의 규모 및 거래의 복잡성 등에 따라 기업 상황에 맞게 결정된다. 동아회계법인의 예를 T-계정에 전기한 결과는 다음과 같다.

현 금 (11)

5/1 자본금	5,000,000	5/1 제좌	2,600,000
5/1 단기차입금	2,000,000	5/10 소모품	500,000
5/15 용역수익	2,500,000	5/30 급여	800,000
		5/31 관리비	250,000

매출채권 (12)

5/16 용역수익	1,200,000		

선급임차료 (13)

5/1 현금	600,000		

소모품 (15)

5/10 현금	500,000		

비 품 (16)

5/2 미지급금	1,200,000		

보증금 (17)

5/1 현금	2,000,000		

미지급금 (21)

		5/2 비품	1,200,000

단기차입금 (22)

		5/1 현금	2,000,000

자본금 (31)

		5/1 현금	5,000,000

용역수익 (41)

		5/15 현금	2,500,000
		5/16 매출채권	1,200,000

급 여 (51)

5/30 현금	800,000		

관리비 (52)

5/31 현금	250,000		

회계기간 중에 발생한 모든 거래를 분개장에 기입하고 이를 총계정원장에 전기하였으면 수정분개를 비롯한 결산절차에 들어가야 한다. 결산에 들어가기 앞서 기중에 발생한 거래를 올바르게 분개하고 이를 각 계정에 정확하게 전기하였는지 검증해 볼 필요가 있다. 이를 위하여 기말 수정분개를 하기 전에 결산절차의 사전작업으로서 수정전시산표가 작성된다. 수정전시산표(unadjusted trial balance)는 회계기말에 총계정원장의 각 계정 합계 및 잔액을 모아 놓은 표이다. 모든 거래가 복식부기의 원리에 따라 정확하게 기록되었다면 각 계정의 잔액으로 구성된 수정전시산표의 차변합계와 대변합계는 항상 일치

하게 된다. 그러므로 수정전시산표를 작성함으로써 회계기간 중의 기록에 오류가 없었는가를 일차적으로 검증할 수 있다.

한 가지 주의하여야 할 점은 시산표의 작성을 통하여 차변합계와 대변합계가 일치한다고 해서 반드시 분개 및 전기과정에서 오류가 없었다는 사실을 입증해 주는 것은 아니다. 예를 들어, 현금계정 차변에 기입할 ₩1,000을 매출채권계정 차변에 ₩1,000을 기록하였을 경우 분명히 분개과정에서 오류가 발생하였지만 시산표의 차변합계와 대변합계는 일치하게 된다.

수정전잔액시산표

동아회계법인 2×15년 5월 31일 현재 (단위 : 원)

차 변	계 정 과 목	대 변
5,350,000	현 금	
1,200,000	매 출 채 권	
600,000	선 급 임 차 료	
500,000	소 모 품	
1,200,000	비 품	
2,000,000	보 증 금	
	미 지 급 금	1,200,000
	단 기 차 입 금	2,000,000
	자 본 금	5,000,000
	용 역 수 익	3,700,000
800,000	급 여	
250,000	관 리 비	
11,900,000	합 계	11,900,000

수정전합계잔액시산표

동아회계법인　　2×15년 5월 31일 현재　　(단위 : 원)

차변		계정과목	대변	
잔액	합계		합계	잔액
5,350,000	9,500,000	현금	4,150,000	
1,200,000	1,200,000	매출채권		
600,000	600,000	선급임차료		
500,000	500,000	소모품		
1,200,000	1,200,000	비품		
2,000,000	2,000,000	보증금		
		미지급금	1,200,000	1,200,000
		단기차입금	2,000,000	2,000,000
		자본금	5,000,000	5,000,000
		용역수익	3,700,000	3,700,000
800,000	800,000	급여		
250,000	250,000	관리비		
11,900,000	16,050,000	합계	16,050,000	11,900,000

4. 수정분개

현금주의는 영업활동과 관련된 현금의 수입과 지출이 있을 때 수익과 비용을 인식하는 회계이다. 현금주의에 의하여 수익과 비용을 인식한다면 수익과 비용의 적절한 대응이 이루어지지 못한다. 서비스 제공완료시점과 현금의 회수시점은 시기적으로 다른 경우가 있으며, 그 수익을 창출하기 위하여 지출된 비용도 발생시점과 현금의 지출시점이 시기적으로 차이를 보일 수 있기 때문에 발생된 수익과 비용의 적절한 대응이 이루어지지 못할 가능성이 매우 높다. 따라서 수익과 비용의 적절한 대응이 이루어지지 않는다면 정확한 영업성과를 산출하기는 곤란해질 것이다. 현금의 회수시점은 일반적으로 서비스의 제공완료시점보다 늦는 것이 보통이다. 만약 현금의 회수시점에 수익을 인식하게 된다면 지나치게 수익의 인식이 미루어지게 되는 결함이 나타나게 된다.

이러한 단점을 보완하기 위하여 오늘날에는 기업의 경영성과를 합리적이고 공정하게 측정할 수 있도록 발생주의에 의하여 수익과 비용을 인식한다. 발생주의 회계에서는 수익을 해당 수익이 실현되었을 때 인식하고(실현주의), 비용은 수익이 인식되었을 때 관련 수익에 대응시켜서 인식(수익 · 비용대응의 원칙)하도록 하고 있다. 예를 들면, 발생주의 회계에서는 외상매출상품의 수익인식시점을 외상대금의 회수시점까지 연기(현금주의)하지 않고 상품인도시점에 매출수익을 인식하고 있으며, 특정 상품의 매출수익을 인식하면 동일한 회계연도에 그 상품의 원가를 매출원가라는 비용으로 인식하는 회계처리를 하고 있다.

기중에 발생한 거래를 정확하게 분개하고 이를 총계정원장에 정확하게 전기하였다면 기말의 총계정원장 잔액과 기업의 실제 재무상태는 일치하여야 할 것이다. 그러나 거래가 발생하였지만 외부와의 교환거래가 발생하지 않아서 기중에 기록을 하지 않은 경우에는 회사의 장부금액과 기업의 실제 재무상태 및 경영성과는 일치하지 않게 된다. 이처럼 장부금액과 기업의 실제 재무상태 및 경영성과가 일치하지 않는 경우 장부금액을 실제 금액으로 조정하여야 하는데 이를 수정분개(adjusting entry)라고 한다.

(1) 선급비용

현금은 이미 유출되었으나 결산일 현재 비용이 발생하지 않았다면 비용을 당기에 인식하지 않고 이연시켜야 한다. 이때 선급한 비용은 선급비용이라는 자산으로 인식한다. 선급비용에는 선급이자, 선급임차료, 선급보험료 등이 있다.

① 방법 1 : 현금지급시점에 선급비용 인식

동아회계법인은 5월 1일 3개월분 임차료 ₩600,000을 선지급하고 선급임차료(자산)계정 차변에 계상하였다. 5월 31일 결산을 하면서 선급임차료 중 5월달분 ₩200,000은 임차료로서 비용으로 인식하여야 하고 그 결과 5월 31일 현재 나머지 선급임차료(자산) ₩400,000은 6월과 7월의 임차료로서 남아 있어야 한다.

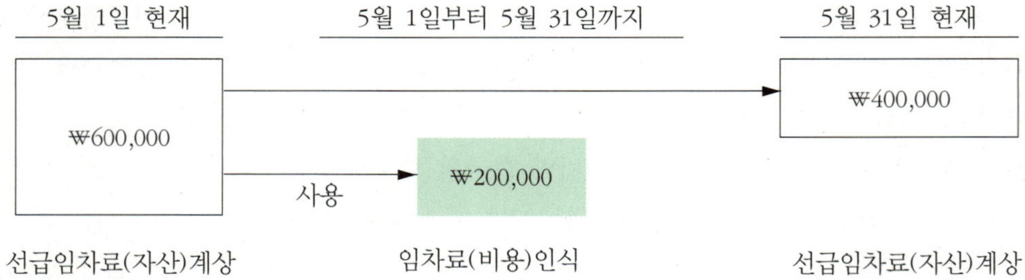

(차) 임 차 료	200,000	(대) 선급임차료	200,000

② 방법 2 : 결산시점에 선급비용 인식

동아회계법인은 5월 1일 3개월분 임차료 ₩600,000을 선지급하고 임차료(비용)계정 차변에 계상하였다. 5월 31일 결산을 하면서 임차료 중 5월달분 ₩200,000은 임차료로서 비용으로 인식하여야 하고 그 결과 5월 31일 현재 나머지 ₩400,000은 6월과 7월의 선급임차료(자산)로서 남아 있어야 한다.

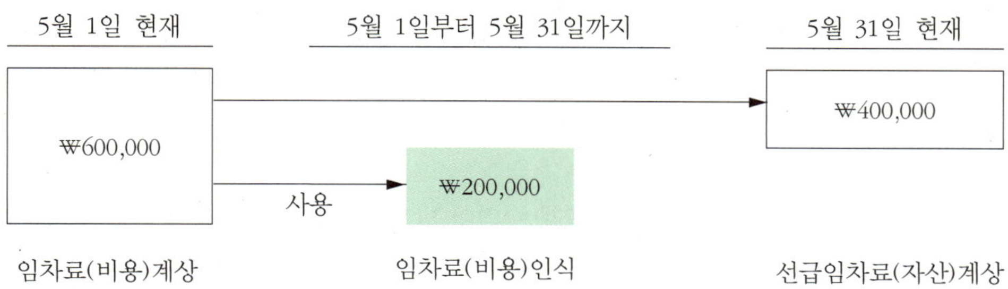

(차) 선급임차료	400,000	(대) 임차료	400,000

방법 1과 방법 2 모두 5월 31일 선급임차료는 ₩400,000, 임차료는 ₩200,000이다.

(2) 미지급비용

비용은 발생하였으나 결산일 현재 현금을 지급하지 않았다면 발생된 비용을 인식하여야 한다. 이때 비용을 인식하면서 상대계정으로 사용하는 계정이 미지급비용이라는 부채계정이다. 미지급비용에는 미지급이자, 미지급임차료, 미지급보험료 등이 있다.

예) 동아회계법인은 5월 1일 보람은행으로부터 ₩2,000,000을 1년간 차입하였다. 동 차입금의 연 이자율은 12%이고 이자는 차입금의 상환시에 지급하기로 약정하였다. 동아회계법인은 2×15년 5월 1일부터 2×16년 4월 30일까지 ₩2,000,000의 자금을 사용하는 대신 1년 동안의 이자 ₩240,000을 부담해야 한다. 이 이자는 기간이 경과함에 따라 균등하게 발생하는 것으로서 2×15년 5월 1일부터 5월 31일까지 한 달간 자금을 사용한 대가로 발생한 이자 ₩20,000은 5월달분 이자로서 비용으로 인식함과 동시에, 보람은행에 동 금액의 이자를 지급하여야 할 의무를 미지급이자라는 부채로 계상하여야 한다. 따라서 다음의 수정분개가 필요하다.

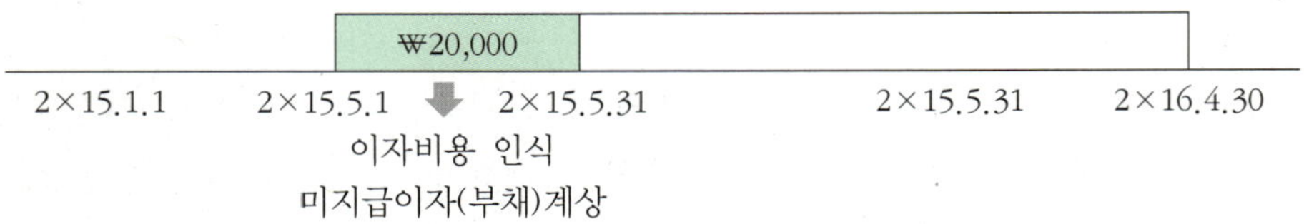

(차) 이자비용	20,000*	(대) 미지급이자	20,000

$$* ₩2,000,000 \times 12\% \times \frac{1개월}{12개월} = ₩20,000$$

(3) 선수수익

현금은 이미 유입되었으나 결산일 현재 수익이 발생하지 않았다면 수익을 인식하지 않아야 한다. 이때 선수한 수익은 선수수익이라는 부채로 인식한다. 선수수익에는 선수이자, 선수임대료, 선수수수료 등이 있다.

① 방법 1 : 현금수령시점에 선수수익 인식

세입자가 동아회계법인에게 5월 1일 3개월분 임대료 ₩600,000을 납입하였다. 동아회계법인은 선수임대료(부채)계정 대변에 계상하였다. 5월 31일 결산을 하면서 선수임대료 중 5월달분 ₩200,000은 임대료로서 수익으로 인식하여야 하고, 그 결과 5월 31일 현재 나머지 선수임대료 ₩400,000은 6월과 7월의 임대료로서 남아 있어야 한다.

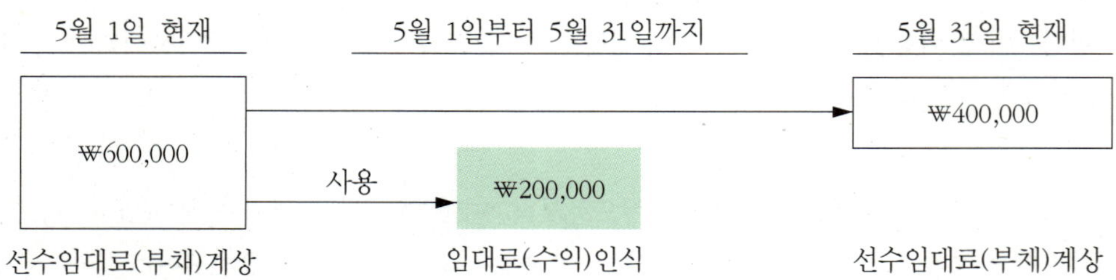

(차) 선수임대료	200,000	(대) 임대료	200,000

② 방법 2 : 결산시점에 선수수익 인식

세입자가 동아회계법인에게 5월 1일 3개월분 임대료 ₩600,000을 납입하였다. 동아회계법인은 임대료(수익)계정 대변에 계상하였다. 5월 31일 결산을 하면서 임대료 중 5월달분 ₩200,000은 임대료로서 수익으로 인식하여야 하고, 그 결과 5월 31일 현재 나머지 임대료 ₩400,000은 6월과 7월의 선수임대료(부채)로서 남아 있어야 한다.

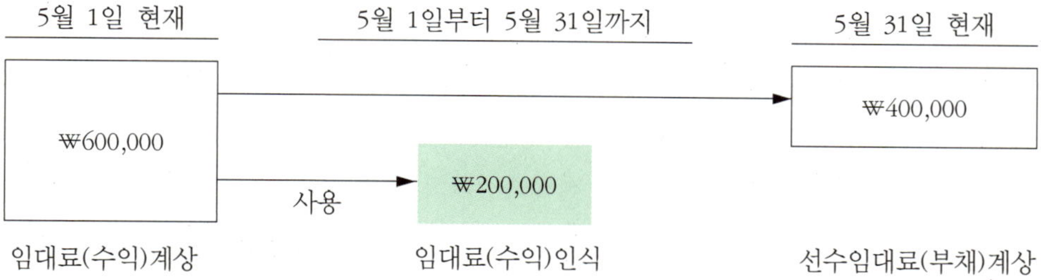

(차) 임대료	400,000	(대) 선수임대료	400,000

방법 1과 방법 2 모두 5월 31일 선수임대료는 ₩400,000, 임대료는 ₩200,000이다.

(4) 소모품

소모품이란 기업에서 사용하는 종이나 볼펜 등과 같이 금액이 적고 사용기간이 짧은 자산을 말한다. 소모품은 사용될 때에는 회계처리를 하지 않고 있다가 기말에 가서 회계기간 중의 소모품비를 결정하기 위해 보유하고 있는 소모품 재고를 파악하여 적절한 수정분개를 한다. 이때 다음과 같은 식을 이용하여 소모품비를 구한다.

> 소모품비 = 기초재고 + 당기매입 − 기말재고

예) 동아회계법인은 5월 10일 소모품을 ₩500,000에 취득하여 자산으로 계상하였는데 5월 31일 현재 남아 있는 소모품이 ₩100,000이라고 하면, 5월 10일부터 5월 31일까지 ₩400,000의 소모품을 사용한 것이 된다.

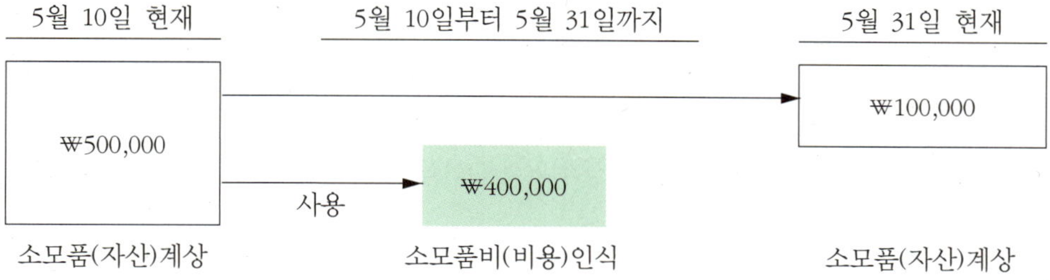

(차) 소모품비	400,000	(대) 소 모 품	400,000

(5) 감가상각

동아회계법인은 5월 2일 사무실용 비품을 ₩1,200,000에 취득하였다. 이 비품은 취득일로부터 2년간 사용할 수 있으며 2년 후 잔존가치는 ₩0으로 예상된다. 그리고 동아회계법인은 감가상각방법을 정액법으로 선택하였다고 하자. 소모품의 경우와는 달리 건물, 비품 같은 유형자산은 일정기간 동안의 사용금액을 정확하게 측정할 수 없다.

따라서 유형자산의 경우는 체계적이고 합리적인 방법에 의하여 사용금액을 추정한 후 그 추정금액을 감가상각비라는 비용으로 인식하게 된다. 감가상각과 관련된 구체적인 회계처리는 추후에 자세히 다루기로 하고 여기에서는 동아회계법인의 비품 사용금액을 추정해 보자. 동아회계법인은 유형자산의 추정사용금액을 정액법으로 결정하기로 하였으므로 5월 한 달 동안의 감가상각비는 다음과 같이 결정된다.

$$5월분\ 감가상각비 = \frac{₩1,200,000}{2년} \times \frac{1}{12} = ₩50,000$$

따라서 5월분 감가상각비 ₩50,000만큼 비용으로 인식하고 비품에서 차감하는 다음의 수정분개를 하여야 한다. 이 경우 연도별 감가상각비를 당해 자산의 취득원가에서 직접 차감하는 것이 아니고 감가상각누계액이라는 계정과목을 사용하여 당해 자산의 취득원가에서 차감하는 형식으로 보고하는 것이 원칙이다. 그러나 여기서는 회계를 처음 공부하는 학생들의 이해를 돕기 위해 감가상각비를 직접 비품에서 차감하여 표시하였다. 자세한 내용은 제11장에서 설명하기로 한다.

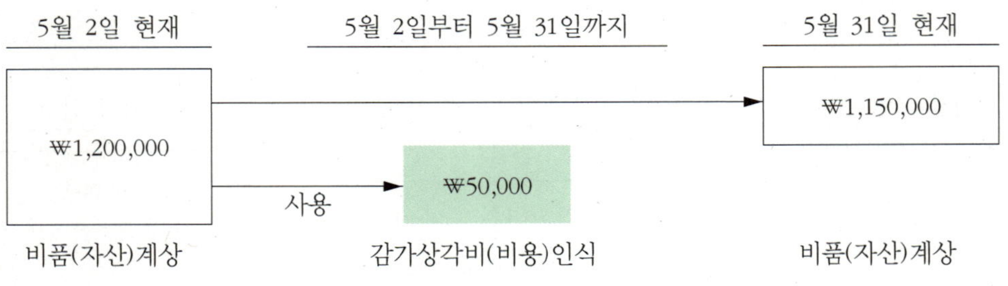

(차) 감가상각비	50,000	(대) 비　품	50,000

예제 4-1 수정분개

다음은 각각 독립된 상황이다.

---

① 2×15년 11월 1일 3개월분 임대료 ₩300,000을 미리 받았을 때 회사는 다음의 분개를 하였다.

(차) 현　　금	300,000	(대) 선수임대료	300,000

② 2×15년 12월 31일 현재 12월분 급여 ₩200,000을 자금사정으로 지급하지 못하였다.

③ 2×15년 7월 1일 2×16년 6월 30일까지의 1년분 보험료 ₩500,000을 지급하고 다음의 분개를 하였다.

(차) 선급보험료	500,000	(대) 현　　금	500,000

④ 2×15년 10월 1일 ₩10,000,000을 대여하였다. 대여조건은 다음과 같다.
- 만기 : 2×16년 9월 30일
- 이자율 : 연 12%
- 이자지급 및 원금상환 : 이자는 월할계산하며 원금은 만기 일시상환

⑤ 2×15년 3월 1일 차량운반구를 ₩4,500,000에 취득하였다. 동 차량운반구와 관련된 내용은 다음과 같다.
- 내용연수 : 3년
- 감가상각방법 : 정액법
- 3년 후 잔존가액 : ₩0

⑥ 2×15년 12월 1일 소모품을 ₩300,000에 구입하고 12월 한 달 동안 총 ₩200,000을 사용하였다.

⑦ 2×15년 12월 25일 ₩500,000의 용역을 제공하고 대금을 청구하였을 때 다음의 분개를 하였다.

(차) 매출채권	600,000	(대) 용역수익	600,000

각 상황별로 2×15년 12월 31일에 필요한 수정분개를 하라.

| 해설 |

① 2×15년 11월 1일부터 12월 31일까지 2개월이 경과하였으므로 2개월분 임대료 ₩200,000을 당기의 수익으로 계상하고 동액을 선수임대료(부채)에서 차감하여야 한다.

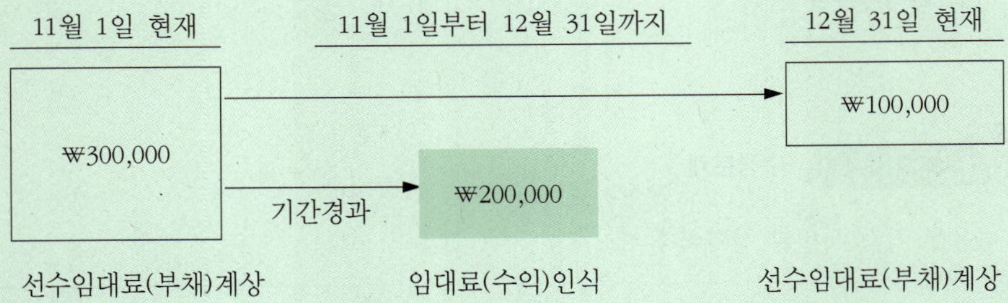

수정분개 : (차) 선수임대료 200,000 (대) 임대료 200,000

② 2×15년 12월 급여 ₩200,000이 발생하였으나 12월 31일 현재 미지급상태에 있으므로 급여(비용)로 인식하고 미지급급여(부채)를 계상하여야 한다.

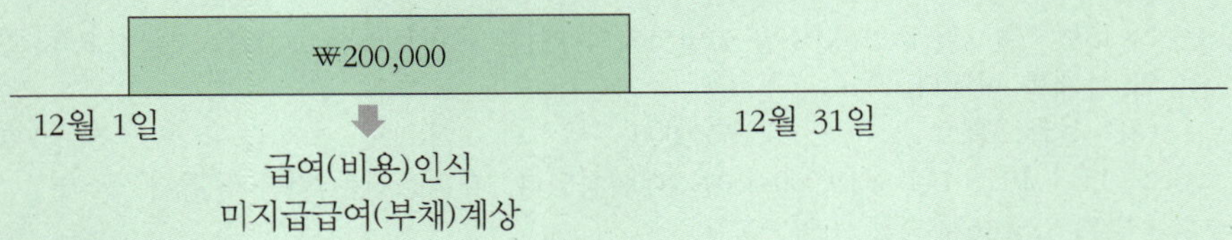

수정분개 : (차) 급 여 200,000 (대) 미지급급여 200,000

③ 선급보험료로 계상된 ₩500,000 중 기간경과분 ₩250,000을 당기의 비용으로 계상하고 동액을 선급보험료에서 차감하여야 한다.

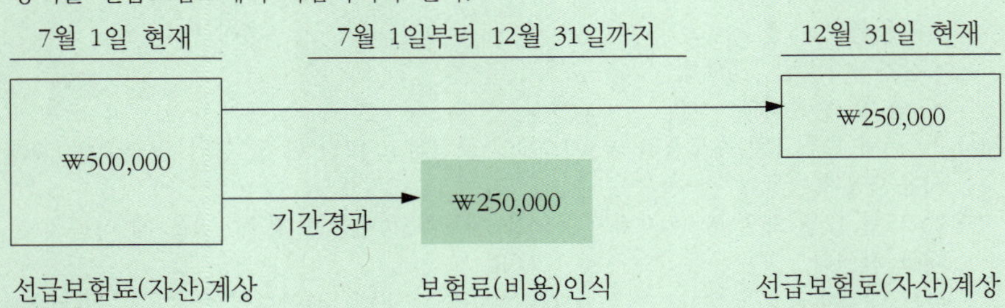

수정분개 : (차) 보 험 료 250,000 (대) 선급보험료 250,000

④ 2×15년 10월 1일부터 12월 31일까지 발생한 이자수익 (₩10,000,000×12%×3개월/12개월)은 당기의 이자수익으로 인식하고 동액을 미수이자(자산)로 계상하여야 한다.

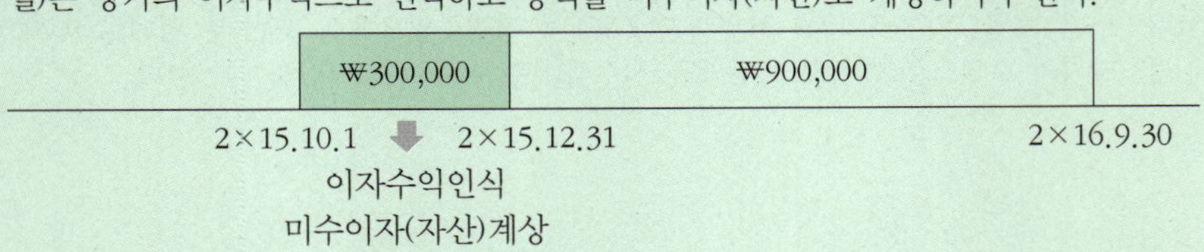

수정분개 : (차) 미수이자 300,000 (대) 이자수익 300,000

⑤ 당기 중 사용분 ₩1,250,000(₩4,500,000/3년×10월/12월)을 감가상각비(비용)로 인식하고 차량운반구를 동액만큼 감소시켜야 한다.

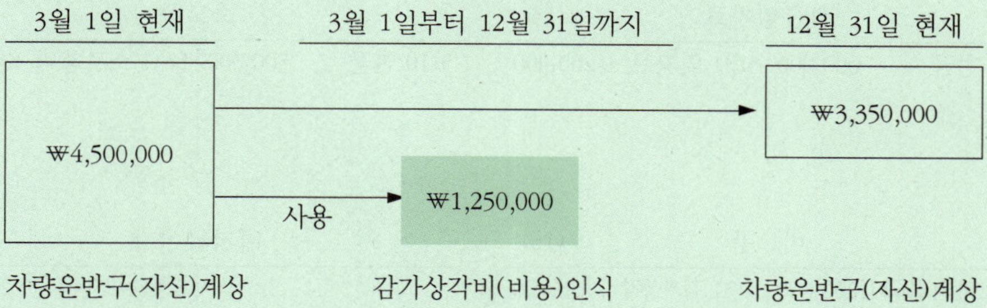

수정분개 : (차) 감가상각비 1,250,000 (대) 차량운반구 1,250,000

⑥ 12월 한 달 동안 사용한 소모품 ₩200,000을 소모품(자산)에서 차감함과 동시에 소모품비(비용)로 인식하여야 한다.

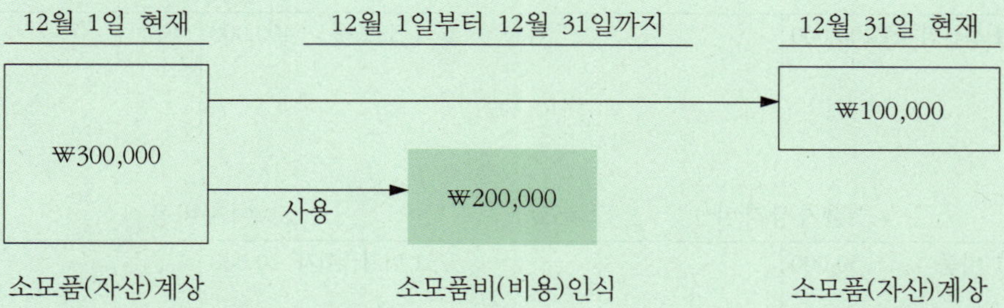

수정분개 : (차) 소모품비 200,000 (대) 소 모 품 200,000

⑦ 용역수익으로 계상하여야 할 금액은 ₩500,000이나 오류로 인하여 ₩600,000으로 계상되었으므로 용역수익을 ₩100,000 감소(차변기입)시켜야 하고, 매출채권도 ₩100,000 과대계상되어 있으므로 동액을 매출채권에서 감소(대변기입)시켜야 한다.

수정분개 : (차) 용역수익 100,000 (대) 매출채권 100,000

5. 수정후시산표

수정분개가 모두 완료되었다면 기중 교환거래의 경우와 마찬가지로 총계정원장에 전기를 하고 다시 한 번 분개 및 전기의 정확성을 검증하게 되는데 이때 작성되는 것이 수정후시산표(adjusted trial balance)이다. 동아회계법인의 수정분개로 인한 각 계정의 변동내용과 수정후시산표는 다음과 같다. 아래의 계정은 제3절에서 설명된 계정 중 수정분개로 인하여 변동사항이 있는 계정만 나타내었으므로 여기에 표시되지 않은 계정은 제3절의 내용과 동일하다.

선급임차료 (13)

차변		대변	
5/1 현금	600,000	5/31 임차료	200,000

소모품 (15)

차변		대변	
5/10 현금	500,000	5/31 소모품비	400,000

비 품 (16)

차변		대변	
5/2 미지급금	1,200,000	5/31 감가상각비	50,000

미지급이자 (23)

차변		대변	
		5/31 이자비용	20,000

임차료 (53)

차변		대변	
5/31 선급임차료	200,000		

소모품비 (54)

차변		대변	
5/31 소모품	400,000		

감가상각비 (55)

차변		대변	
5/31 비품	50,000		

이자비용 (56)

차변		대변	
5/31 미지급이자	20,000		

수정후합계잔액시산표

동아회계법인 2×15년 5월 31일 현재 (단위 : 원)

차변		계정과목	대변	
잔액	합계		합계	잔액
5,350,000	9,500,000	현금	4,150,000	
1,200,000	1,200,000	매출채권		
400,000	600,000	선급임차료	200,000	
100,000	500,000	소모품	400,000	
1,150,000	1,200,000	비품	50,000	
2,000,000	2,000,000	보증금		
		미지급금	1,200,000	1,200,000
		미지급이자	20,000	20,000
		단기차입금	2,000,000	2,000,000
		자본금	5,000,000	5,000,000
		용역수익	3,700,000	3,700,000
800,000	800,000	급여		
250,000	250,000	관리비		
200,000	200,000	임차료		
400,000	400,000	소모품비		
50,000	50,000	감가상각비		
20,000	20,000	이자비용		
11,920,000	16,720,000	합계	16,720,000	11,920,000

수정후시산표의 차변과 대변의 합계가 일치하는지 확인한 후 결산절차의 다음 단계인 재무제표 작성단계로 넘어가야 한다.

6. 재무제표의 작성

수정후시산표를 작성하여 차변합계와 대변합계가 일치하였음을 확인하였다면 우선 수정후시산표 중에서 포괄손익계산서 계정과 잔액을 이용하여 포괄손익계산서를 작성할 수 있게 된다. 동아회계법인의 수정후시산표의 포괄손익계산서 계정(용역수익계정부터 이자비용계정까지) 잔액을 그대로 포괄손익계산서 양식에 옮겨 놓으면 된다. 이때 수정후시산표에 수익계정은 대변잔액으로 나타날 것이며, 비용계정은 차변잔액으로 나타날 것이고 수익합계에서 비용합계를 차감하면 포괄손익계산서의 당기순이익이 된다.

당기순이익 = 수익합계 − 비용합계
= ₩3,700,000 − ₩1,720,000
= ₩1,980,000

아래의 포괄손익계산서와 수정후시산표를 직접 비교하여 보면 포괄손익계산서의 작성은 매우 간단한 작업임을 알 수 있을 것이다.

포괄손익계산서

2×15년 5월 1일부터
2×15년 5월 31일까지

동아회계법인 (단위 : 원)

수 익			
	용역수익	3,700,000	
비 용			
	급 여	800,000	
	관 리 비	250,000	
	임 차 료	200,000	
	소모품비	400,000	
	감가상각비	50,000	
	이자비용	20,000	(1,720,000)
당기순이익			1,980,000

재무상태표의 작성 역시 수정후시산표의 재무상태표 계정 잔액을 재무상태표의 자산, 부채 및 자본의 란에 단순히 옮겨 놓은 것에 불과하다. 이때 이익잉여금은 자산총계와 부채와자본총계를 일치시키도록 사후적으로 산출된다. 앞장에서 학습한 대로 수익의 발생은 이익잉여금을 증가시키고 비용의 발생은 이익잉여금을 감소시키기 때문에 당기순이익 ₩1,980,000이 바로 기말의 이익잉여금잔액과 일치하게 된다.

재무상태표

동아회계법인　　2×15년 5월 31일 현재　　(단위 : 원)

자산		부채	
현　　금	5,350,000	미지급금	1,200,000
매출채권	1,200,000	미지급이자	20,000
선급임차료	400,000	단기차입금	2,000,000
소 모 품	100,000	자본	
비　　품	1,150,000	자 본 금	5,000,000
보 증 금	2,000,000	이익잉여금*	1,980,000
자산총계	10,200,000	부채와자본총계	10,200,000

* 이익잉여금은 자산총계와 부채와자본총계를 일치시키도록 사후적으로 계산하여 산출하였으며, 이렇게 하여 재무상태표에서 산출된 당기순이익과 포괄손익계산서에서 계산된 당기순이익이 일치하는지를 확인함으로써 회계처리 및 결산작업이 정확하게 이루어졌는지 사후적으로 검증하게 된다.

예제 4-2 재무제표의 작성

다음은 ㈜남해의 2×15년 12월 31일 수정전시산표이다. 수정분개의 내용을 반영하여 재무상태표와 포괄손익계산서를 작성하라.

수정전시산표

㈜남해　　2×15년 12월 31일 현재　　(단위 : 원)

차　　변	계 정 과 목	대　　변
70,500	현　　금	
74,500	매 출 채 권	
4,500	선 급 보 험 료	
3,450	소　모　품	
132,750	토　　지	
295,300	건　　물	
	미 지 급 금	51,450
	차　입　금	150,000
	자　본　금	125,000
	이 익 잉 여 금	64,300
	용 역 수 익	501,000
	임　대　료	1,750
12,250	급　　여	
300,250	수 도 광 열 비	
893,500	합　　계	893,500

〈수정분개사항〉

① 수정전시산표의 선급보험료는 2×15년 3월 1일 2년분 보험료를 선급한 것이다.
② 12월 31일 현재 소모품 재고액은 ₩2,450이다.
③ 건물의 당기분 감가상각비는 ₩5,300이다.
④ 차입금의 당기 발생이자는 ₩1,500이다.
⑤ 임대료는 용역수익으로 계상(計上)할 것을 잘못 계상한 것이다.

| 해설 |

1. 수정분개

① (차) 보 험 료	1,875*	(대) 선급보험료	1,875

$* \frac{₩4,500}{2년} \times \frac{10월}{12월} = ₩1,875$

② (차) 소 모 품 비	1,000*	(대) 소 모 품	1,000

* ₩3,450 − ₩2,450 = ₩1,000

③ (차) 감가상각비	5,300	(대) 건 물	5,300
④ (차) 이 자 비 용	1,500	(대) 미지급이자	1,500
⑤ (차) 임 대 료	1,750	(대) 용 역 수 익	1,750

2. 수정후시산표

수정후시산표

㈜남해 2×15년 12월 31일 현재 (단위 : 원)

차 변	계 정 과 목	대 변
70,500	현 금	
74,500	매 출 채 권	
2,625	선 급 보 험 료	
2,450	소 모 품	
132,750	토 지	
290,000	건 물	
	미 지 급 금	51,450
	미 지 급 이 자	1,500
	차 입 금	150,000
	자 본 금	125,000
	이 익 잉 여 금	64,300
	용 역 수 익	502,750
12,250	급 여	
300,250	수 도 광 열 비	
1,875	보 험 료	
1,000	소 모 품 비	
5,300	감 가 상 각 비	
1,500	이 자 비 용	
895,000	합 계	895,000

3. 재무제표의 작성

재무상태표

㈜남해　　2×15년 12월 31일 현재　　(단위 : 원)

자산		부채	
현　　금	70,500	미 지 급 금	51,450
매 출 채 권	74,500	미지급이자	1,500
선급보험료	2,625	차　입　금	150,000
소 모 품	2,450	자본	
토　　지	132,750	자　본　금	125,000
건　　물	290,000	이익잉여금*	244,875
자산총계	572,825	부채와자본총계	572,825

* 이익잉여금은 기초이익잉여금 ₩64,300과 당기순이익 ₩180,575을 합한 금액이다.

포괄손익계산서

㈜남해　　2×15년 1월 1일부터 2×15년 12월 31일까지　　(단위 : 원)

수익			
	용역수익		502,750
비용			
	급　　여	12,250	
	수도광열비	300,250	
	보 험 료	1,875	
	소 모 품 비	1,000	
	감가상각비	5,300	
	이 자 비 용	1,500	(322,175)
당기순이익			180,575

7. 계정의 마감

(1) 임시계정의 마감

급여계정은 한 회계연도 동안 발생한 급여금액을 집계하는 계정이다. 이 급여계정은 회계연도가 경과되면 그 계정잔액이 0이 되고 다음 회계연도에는 다시 0에서부터 시작하여 다음 회계연도에 발생한 급여금액이 기록된다. 급여계정과 같은 포괄손익계산서 계정은 회계연도별로 발생된 금액을 구분하여 집계하기 위해서 회계연도가 경과되면 그 계정의 잔액을 0으로 만들어 주어야 한다. 이처럼 회계연도 경과시 그 잔액을 0으로 만들어야 하는 계정을 임시계정(temporary account)이라고 하며, 이에는 수익·비용 같은 손익계정이 있다.

이런 임시계정을 마감하기 위해서는 다음의 단계를 거쳐야 한다.

그림 4-2 임시계정의 마감절차

	마감절차	마감분개			
1단계	수익계정의 마감	(차) 수 익	×××	(대) 집합손익	×××
	⬇				
2단계	비용계정의 마감	(차) 집합손익	×××	(대) 비 용	×××
	⬇				
3단계	집합손익계정의 마감	〈당기순이익의 경우〉			
		(차) 집합손익	×××	(대) 이익잉여금	×××
		〈당기순손실의 경우〉			
		(차) 이익잉여금	×××	(대) 집합손익	×××

동아회계법인의 예를 통하여 임시계정의 마감절차를 알아보도록 하자.

■ 제1단계 : 수익계정의 마감

동아회계법인의 수익계정은 용역수익으로서 잔액이 대변에 있다. 이 용역수익계정의 잔액을 0으로 만들기 위해서 다음의 회계처리를 해야 한다.

(차) 용역수익	3,700,000	(대) 집합손익	3,700,000

수익계정과 비용계정을 마감하기 위하여 집합손익계정(income summary)을 설정하게 게 되는데, 집합손익계정은 모든 수익계정 잔액과 모든 비용계정 잔액을 한 곳에 집합시키기 위해 회계연도 말의 결산시에만 설정하는 임시계정이다. 이 집합손익계정에 모든 수익계정 잔액과 모든 비용계정 잔액을 집합시킨 후 순손익을 계산하고, 이 순손익을 이익잉여금계정으로 대체시켜 마감한다. 동아회계법인의 경우 위의 마감분개를 하기 전의 계정과 마감분개를 전기한 후의 계정은 다음 그림과 같다.

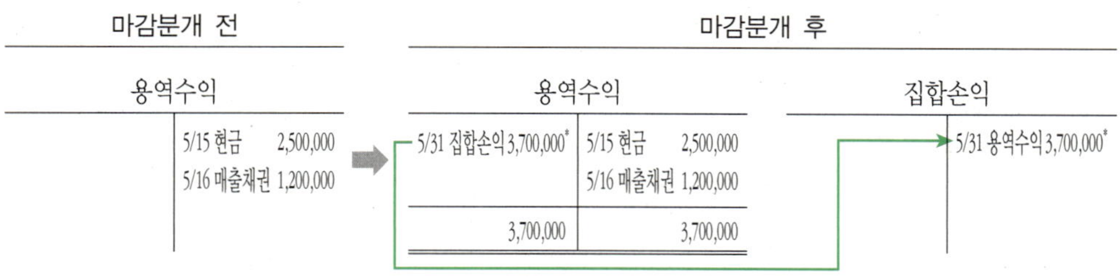

* 마감분개를 전기한 것이다.

수익계정의 마감분개로 인하여 용역수익계정의 차변합계와 대변합계의 금액은 일치하여 잔액이 0이 되었으며, 집합손익계정 대변에 용역수익금액이 기록되었다.

■ 제2단계 : 비용계정의 마감

동아회계법인의 비용계정은 급여, 관리비, 임차료, 소모품비, 감가상각비, 이자비용 총 6개로서 잔액이 전부 차변에 있다. 즉 차변잔액이다. 이 비용계정의 잔액을 0으로 만들기 위해서 다음의 마감분개를 하여야 한다.

(차) 집합손익	800,000	(대) 급 여	800,000
(차) 집합손익	250,000	(대) 관 리 비	250,000
(차) 집합손익	200,000	(대) 임 차 료	200,000
(차) 집합손익	400,000	(대) 소 모 품 비	400,000
(차) 집합손익	50,000	(대) 감가상각비	50,000
(차) 집합손익	20,000	(대) 이 자 비 용	20,000

위의 마감분개를 전기하고 나면 모든 비용계정과목의 차변합계와 대변합계의 금액은 일치하게 되어 잔액은 0이 될 것이고, 집합손익계정의 차변에 모든 비용계정의 잔액이 옮겨지게 된다. 그 결과는 다음 그림과 같다.

마감분개 전

급여	
5/30 현금 800,000	

관리비	
5/31 현금 250,000	

임차료	
5/31 선급임차료 200,000	

소모품비	
5/31 소모품 400,000	

감가상각비	
5/31 비품 50,000	

이자비용	
5/31 미지급이자 20,000	

마감분개 후

급여	
5/30 현금 800,000	5/31 집합손익 800,000*
800,000	800,000

관리비	
5/31 현금 250,000	5/31 집합손익 250,000*
250,000	250,000

임차료	
5/31 선급임차료 200,000	5/31 집합손익 200,000*
200,000	200,000

소모품비	
5/31 소모품 400,000	5/31 집합손익 400,000*
400,000	400,000

감가상각비	
5/31 비품 50,000	5/31 집합손익 50,000*
50,000	50,000

이자비용	
5/31 미지급이자 20,000	5/31 집합손익 20,000*
20,000	20,000

집합손익	
5/31 급여 800,000*	5/31 용역수익 3,700,000
5/31 관리비 250,000*	
5/31 임차료 200,000*	
5/31 소모품비 400,000*	
5/31 감가상각비 50,000*	
5/31 이자비용 20,000*	

임시계정의 마감절차 중 2단계를 완료하였다면 이제 수익계정과 비용계정은 모두 잔액이 0이 됨으로써 마감이 완료되었고, 마감이 되지 않은 임시계정은 집합손익계정과 이익잉여금계정뿐이다. 이제 3단계로 집합손익계정을 마감해 보자.

■ 제3단계 : 집합손익계정의 마감

모든 수익계정과 모든 비용계정을 마감하게 되면 모든 수익계정의 잔액은 집합손익계정의 대변으로 집합되었고, 모든 비용계정의 잔액은 집합손익계정의 차변으로 집합되었음을 알 수 있다. 따라서 우리는 집합손익계정의 대변합계는 바로 수익합계(₩3,700,000)임을 알 수 있고, 집합손익계정의 차변합계는 비용합계(₩1,720,000)임을 알 수 있다. 그리고 집합손익계정의 잔액은 대변에 ₩1,980,000으로 나타나게 되고, 이 금액은 앞절에서 작성한 포괄손익계산서의 당기순이익임을 알 수 있다. 회계기간 동안의 수익합계에서 비용합계를 차감하면 당기순이익이 계산된다는 사실을 다시 한 번 확인할 수 있다. 이제 집합손익계정을 마감하기 위해서는 어떤 절차를 거쳐야 하는가?

집합손익계정의 차변합계와 대변합계를 일치시키기 위해서 집합손익계정의 차변에 당기순이익금액을 기록하고, 당기순이익이 발생하였다면 이익잉여금이 증가하게 되므로 이익잉여금계정의 대변에 같은 금액을 기록하여야 한다. 따라서 집합손익계정을 마감하기 위해서는 다음의 마감분개를 하여야 하고 이를 전기하면 다음과 같다.

(차) 집합손익	1,980,000	(대) 이익잉여금	1,980,000

마감분개 전

집합손익

차변		대변	
5/31 급여	800,000	5/31 용역수익	3,700,000
5/31 관리비	250,000		
5/31 임차료	200,000		
5/31 소모품비	400,000		
5/31 감가상각비	50,000		
5/31 이자비용	20,000		

마감분개 후

집합손익

차변		대변	
5/31 급여	800,000	5/31 용역수익	3,700,000
5/31 관리비	250,000		
5/31 임차료	200,000		
5/31 소모품비	400,000		
5/31 감가상각비	50,000		
5/31 이자비용	20,000		
5/31 이익잉여금	1,980,000*		
	3,700,000		3,700,000

이익잉여금

차변		대변	
		5/31 집합손익	1,980,000*

(2) 재무상태표계정의 마감

재무상태표를 구성하는 계정들은 임시계정과는 달리 회계연도가 경과되어도 그 잔액이 0으로 되지 않고 차변 혹은 대변의 잔액이 다음 회계연도로 이월되게 된다. 재무상태표계정은 임시계정처럼 마감분개를 필요로 하지 않고 다음의 절차에 의하여 마감된다.

동아회계법인의 현금계정을 예로 들어보자.

마감 전

현금

차변		대변	
5/1 자본금	5,000,000	5/1 제좌	2,600,000
5/1 단기차입금	2,000,000	5/10 소모품	500,000
5/15 용역수익	2,500,000	5/30 급여	800,000
		5/31 관리비	250,000

마감 후

현금

차변		대변	
5/1 자본금	5,000,000	5/1 제좌	2,600,000
5/1 단기차입금	2,000,000	5/10 소모품	500,000
5/15 용역수익	2,500,000	5/30 급여	800,000
		5/31 관리비	250,000
		차기이월	5,350,000
	9,500,000		9,500,000
전기이월	5,350,000		

현금계정은 차변합계금액이 대변합계금액보다 ₩5,350,000이 많으므로(즉, 회계기말의 현금계정의 차변잔액이 ₩5,350,000) 차변합계와 대변합계를 일치시키기 위해 대변에 ₩5,350,000을 기입하고 내역은 차기이월이라고 표시한다. 이때 차기이월과 관련된 내용은 주의를 환기시키기 위하여 붉은색으로 기록하게 된다. 차변합계와 대변합계를 일치시킨 후에는 이월금액을 차기이월이 기록된 반대편(현금계정의 경우는 차기이월을 대변에 기록하였으므로 차변)에 기입하고 내역은 전기이월이라고 표시하면 재무상태표계정의 마감절차는 종료된다.

이상과 같이 간단하게 재무상태표계정을 마감하고 나면 비록 동일한 장부를 계속해서 사용한다고 하더라도 회계연도의 구분은 명확하게 표시되며, 차기의 기초잔액이 얼마인지 한눈에 파악할 수 있다는 장점이 있다.

예제 4-3 계정의 마감

[예제 4-2]에 이어서 아래 요구사항에 답하라.

1. ㈜남해의 2×15년 12월 31일의 수정후시산표를 보고 임시계정을 마감하기 위한 마감분개를 하라.
2. 마감분개를 집합손익계정과 이익잉여금계정에 전기하라.
3. 이익잉여금계정을 마감하라.

| 해설 |

1. 임시계정의 마감

(1) 수익계정의 마감

(차) 용역수익	502,750	(대) 집 합 손 익	502,750

(2) 비용계정의 마감

(차) 집합손익	12,250	(대) 급　　여	12,250
(차) 집합손익	300,250	(대) 수도광열비	300,250
(차) 집합손익	1,875	(대) 보 험 료	1,875
(차) 집합손익	1,000	(대) 소 모 품 비	1,000
(차) 집합손익	5,300	(대) 감가상각비	5,300
(차) 집합손익	1,500	(대) 이 자 비 용	1,500

(3) 집합손익계정의 마감

(차) 집합손익	180,575	(대) 이익잉여금	180,575

2. 집합손익계정과 이익잉여금계정에의 전기

집합손익

12/31 급여	12,250	12/31 용역수익	502,750
12/31 수도광열비	300,250		
12/31 보험료	1,875		
12/31 소모품비	1,000		
12/31 감가상각비	5,300		
12/31 이자비용	1,500		
12/31 이익잉여금	180,575		
	502,750		502,750

이익잉여금

		1/1 전기이월	64,300
		12/31 집합손익	180,575

3. 이익잉여금계정의 마감

이익잉여금

12/31 차기이월	244,875	1/1 전기이월	64,300
		12/31 집합손익	180,575
	244,875		244,875
		1/1 전기이월	244,875

8. 회계순환과정의 요약

(1) 분개

분 개 장　　　　　　　　　　제 1 면

일	자	계정과목 및 설명	원면	차변	대변
5	1	현금	11	5,000,000	
		자본금	31		5,000,000
		현금 ₩5,000,000을 출자하다.			
	1	현금	11	2,000,000	
		단기차입금	22		2,000,000
		₩2,000,000을 차입하다. (이자율 연 12%)			
	1	보증금	17	2,000,000	
		선급임차료	13	600,000	
		현금	11		2,600,000
		임차보증금 ₩2,000,000과 3개월분 임차료 ₩600,000을 지급하다.			
	2	비품	16	1,200,000	
		미지급금	21		1,200,000
		비품 ₩1,200,000을 외상으로 취득하다.			
	10	소모품	15	500,000	
		현금	11		500,000
		소모품 ₩500,000을 현금으로 구입하다.			
	15	현금	11	2,500,000	
		용역수익	41		2,500,000
		용역을 제공하고 현금 ₩2,500,000을 받다.			
	16	매출채권	12	1,200,000	
		용역수익	41		1,200,000
		용역을 제공하고 대금 ₩1,200,000을 청구하다.			
	30	급여	51	800,000	
		현금	11		800,000
		5월달 급여 ₩800,000을 지급하다.			
	31	관리비	52	250,000	
		현금	11		250,000
		5월달 사무실 관리비 ₩250,000을 지급하다.			

(2) 전기

현 금 (11)

차변		대변	
5/1 자본금	5,000,000	5/1 제좌	2,600,000
5/1 단기차입금	2,000,000	5/10 소모품	500,000
5/15 용역수익	2,500,000	5/30 급여	800,000
		5/31 관리비	250,000

매출채권 (12)

차변		대변	
5/16 용역수익	1,200,000		

선급임차료 (13)

차변		대변	
5/1 현금	600,000		

소모품 (15)

차변		대변	
5/10 현금	500,000		

비 품 (16)

차변		대변	
5/2 미지급금	1,200,000		

보증금 (17)

차변		대변	
5/1 현금	2,000,000		

미지급금 (21)

차변		대변	
		5/2 비품	1,200,000

단기차입금 (22)

차변		대변	
		5/1 현금	2,000,000

자본금 (31)

차변		대변	
		5/1 현금	5,000,000

용역수익 (41)

차변		대변	
		5/15 현금	2,500,000
		5/16 매출채권	1,200,000

급 여 (51)

차변		대변	
5/30 현금	800,000		

관리비 (52)

차변		대변	
5/31 현금	250,000		

(3) 수정전시산표

수정전합계잔액시산표

동아회계법인 2×15년 5월 31일 현재 (단위 : 원)

차변		계정과목	대변	
잔액	합계		합계	잔액
5,350,000	9,500,000	현금	4,150,000	
1,200,000	1,200,000	매출채권		
600,000	600,000	선급임차료		
500,000	500,000	소모품		
1,200,000	1,200,000	비품		
2,000,000	2,000,000	보증금		
		미지급금	1,200,000	1,200,000
		단기차입금	2,000,000	2,000,000
		자본금	5,000,000	5,000,000
		용역수익	3,700,000	3,700,000
800,000	800,000	급여		
250,000	250,000	관리비		
11,900,000	16,050,000	합계	16,050,000	11,900,000

(4) 수정분개

① (차) 임 차 료 200,000 (대) 선급임차료 200,000

② (차) 이자비용 20,000* (대) 미지급이자 20,000

$* \text{₩}2,000,000 \times 12\% \times \frac{1개월}{12개월} = \text{₩}20,000$

③ (차) 소모품비 400,000 (대) 소 모 품 400,000

④ (차) 감가상각비 50,000 (대) 비 품 50,000

(5) 수정분개의 전기

선급임차료 (13)

차변		대변	
5/1 현금	600,000	5/31 임차료	200,000

소모품 (15)

차변		대변	
5/10 현금	500,000	5/31 소모품비	400,000

비 품 (16)

차변		대변	
5/2 미지급금	1,200,000	5/31 감가상각비	50,000

미지급이자 (23)

차변		대변	
		5/31 이자비용	20,000

임차료 (53)

차변		대변	
5/31 선급임차료	200,000		

소모품비 (54)

차변		대변	
5/31 소모품	400,000		

감가상각비 (55)

차변		대변	
5/31 비품	50,000		

이자비용 (56)

차변		대변	
5/31 미지급이자	20,000		

(6) 수정후시산표

수정후합계잔액시산표

동아회계법인 2×15년 5월 31일 현재 (단위 : 원)

차변		계정과목	대변	
잔액	합계		합계	잔액
5,350,000	9,500,000	현금	4,150,000	
1,200,000	1,200,000	매출채권		
400,000	600,000	선급임차료	200,000	
100,000	500,000	소모품	400,000	
1,150,000	1,200,000	비품	50,000	
2,000,000	2,000,000	보증금		
		미지급금	1,200,000	1,200,000
		미지급이자	20,000	20,000
		단기차입금	2,000,000	2,000,000
		자본금	5,000,000	5,000,000
		용역수익	3,700,000	3,700,000
800,000	800,000	급여		
250,000	250,000	관리비		
200,000	200,000	임차료		
400,000	400,000	소모품비		
50,000	50,000	감가상각비		
20,000	20,000	이자비용		
11,920,000	16,720,000	합계	16,720,000	11,920,000

(7) 포괄손익계산서

포괄손익계산서

2×15년 5월 1일부터

동아회계법인 2×15년 5월 31일까지 (단위 : 원)

수 익			
	용 역 수 익	3,700,000	
비 용			
	급 여	800,000	
	관 리 비	250,000	
	임 차 료	200,000	
	소 모 품 비	400,000	
	감 가 상 각 비	50,000	
	이 자 비 용	20,000	(1,720,000)
당기순이익			1,980,000

(8) 마감분개와 마감분개의 전기

1) 수익계정의 마감

(차) 용역수익	3,700,000	(대) 집합손익	3,700,000

2) 비용계정의 마감

(차) 집합손익	800,000	(대) 급 여	800,000
(차) 집합손익	250,000	(대) 관 리 비	250,000
(차) 집합손익	200,000	(대) 임 차 료	200,000
(차) 집합손익	400,000	(대) 소 모 품 비	400,000
(차) 집합손익	50,000	(대) 감가상각비	50,000
(차) 집합손익	20,000	(대) 이 자 비 용	20,000

3) 집합손익계정의 마감

(차) 집합손익	1,980,000	(대) 이익잉여금	1,980,000

(9) 재무상태표

재무상태표

동아회계법인		2×15년 5월 31일 현재	(단위 : 원)
자산		부채	
현　　금	5,350,000	미 지 급 금	1,200,000
매 출 채 권	1,200,000	미지급이자	20,000
선급임차료	400,000	단기차입금	2,000,000
소 모 품	100,000	자본	
비　　품	1,150,000	자 본 금	5,000,000
보 증 금	2,000,000	이익잉여금	1,980,000
자산총계	10,200,000	부채와자본총계	10,200,000

9. 정산표

계정의 마감단계를 완료함으로써 특정 연도의 회계의 순환과정은 종료되는데 회계연도말에 행하는 결산절차(3단계 수정분개에서 5단계 계정의 마감까지)는 그 내용이 복잡하고 업무량이 방대하여 결산과정에서 오류가 발생할 가능성이 매우 높다. 결산과정 중 가장 복잡하고 오류의 가능성이 높은 것은 수정분개를 전후하여 발생하게 되는데, 이런 수정분개 전후의 회계순환과정을 단순화시킬 수 있다면 결산업무를 신속하고 정확하게 마칠 수 있을 것이다. 정산표(W/S : Work Sheet)란 수정전시산표의 작성에서부터 재무상태표 및 포괄손익계산서의 작성준비단계까지의 회계과정을 하나의 표로 모아 일목요연한 형식으로 작성한 표를 말한다.

정산표를 작성하는 이유는 첫째, 회계연도 말에 정식결산절차를 수행하기 전에 정산표상에서 결산을 간단하게 완료하여 재무상태표와 포괄손익계산서를 작성하여 볼 수 있으므로 신속하게 포괄손익계산서와 재무상태표의 정보를 얻을 수 있다는 점이다. 다른 한 가지 이유는 정산표를 작성하게 되면 복잡한 결산절차를 정산표라는 하나의 표상에서 수행할 수 있으므로 회계연도 중 특정 시점에서 그때까지의 영업결과 및 재무상태를 손쉽게 파악할 수 있다는 점이다.

정산표의 양식으로는 6위식 정산표, 8위식 정산표, 10위식 정산표가 있으나 그 내용은 대동소이하다. 이 책에서는 10위식 정산표를 작성함으로써 정산표의 작성절차를 이해하도록 한다.

그림 4-3 | 10위식 정산표

정 산 표

2×15년 5월 1일부터 2×15년 5월 31일까지

계정과목	수정전시산표		수정분개		수정후시산표		포괄손익계산서		재무상태표	
	차변	대변	차변	대변	차변	대변	차변	대변	차변	대변

앞에서 살펴본 동아회계법인의 예를 정산표로 작성하면 다음과 같다.

정 산 표

2×15년 5월 1일부터 2×15년 5월 31일까지

계정과목	수정전시산표		수정분개		수정후시산표		포괄손익계산서		재무상태표	
	차변	대변	차변	대변	차변	대변	차변	대변	차변	대변
현 금	5,350,000				5,350,000				5,350,000	
매 출 채 권	1,200,000				1,200,000				1,200,000	
선급임차료	600,000			①200,000	400,000				400,000	
소 모 품	500,000			②400,000	100,000				100,000	
비 품	1,200,000			③ 50,000	1,150,000				1,150,000	
보 증 금	2,000,000				2,000,000				2,000,000	
미 지 급 금		1,200,000				1,200,000				1,200,000
단기차입금		2,000,000				2,000,000				2,000,000
자 본 금		5,000,000				5,000,000				5,000,000
용 역 수 익		3,700,000				3,700,000		3,700,000		
급 여	800,000				800,000		800,000			
관 리 비	250,000				250,000		250,000			
합 계	11,900,000	11,900,000								
임 차 료			①200,000		200,000		200,000			
소 모 품 비			②400,000		400,000		400,000			
감가상각비			③ 50,000		50,000		50,000			
이 자 비 용			④ 20,000		20,000		20,000			
미지급이자				④ 20,000		20,000				20,000
합 계			670,000	670,000	11,920,000	11,920,000				
당기순이익							1,980,000			1,980,000
합 계							3,700,000	3,700,000	10,200,000	10,200,000

EXERCISE

연 | 습 | 문 | 제 <<<

1 시산표의 작성

㈜대신의 2×15년 12월 31일 현재 총계정원장 각 계정의 잔액은 다음과 같다. 시산표를 작성하고 이익잉여금계정 잔액을 구하라.

건물	800,000	차입금	180,000	급여	270,000
미지급금	200,000	용역수익	926,000	현금	300,000
매출채권	240,000	이자비용	56,000	이자수익	40,000
금융자산	150,000	영업비	160,000	보증금	130,000
자본금	1,000,000	수도광열비	435,000		

2 시산표의 오류검증

㈜동신은 2×15년의 결산을 위해 수정전시산표를 작성하였는데 차변합계와 대변합계가 일치하지 않았다. 오류의 원인을 찾아 정확한 시산표를 작성하라.

수정전시산표

㈜동신 2×15년 12월 31일 현재 (단위 : 원)

차변	계정과목	대변
34,300	현금	
156,700	매출채권	
29,400	선급임차료	
	미지급금	16,300
	차입금	14,000
100,000	자본금	
	이익잉여금	83,250
	용역수익	83,000
	소모품비	33,750
42,400	급여	
362,800	합계	230,300

EXERCISE

③ 수정분개

다음 거래를 수정분개하라.

① 12월 31일 현재 12월분 이자 ₩8,000을 받지 못하였다.
② 12월 31일 소모품계정 잔액은 ₩15,000이나 실제 소모품재고액은 ₩9,000이다.
③ 12월 31일 보험료계정 잔액은 ₩43,000이고, 기간미경과분은 ₩21,000이다.
④ 12월 31일 선급임차료계정 잔액이 ₩9,600이나 기간미경과분은 ₩5,000이다.
⑤ 차량운반구의 당기분 감가상각비는 ₩17,500이다.
⑥ 연 이자율 12%의 차입금 ₩1,000,000의 3개월분 이자비용이 계상되지 않았다.
⑦ 12월 31일 선수임대료계정 잔액은 ₩33,000이고, 기간미경과분은 ₩23,000이다.
⑧ 12월 31일 급여를 지급하면서 다음과 같이 회계처리하였다.
(차) 매출채권 20,000 (대) 현 금 20,000

④ 수정분개의 추정

다음은 ㈜성실의 수정전시산표와 수정후시산표이다. 두 개의 시산표를 비교하여 수정분개를 추정하라.

계정과목	수정전시산표		수정후시산표	
	차변	대변	차변	대변
현금	1,000		1,000	
매출채권	12,000		12,000	
선급보험료	2,300		1,000	
미수이자	1,200		2,700	
소모품	6,000		3,250	
건물	32,000		30,700	
비품	25,000		23,100	
미지급금		6,000		6,000
미지급이자				3,000
차입금		25,000		25,000
자본금		20,000		20,000
용역수익		35,700		35,700
이자수익		500		2,000
급여	4,500		4,500	
보험료	3,200		4,500	
소모품비			2,750	
감가상각비			3,200	
이자비용			3,000	
합계	87,200	87,200	91,700	91,700

EXERCISE

5 회계의 순환과정

다음은 ㈜이화의 2×15년 12월 31일 현재 수정전시산표와 기말수정분개 사항이다.

수정전시산표

㈜이화 2×15년 12월 31일 현재 (단위 : 원)

차변	계정과목	대변
8,500	현금	
12,300	매출채권	
4,900	소모품	
23,000	비품	
	미지급금	8,700
	자본금	20,000
	이익잉여금	12,500
	용역수익	17,800
6,400	급여	
2,100	수도광열비	
1,800	세금과공과	
59,000	합계	59,000

〈기말수정분개사항〉

① 당기분 급여 ₩3,000을 지급하지 않았다.

② 용역을 ₩8,000 제공하고 이를 회계처리하지 않았다.

③ 소모품 재고액은 ₩2,000이다.

④ 용역수익에는 2×16년 1월에 제공될 용역에 대한 선수금 ₩2,700이 포함되어 있다.

⑤ 이자비용 ₩1,100이 기록되지 않았다.

⑥ 당기분 감가상각비는 ₩2,300이다.

〈요구사항〉

1. 수정분개를 하라.
2. 수정후시산표를 작성하라.
3. 재무제표를 작성하라.
4. 마감분개를 하라.

6 회계의 순환과정

동아회계법인은 2×15년 7월 1일에 설립되었다. 동아회계법인의 회계기간은 7월 1일부터 7월 31일까지 1개월이다. 7월 중 발생한 거래는 다음과 같다.

7월 1일	주주들에게 현금 ₩5,000,000을 출자받아 동아회계법인을 설립하다.
7월 3일	우리은행에서 회사 명의로 현금 ₩1,000,000을 연이율 6%로 1년간 차입하다.
7월 5일	업무용 승용차를 ₩680,000에 구입하고 이 중에서 ₩80,000은 현금으로 지급하고 잔액은 3개월 후에 지급하기로 하다.
7월 8일	소모품 ₩300,000을 현금으로 구입하다(자산으로 처리).
7월 10일	업무용컴퓨터 ₩550,000을 외상으로 구입하다.
7월 11일	컨설팅용역을 완료하였으나 용역대금 ₩3,000,000은 아직 회수하지 못하였다.
7월 12일	7월 10일에 발생한 외상매입대금 ₩50,000을 현금으로 지급하다.
7월 18일	직원 회식비 ₩10,000을 우리은행 법인카드로 결제하다.
7월 24일	7월 11일에 청구한 용역대금 중 ₩2,000,000을 현금으로 회수하여 당좌예금계좌에 예입하였다.
7월 25일	종업원급여 ₩600,000 중 소득세 등 ₩6,000을 공제하고 현금으로 지급하다.
7월 31일	전화요금, 인터넷 사용료로 ₩30,000을 현금으로 지급하다.

〈기말수정사항〉

① 7월 3일 차입금의 이자는 월말 현재 지급하지 못하다(1년은 365일이며 일할 계산한다).

② 업무용 승용차의 내용연수는 5년이고 잔존가치는 ₩80,000이다. 감가상각방법은 정액법으로 처리하며 1개월분을 계상하다(간접법).

③ 월말 현재 소모품재고액은 ₩50,000이다.

〈요구사항〉

1. 7월 중 발생한 거래를 분개하시오.
2. 재무상태표를 작성하시오.
3. 포괄손익계산서를 작성하시오.
4. 마감분개를 실시하시오.

EXERCISE

연습문제 해답

1 시산표의 작성

시산표

㈜대신　　2×15년 12월 31일 현재　　(단위 : 원)

차변	계정과목	대변
300,000	현금	
150,000	금융자산	
240,000	매출채권	
130,000	보증금	
800,000	건물	
	미지급금	200,000
	차입금	180,000
	자본금	1,000,000
	이익잉여금*	195,000
	용역수익	926,000
	이자수익	40,000
270,000	급여	
160,000	영업비	
435,000	수도광열비	
56,000	이자비용	
2,541,000	합계	2,541,000

*이익잉여금 잔액은 시산표의 차변합계와 대변합계를 일치시키도록 산출하였다.

EXERCISE

② 시산표의 오류검증

수정전시산표

㈜동신 2×15년 12월 31일 현재 (단위 : 원)

차 변	계 정 과 목	대 변
34,300	현 금	
156,700	매 출 채 권	
29,400	선 급 임 차 료	
	미 지 급 금	16,300
	차 입 금	14,000
	자 본 금*1)	100,000
	이 익 잉 여 금	83,250
	용 역 수 익	83,000
33,750	소 모 품 비*2)	
42,400	급 여	
296,550	합 계	296,550

*1) 자본금은 자본의 구성항목으로 대변에 잔액이 나타난다.

*2) 소모품비는 비용계정으로 발생총액이 차변에 표시되어야 한다.

③ 수정분개

① (차) 미수이자 8,000 (대) 이자수익 8,000

② (차) 소모품비 6,000 (대) 소 모 품 6,000

③ (차) 선급보험료 21,000 (대) 보 험 료 21,000

④ (차) 임 차 료 4,600 (대) 선급임차료 4,600

⑤ (차) 감가상각비 17,500 (대) 차량운반구* 17,500

* 감가상각누계액으로 회계처리하여야 하나 여기서는 차량운반구계정에서 직접 차감하였다.

⑥ (차) 이자비용 30,000* (대) 미지급이자 30,000

* $₩1,000,000 \times 12\% \times \frac{3개월}{12개월} = ₩30,000$

⑦ (차) 선수임대료 10,000 (대) 임 대 료 10,000

⑧ (차) 급 여 20,000 (대) 매출채권 20,000

EXERCISE

4 수정분개의 추정

계 정 과 목	수정전시산표		수정분개		수정후시산표	
	차변	대변	차변	대변	차변	대변
현 금	1,000				1,000	
매 출 채 권	12,000				12,000	
선 급 보 험 료	2,300			①1,300	1,000	
미 수 이 자	1,200		②1,500		2,700	
소 모 품	6,000			③2,750	3,250	
건 물	32,000			④1,300	30,700	
비 품	25,000			④1,900	23,100	
미 지 급 금		6,000				6,000
미 지 급 이 자				⑤3,000		3,000
차 입 금		25,000				25,000
자 본 금		20,000				20,000
용 역 수 익		35,700				35,700
이 자 수 익		500		②1,500		2,000
급 여	4,500				4,500	
보 험 료	3,200		①1,300		4,500	
소 모 품 비			③2,750		2,750	
감 가 상 각 비			④3,200		3,200	
이 자 비 용			⑤3,000		3,000	
합 계	87,200	87,200	11,750	11,750	91,700	91,700

〈수정분개의 추정〉

①	(차) 보 험 료	1,300	(대) 선급보험료	1,300
②	(차) 미수이자	1,500	(대) 이자수익	1,500
③	(차) 소모품비	2,750	(대) 소 모 품	2,750
④	(차) 감가상각비	3,200	(대) 건 물	1,300
			비 품	1,900
⑤	(차) 이자비용	3,000	(대) 미지급이자	3,000

EXERCISE

⑤ 회계의 순환과정

1. 기말수정분개

	차변	금액	대변	금액
①	(차) 급 여	3,000	(대) 미지급급여	3,000
②	(차) 매출채권	8,000	(대) 용역수익	8,000
③	(차) 소모품비	2,900	(대) 소 모 품	2,900
④	(차) 용역수익	2,700	(대) 선 수 금	2,700
⑤	(차) 이자비용	1,100	(대) 미지급이자	1,100
⑥	(차) 감가상각비	2,300	(대) 비 품	2,300

2. 수정후시산표

수정후시산표

㈜이화　　2×15년 12월 31일 현재　　(단위 : 원)

차 변	계 정 과 목	대 변
8,500	현 금	
20,300	매 출 채 권	
2,000	소 모 품	
20,700	비 품	
	미 지 급 금	8,700
	미 지 급 급 여	3,000
	미 지 급 이 자	1,100
	선 수 금	2,700
	자 본 금	20,000
	이 익 잉 여 금	12,500
	용 역 수 익	23,100
9,400	급 여	
2,100	수 도 광 열 비	
1,800	세 금 과 공 과	
2,900	소 모 품 비	
1,100	이 자 비 용	
2,300	감 가 상 각 비	
71,100	합 계	71,100

EXERCISE

3. 재무제표의 작성

포괄손익계산서

㈜이화	2×15년 1월 1일부터 2×15년 12월 31일까지		(단위 : 원)
수익			
	용역수익		23,100
비용			
	급여	9,400	
	수도광열비	2,100	
	세금과공과	1,800	
	소모품비	2,900	
	이자비용	1,100	
	감가상각비	2,300	(19,600)
당기순이익			3,500

재무상태표

㈜이화 2×15년 12월 31일 현재 (단위 : 원)

자산		부채	
현금	8,500	미지급금	8,700
매출채권	20,300	미지급급여	3,000
소모품	2,000	미지급이자	1,100
비품	20,700	선수금	2,700
		자본	
		자본금	20,000
		이익잉여금	16,000
자산총계	51,500	부채와자본총계	51,500

4. 마감분개

(1) 수익계정의 마감

(차) 용역수익	23,100	(대) 집합손익	23,100

(2) 비용계정의 마감

(차) 집합손익	9,400	(대) 급여	9,400
(차) 집합손익	2,100	(대) 수도광열비	2,100
(차) 집합손익	1,800	(대) 세금과공과	1,800
(차) 집합손익	2,900	(대) 소모품비	2,900
(차) 집합손익	1,100	(대) 이자비용	1,100
(차) 집합손익	2,300	(대) 감가상각비	2,300

(3) 집합손익계정의 마감

(차) 집합손익	3,500	(대) 이익잉여금	3,500

6 회계의 순환과정

1. 분개

날짜	차변	금액	대변	금액
7월 1일	(차) 현금	5,000,000	(대) 자본금	5,000,000
3일	(차) 현금	1,000,000	(대) 단기차입금	1,000,000
5일	(차) 차량운반구	680,000	(대) 현금	80,000
			미지급금	600,000
8일	(차) 소모품	300,000	(대) 현금	300,000
10일	(차) 비품	550,000	(대) 미지급금	550,000
11일	(차) 매출채권	3,000,000	(대) 용역수익	3,000,000
12일	(차) 미지급금	50,000	(대) 현금	50,000
18일	(차) 복리후생비	10,000	(대) 미지급금	10,000
24일	(차) 당좌예금	2,000,000	(대) 매출채권	2,000,000
25일	(차) 급여	600,000	(대) 예수금	6,000
			현금	594,000
31일	(차) 통신비	30,000	(대) 현금	30,000
31일	(차) 이자비용	4,767*	(대) 미지급비용	4,767
31일	(차) 감가상각비	10,000	(대) 감가상각누계액	10,000
31일	(차) 소모품비	250,000	(대) 소모품	250,000

$* ₩1,000,000 \times 6\% \times \frac{29일}{365일} = ₩4,767$

2. 재무상태표

재무상태표

동아회계법인 2×15년 7월 31일 (단위 : 원)

계정	금액	계정	금액
현금	4,946,000	단기차입금	1,000,000
당좌예금	2,000,000	미지급금	1,110,000
매출채권	1,000,000	미지급비용	4,767
차량운반구	680,000	예수금	6,000
감가상각누계액	(10,000)	자본금	5,000,000
소모품	50,000	이익잉여금	2,095,233
비품	550,000		
합계	9,216,000	합계	9,216,000

EXERCISE

3. 포괄손익계산서

포괄손익계산서

동아회계법인 2×15년 7월 1일부터 2×15년 7월 31일까지 (단위 : 원)

차변	금액	대변	금액
복리후생비	10,000	용역수익	3,000,000
급여	600,000		
통신비	30,000		
감가상각비	10,000		
소모품비	250,000		
이자비용	4,767		
당기순이익	2,095,233		
합계	3,000,000	합계	3,000,000

4. 마감분개

일자	차변	금액	대변	금액
7월 31일	(차) 용역수익	3,000,000	(대) 집합손익	3,000,000
31일	(차) 집합손익	904,767	(대) 복리후생비	10,000
			급여	600,000
			통신비	30,000
			감가상각비	10,000
			소모품비	250,000
			이자비용	4,767
31일	(차) 집합손익	2,095,233	(대) 이익잉여금	2,095,233

Accounting Principles

Chapter 5 상품매매업의 회계순환과정

Chapter 05 상품매매업의 회계순환과정

Accounting Principles

1. 서비스업과 상품매매업

서비스업이란 눈으로 보이지 않는 서비스(용역)를 제공하여 이익을 창출하는 것이 주된 영업활동인 업종을 말한다. 이에 비해 상품매매업이란 매입한 상품을 판매하여 이익을 창출하는 업종을 말한다. 상품매매업의 경우 상품을 매입하고 판매하는 거래가 중요하므로 서비스업의 회계처리에 추가하여 상품매매와 관련된 회계처리가 필요하게 된다. 판매를 목적으로 보유하는 상품을 재고자산(inventories)이라고 하며, 보유하던 상품을 판매하면 포괄손익계산서의 매출원가에, 판매되지 않은 상품은 재무상태표의 재고자산에 남게 된다.

2. 매출액, 매출원가, 재고자산의 계산

상품매매업의 회사는 상품을 매입한 후 상품을 판매하였다면 판매가격에 근거하여 매출액을 계산하고 구입원가에 기초하여 매출원가를 계산한다. 미판매된 상품은 재무상태표의 재고자산에 기록된다. 매출액(sales)은 상품판매에 따른 수익이며, 매출원가(cost of goods sold)란 판매된 상품의 구입원가이다. 매출액에서 매출원가를 차감하여 매출총이익(gross margin)이 산출된다.

매　출　액 = 판매수량 × 판매단가
매 출 원 가 = 판매수량 × 구입단가
매출총이익 = 매출액 − 매출원가

다음은 2×15년 1월 1일 설립된 자동차대리점을 운영하는 ㈜정민의 1월 중 거래내역이다. 자동차의 대당 구입단가는 ₩2,000이고 판매단가는 ₩3,000이다. 각 상황별 매출액과 매출원가 및 매출총이익의 계산은 다음의 표와 같다.

	구입		판매		매출원가*2)	매출총이익*3)
	수량	금액	수량	금액*1)		
상황 1	5	10,000	5	15,000	10,000	5,000
상황 2	4	8,000	3	9,000	6,000	3,000
상황 3	3	6,000	2	6,000	4,000	2,000

*1) 매출액=판매수량×판매단가
*2) 매출원가=판매수량×구입단가
*3) 매출총이익=매출액−매출원가

위에서는 ㈜정민이 2×15년 1월 1일 설립되어 2×15년 초 상품재고가 없는 경우를 가정하였다. 이제는 기초 상품재고가 있는 다음의 예를 살펴보자.

기초재고수량	3	구입단가	₩2,000
당기매입수량	6	구입단가	₩2,000
판매가능수량	9		
판 매 수 량	(5)	판매단가	₩3,000
기말재고수량	4		

기초에 보유하고 있던 '자동차'의 수량이 3대였고 당기 중에 6대를 추가로 구입하였다면 당기 중에 판매할 수 있는 총수량은 9대이다. 기초재고수량에 당기매입수량을 가산한 수량을 판매가능수량이라고 한다. 판매가능수량 9대 중에서 당기 중에 총 5대를 판매하였으므로 기말 창고에 남아 있는 수량은 4대가 될 것이다.

위의 자료를 이용하여 ㈜정민의 매출원가를 산출하면 다음과 같다.

기초재고액	6,000	(3대 × ₩2,000)
당기매입액	12,000	(6대 × ₩2,000)
판매가능액	18,000	
기말재고액	(8,000)	(4대 × ₩2,000)
매 출 원 가	10,000	

기초재고액은 전기에서 이월된 금액이고, 당기매입액은 당기에 매입한 수량에 구입가격을 곱하여 계산된 것이다. 기초재고액에 당기매입액을 가산한 금액을 판매가능액이라고 하고 이 판매가능액에서 기말재고액을 차감하면 매출원가가 산출된다. 기초재고액과 당기매입액을 더한 판매가능액 중 판매된 부분은 매출원가로, 미판매된 부분은 기말재고액으로 남게 된다. 따라서 매출원가는 다음 산식에 의하여 계산된다.

매출원가 = 기초재고액 + 당기매입액 − 기말재고액

매출액, 매출원가, 재고자산 등은 모두 수량에 단가를 곱하여 금액을 계산한다(금액 = 수량×단가). 여기서 수량이 판매수량이고 단가가 판매가격인 경우 매출액이 산출되고, 단가가 구입가격인 경우 매출원가가 계산된다. 수량이 미판매수량이고 단가가 구입가격이라면 재고자산이 도출된다.

이상을 정리하여 그림으로 나타내면 다음과 같다.

▌그림 5-1▐ 매출원가의 산출구조

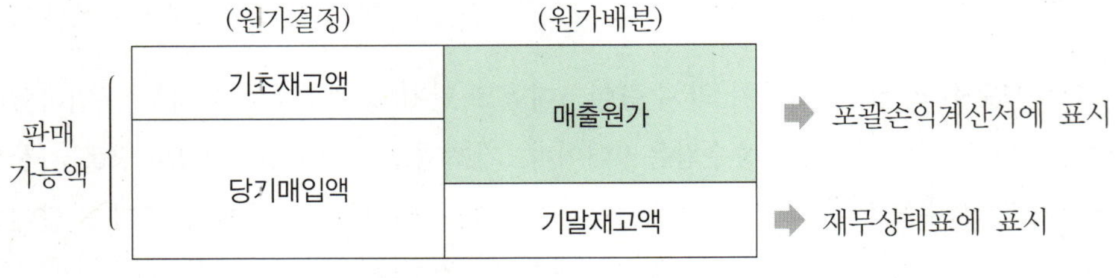

이를 포괄손익계산서에 표시하면 다음과 같다. 상품매매업의 포괄손익계산서는 서비

스업의 포괄손익계산서와 달리 매출액에서 매출원가를 차감하여 매출총이익을 계산하는 형식으로 표시하게 된다.

포괄손익계산서

㈜정민	2×15년 1월 1일부터 2×15년 12월 31일까지		(단위 : 원)
매 출 액			
	상품매출액		15,000
매출원가			
	기초재고액	6,000	
	당기매입액	12,000	
	판매가능액	18,000	
	기말재고액	(8,000)	(10,000)
매출총이익			5,000

예제 5-1 매출액, 매출원가, 매출총이익의 계산

다음은 각각 독립된 상황이다.

	상황 1	상황 2	상황 3	상황 4
구 입 단 가	10,000	1,500	4,000	30,000
판 매 단 가	15,000	2,000	6,000	40,000
기초재고수량	2	0	2	1
당기매입수량	4	8	3	6
기말재고수량	3	2	0	2

각 상황의 경우 매출액, 매출원가, 매출총이익을 구하라.

| 해설 |

	산식	상황 1	상황 2	상황 3	상황 4
매 출 액	판매수량 × 판매단가	45,000	12,000	30,000	200,000
기초재고액	기초재고수량 × 구입단가	20,000	0	8,000	30,000
당기매입액	당기매입수량 × 구입단가	40,000	12,000	12,000	180,000
판매가능액	기초재고액 + 당기매입액	60,000	12,000	20,000	210,000
기말재고액	기말재고수량 × 구입단가	(30,000)	(3,000)	(0)	(60,000)
매 출 원 가	판매가능액 − 기말재고액	30,000	9,000	20,000	150,000
매출총이익	매출액−매출원가	15,000	3,000	10,000	50,000

3. 상품 매입 · 매출의 회계처리

(1) 매입과 판매의 회계처리

상품매매업은 상품의 매입과 판매에 대한 기록을 관련 계정에 기록하면서 매입 혹은 판매 현황을 파악하게 된다. 상품의 매입과 판매 수량을 기록하고 관리하는 방법은 크게 계속기록법과 실지재고조사법으로 구분되며, 자세한 내용은 6장에서 다루되 5장에서는 실지재고조사법을 중심으로 상품매매업의 회계순환과정을 설명한다.

상품매매업에서 판매자는 상품을 판매한 경우 매출계정(sales account) 대변에 판매금액을 기록한다. 매출대금을 현금으로 받았다면 현금이라는 자산이 증가하였으므로 현금계정 차변에 기록될 것이고, 외상으로 판매하거나 매출대금을 어음으로 받았다면 미래에 매출대금을 거래처로부터 받을 권리(자산)가 발생하였으므로 매출채권(받을어음)계정 차변에 기록될 것이다. 실지재고조사법을 적용하는 경우 판매시 매출원가 금액을 별도로 산출하지 않는다.

구매자는 매입계정(purchase account) 차변에 구매금액을 기록한다. 상품을 매입하고 매입대금을 현금으로 지급하였다면 현금이라는 자산이 감소하였으므로 대변계정과목은 현금이 될 것이고, 외상으로 매입하였거나 매입대금을 어음을 발행하여 지급하였다면 미래에 매입대금을 지급하여야 할 부채가 발생하였으므로 대변계정과목은 매입채무(지급어음)가 될 것이다.

표 5-1 | 상품 매입 · 매출의 회계처리

	구매자의 회계처리	판매자의 회계처리
현금거래	(차) 매 입 ××× (대) 현 금 ×××	(차) 현 금 ××× (대) 매 출 ×××
외상거래 어음거래	(차) 매 입 ××× (대) 매입채무 ×××	(차) 매출채권 ××× (대) 매 출 ×××

예제 5-2 매입 · 매출의 회계처리

다음 거래를 구매자와 판매자의 입장에서 분개하라.

7월 2일 ㈜정민은 ㈜채영에게 상품을 ₩7,000에 판매하고 현금을 즉시 회수하다.
7월 10일 ㈜정민은 ㈜채영에게 상품을 ₩5,000에 외상판매하다.
7월 20일 ㈜정민은 ㈜채영에게 상품을 ₩6,000에 판매하고 ㈜채영이 발행한 어음을 수령하다.

| 해설 |

일자	구매자㈜채영	판매자㈜정민
7월 2일	(차) 매입 7,000 (대) 현 금 7,000	(차) 현 금 7,000 (대) 매출 7,000
7월 10일	(차) 매입 5,000 (대) 매입채무 5,000	(차) 매출채권 5,000 (대) 매출 5,000
7월 20일	(차) 매입 6,000 (대) 매입채무 6,000 (지급어음)	(차) 매출채권 6,000 (대) 매출 6,000 (받을어음)

(2) 매입채무와 매출채권의 결제

상품이 외상으로 거래되면 신용기간이 경과하기 전에 상품매매대금의 결제가 이루어지게 된다. 판매자가 매출대금을 회수하게 되면 회수된 매출금액만큼 현금이 증가하므로 현금계정 차변에 기록되고 동시에 매출채권이 감소하므로 매출채권계정 대변에 기입된다. 반대로 구매자가 매입대금을 결제하게 되면 현금을 지급함으로 인하여 지급된 매입금액만큼 현금이 감소하므로 현금계정 대변에 기록되고 동시에 매입채무가 감소하므로 매입채무계정 차변에 기입된다.

표 5-2 | 상품매매대금 결제의 회계처리

	구매자의 회계처리	판매자의 회계처리
결제	(차) 매입채무 ××× (대) 현 금 ×××	(차) 현 금 ××× (대) 매출채권 ×××

예제 5-3 상품매매대금의 결제

다음 거래를 구매자와 판매자의 입장에서 분개하라.

7월 15일 ㈜정민은 ㈜채영에 대한 외상매출대금 ₩5,000을 전액 회수하다.
7월 29일 ㈜정민은 ㈜채영이 발행한 액면 ₩6,000의 어음을 현금으로 회수하다.

| 해설 |

일자	구매자㈜채영	판매자㈜정민
7월 15일	(차) 매입채무 5,000 (대) 현금 5,000	(차) 현금 5,000 (대) 매출채권 5,000
7월 29일	(차) 매입채무 6,000 (대) 현금 6,000 (지급어음)	(차) 현금 6,000 (대) 매출채권 6,000 (받을어음)

4. 상품 매입 · 매출시 고려해야 할 사항

(1) 매입운임과 매출운임

상품을 매매하는 경우 판매자의 창고에 보관되어 있는 상품을 구매자의 창고로 운반하는 데 운임이 발생한다. 운임은 상품의 인도조건에 따라 부담자가 결정되는데, 일반적으로 상품의 인도조건은 선적지인도조건과 도착지인도조건으로 구분된다.

선적지인도조건(F.O.B shipping point)은 판매자가 상품을 구매자에게 운송하기 위하여 선적하였을 때 상품의 소유권이 구매자에게 이전되는 조건을 말하며, 선적 이후에 발생하는 운임은 상품의 소유권자인 구매자가 부담하게 된다. 반면에 도착지인도조건(F.O.B destination 또는 C.I.F)은 운송 중인 상품이 도착지에 도착하였을 때 상품의 소유권이 구매자에게 이전되는 조건으로서, 도착지에 도착하기까지는 상품의 소유권이 판매자에게 있으므로 선적 후부터 도착시점까지 발생하는 운임은 판매자가 부담하게 된다.[1)]

구매자가 구매한 상품에 대한 운임을 부담하는 경우 운임은 상품의 구입원가에 가산하며, 판매자가 판매한 상품에 대한 운임을 부담하는 경우 운임은 운반비라는 판매비로 비용처리하게 된다.

표 5-3 | 매입운임의 부담주체와 취득원가 포함 여부

구분	운임의 부담주체	취득원가 포함
선적지인도조건	구매자 부담	구매자의 상품 취득원가에 가산
도착지인도조건	판매자 부담	판매자의 운반비(판매비)로 처리

구매자와 판매자가 각각 부담해야 할 운임을 현금으로 지급하였을 경우 운임의 회계처리는 다음과 같다.

1) F.O.B와 C.I.F는 각각 Free On Board와 Cost, Insurance and Freight의 약어이다.

▌그림 5-2 ▌운임의 회계처리

① 구매자의 경우

(차) 매 입(매입운임*) ××× (대) 현 금 ×××

* 구매자가 부담하는 운임을 매입계정 차변에 기록하는 대신 매입운임계정을 사용하는 경우 다음과 같이 매입운임을 당기상품매입액에 가산하여 매출원가를 계산하게 된다.

매입액의 계산	
당기총매입액	×××
매 입 운 임	×××
당기순매입액	×××

② 판매자의 경우

(차) 운 반 비(비용) ××× (대) 현 금 ×××

예제 5-4 운임의 회계처리

다음 각 상황을 구매자와 판매자의 입장에서 분개하라.(실지재고조사법 가정)

1. ㈜여흥은 ㈜장안으로부터 선적지인도조건으로 상품 ₩7,000을 외상매입하다. 매입시 발생한 운임 ₩700은 ㈜여흥이 운송회사에 현금으로 지급하다.
2. ㈜여흥은 ㈜장안으로부터 도착지인도조건으로 상품 ₩8,000을 현금매입하다. 매입시 발생한 운임 ₩800은 ㈜장안이 운송회사에 현금으로 지급하다.
3. ㈜여흥은 ㈜장안으로부터 선적지인도조건으로 상품 ₩5,000을 외상매입하다. 매입시 발생한 운임 ₩500은 ㈜장안이 운송회사에 현금으로 지급하다.
4. ㈜여흥은 ㈜장안으로부터 도착지인도조건으로 상품 ₩6,000을 현금매입하다. 매입시 발생한 운임 ₩600은 ㈜여흥이 운송회사에 현금으로 지급하다.

| 해설 |

구분	구매자(㈜여흥)	판매자(㈜장안)
거래 1	(차) 매 입 7,000 (대) 매입채무 7,000 매입운임 700 현 금 700	(차) 매출채권 7,000 (대) 매 출 7,000
거래 2	(차) 매 입 8,000 (대) 현 금 8,000	(차) 현 금 8,000 (대) 매 출 8,000 운 반 비 800 현 금 800
거래 3	(차) 매 입 5,000 (대) 매입채무 5,000 매입운임 500 미지급금 500	(차) 매출채권 5,000 (대) 매 출 5,000 미 수 금 500 현 금 500
거래 4	(차) 매 입 6,000 (대) 현 금 6,000 미 수 금 600 현 금 600	(차) 현 금 6,000 (대) 매 출 6,000 운 반 비 600 미지급금 600

(2) 매입환출(매출환입)과 매입에누리(매출에누리)

일반적으로 상품의 매매거래에서 구매자가 수령한 상품이 만족스럽지 못하여 판매자에게 구입한 상품을 되돌려 보내는 경우가 있다. 이런 경우를 구매자의 입장에서는 매입환출(purchase return)이라고 하고, 판매자의 입장에서는 매출환입(sales return)이라고 한다. 매입환출이 일어나게 되면 구매자는 원래의 매입대금에서 반품한 상품금액을 차감한 대금만을 판매자에게 지급할 의무가 생기게 되고, 판매자 또한 매출대금에서 반품된 상품금액을 차감한 대금만을 수령할 권리가 발생하게 된다.

반품의 경우와는 달리 구매한 상품에 아주 미미한 결함이 있을 경우 반품하기보다는 매입대금에서 일정금액을 감액받는 경우가 있다. 이러한 경우를 구매자는 매입에누리(purchase allowance)라고 하고, 판매자는 매출에누리(sales allowance)라고 한다. 일반적으로 상품매매시 발생하는 반품과 에누리는 총매입액과 총매출액에서 차지하는 비중이 매우 작기 때문에 중요성 측면에서 양자를 구분하지 않고 구매자는 매입에누리와환출, 판매자는 매출에누리와환입계정을 사용한다.

반품과 에누리가 발생하였을 경우 구매자와 판매자의 회계처리는 다음과 같다.

그림 5-3 매입에누리와환출 및 매출에누리와환입의 회계처리

① 구매자의 경우

(차) 매입채무(또는 현금)	×××	(대) 매입에누리와환출	×××

② 판매자의 경우

(차) 매출에누리와환입	×××	(대) 매출채권(또는 현금)	×××

기중에 발생한 반품과 에누리를 위와 같이 회계처리하였다면 판매자의 입장에서 매출에누리와환입은 매출계정에 대한 차감계정이다. 포괄손익계산서에 표시되는 매출액을 계산하기 위해 총매출액에서 매출에누리와환입을 차감하여 순매출액을 계산하게 된다. 구매자의 입장에서 매입에누리와환출(매입계정에 대한 차감계정)을 총매입액에서 차감하여 순매입액을 계산하게 된다. 즉, 매출액과 매입액의 계산은 다음과 같다.

매출액의 계산	
총매출액	×××
매출에누리와환입	(×××)
순매출액	×××

매입액의 계산	
총매입액	×××
매입운임	×××
매입에누리와환출	(×××)
순매입액	×××

예제 5-5 매입에누리와환출 및 매출에누리와환입의 회계처리

다음 거래를 구매자와 판매자의 입장에서 회계처리하라.(실지재고조사법 가정)

거래 1. ㈜여흥은 ㈜장안으로부터 상품을 ₩5,000에 외상매입하였다. 운송된 상품을 검수하여 보니 매입금액 ₩500에 해당하는 상품이 불량품으로 밝혀져 ㈜장안에 반품하였다.

거래 2. ㈜여흥은 ㈜장안으로부터 상품을 ₩8,000에 현금매입하였다. 운송된 상품에 미미한 하자가 발견되어 ₩200을 감액받기로 하고 ㈜장안으로부터 ₩200을 현금으로 회수하였다.

| 해설 |

구매자(㈜여흥)의 회계처리

	차변	금액	대변	금액
거래 1 :	(차) 매 입	5,000	(대) 매 입 채 무	5,000
	(차) 매 입 채 무	500	(대) 매입에누리와환출	500
거래 2 :	(차) 매 입	8,000	(대) 현 금	8,000
	(차) 현 금	200	(대) 매입에누리와환출	200

판매자(㈜장안)의 회계처리

	차변	금액	대변	금액
거래 1 :	(차) 매 출 채 권	5,000	(대) 매 출	5,000
	(차) 매출에누리와환입	500	(대) 매 출 채 권	500
거래 2 :	(차) 현 금	8,000	(대) 매 출	8,000
	(차) 매출에누리와환입	200	(대) 현 금	200

(3) 매입할인과 매출할인

매입할인(매출할인)은 외상으로 상품을 매입(판매)한 후 회수 기일 전에 대금결제를 하는(받는) 경우 외상대금의 일부를 감액받는(해주는) 것이다.

상품의 매매거래에서 대금회수에 다음과 같은 조건으로 계약이 체결되었다고 가정하자. ㈜동아는 ㈜부민에게 2×15년 1월 10일 상품을 ₩5,000에 판매하였다. 대금회수조건은 판매일로부터 30일까지 회수하기로 하였으나 만약 10일 이내에 ₩5,000을 결제하면 1%를 감액하여 주기로 약정하였다(1/10, n/30).[2)]

위 거래에 대한 대금결제가 1월 20일까지 이루어진다면 ㈜동아는 매출대금 ₩5,000의 1%인 ₩50을 감액한 ₩4,950만을 (주)부민으로부터 회수하게 된다. 이 경우 감액한(받은) ₩50을 (주)동아는 매출할인, (주)부민은 매입할인으로 하여 각각 매출계정과 매입계정의 차감계정으로 표시한다.

2×15년 1월 20일까지 매매대금의 결제가 이루어졌을 경우 구매자와 판매자 입장에서의 회계처리는 다음과 같다.

그림 5-4 매입할인(매출할인)의 회계처리

① 구매자 ㈜부민의 경우

(차)	금액	(대)	금액
매입채무	5,000	현 금	4,950
		매입할인(매입의 차감계정)	50

② 판매자 ㈜동아의 경우

(차)	금액	(대)	금액
현 금	4,950	매출채권	5,000
매출할인(매출의 차감계정)	50		

예제 5-6 현금할인의 회계처리

다음은 ㈜장안, ㈜여흥, ㈜두창, ㈜장원의 7월의 상품매매거래이다.(실지재고조사법 가정)

7월 1일 ㈜장안은 ㈜여흥에 2/10, n/30의 조건으로 상품을 ₩5,000에 판매하다.
7월 2일 ㈜장안은 ㈜두창에 1/10, n/30의 조건으로 상품을 ₩6,000에 판매하다.
7월 5일 ㈜장안은 ㈜장원에 1/15, n/30의 조건으로 상품을 ₩7,000에 판매하다.
7월 11일 ㈜장안은 ㈜여흥으로부터 7월 1일의 상품판매대금을 회수하다.
7월 12일 ㈜장안은 ㈜두창으로부터 7월 2일의 상품판매대금을 회수하다.
7월 25일 ㈜장안은 ㈜장원으로부터 7월 5일의 상품판매대금을 회수하다.

거래일자별로 구매자와 판매자의 입장에서 분개를 하라.

2) 1은 할인율, 10은 할인기간, n/30은 신용판매기간(회수기일)을 의미한다.

| 해설 |

구분	구매자㈜여흥 등)	판매자㈜장안)
7월 1일	(차) 매　　입 5,000 (대) 매입채무 5,000	(차) 매출채권 5,000 (대) 매　　출 5,000
7월 2일	(차) 매　　입 6,000 (대) 매입채무 6,000	(차) 매출채권 6,000 (대) 매　　출 6,000
7월 5일	(차) 매　　입 7,000 (대) 매입채무 7,000	(차) 매출채권 7,000 (대) 매　　출 7,000
7월 11일	(차) 매입채무 5,000 (대) 현　　금 4,900*1) 매입할인 100	(차) 현　　금 4,900 (대) 매출채권 5,000 매출할인 100
7월 12일	(차) 매입채무 6,000 (대) 현　　금 5,940*2) 매입할인 60	(차) 현　　금 5,940 (대) 매출채권 6,000 매출할인 60
7월 25일	(차) 매입채무 7,000 (대) 현　　금 7,000	(차) 현　　금 7,000 (대) 매출채권 7,000

*1) ₩5,000×98%=₩4,900

*2) ₩6,000×99%=₩5,940

(4) 매출액, 매입액 및 매출원가의 계산

앞선 내용을 요약하면 손익계산서에 보고되는 매출액 및 매출원가는 각각 다음의 절차를 따라 도출된다. 손익계산서의 매출액은 순매출액으로서 당초의 총매출액에서 매출에누리와환입, 매출할인을 차감한 값이다. 매출원가는 기초재고액에 당기매입액을 가산한 후 기말재고액을 차감하여 산출된다. 여기서 당기매입액은 순매입액으로서 당초의 총매입액에서 매입운임은 가산하고 매입에누리와환출, 매입할인은 차감하여 계산된다.

매출액, 매입액 및 매출원가의 계산

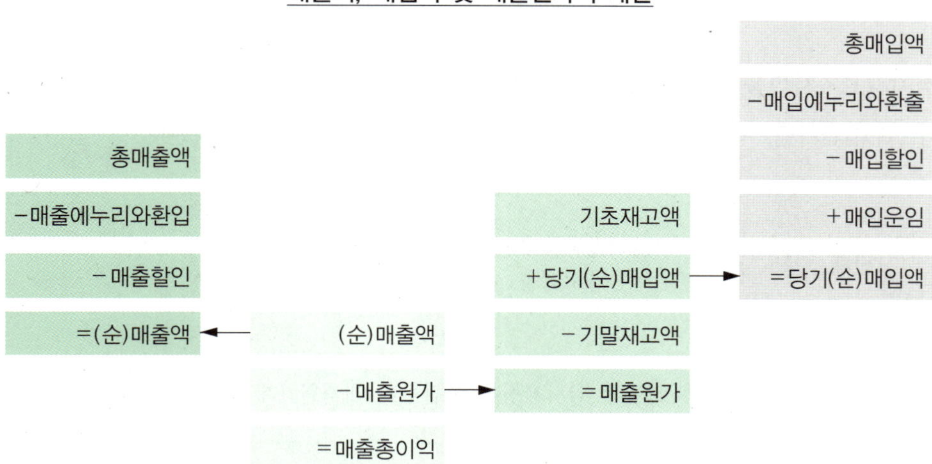

5. 상품매매업의 회계순환과정

상품매매업의 경우는 서비스업과는 달리 상품매매거래가 포함되어 회계연도 중에 발생한 거래 내용이 복잡하고 이를 회계처리하기 위한 계정과목도 많음을 알았다. 그러나 서비스업이든 상품매매업이든 회계의 순환과정에 대한 흐름은 동일하게 나타난다. 단지 실지재고조사법을 적용함에 따라 수정분개의 단계에서 매출원가를 계산하기 위한 수정분개가 추가될 뿐이다.

매출원가를 계산하기 위한 수정분개를 이해하기 위하여 다음 거래를 가정하자(실지재고조사법 가정). ㈜채영의 2×15년 1월 1일 상품계정의 잔액은 ₩1,000이었다. 2×15년 중 상품의 매입은 ₩2,000, 매입운임은 ₩300, 매입에누리와환출은 ₩400이었고 2×15년 12월 31일 현재 상품재고액은 ₩500이다. 이 거래를 분개 및 전기한 각 계정의 내용은 다음과 같을 것이다.

(차) 매　　입	2,000	(대) 매입채무	2,000
(차) 매입운임	300	(대) 현　　금	300
(차) 매입채무	400	(대) 매입에누리와환출	400

상　품

차변		대변	
전기이월	1,000		

매　입

차변		대변	
매입채무	2,000		

매입운임

차변		대변	
현금	300		

매입에누리와환출

차변		대변	
		매입채무	400

실지재고조사법을 적용하는 경우 기말에 매출원가를 산출하기 위한 수정분개가 필요하다. 매출원가를 계산하기 위한 수정분개는 다음의 두 단계로 구성된다.

1단계	기초 및 기말상품재고액을 매출원가계정으로 대체하고, 기말상품재고액을 새로운 상품계정 잔액으로 계상
	⬇
2단계	매입과 관련된 임시계정을 마감하여 매출원가계정으로 대체

각 단계별로 필요한 수정분개 내용을 살펴보도록 한다.

■ 제1단계 : 기말상품재고액을 상품계정 잔액으로 계상

기초(2×15년 1월)의 상품재고액 ₩1,000은 전기 말(2×14년 12월)에 상품창고 실사를 통하여 확인된 금액으로, 상품계정을 마감한 후 2×15년으로 차기이월된 금액이다. 당기 중에 상품의 매입·매출거래가 아무리 많이 발생한다고 하더라도 매입 및 매출거래가 상품계정에 기록되지 않기 때문에 상품계정은 기말에도 전기이월된 금액으로 표시되어 있을 것이다. 당기 말에 실지조사하여 상품재고액을 ₩500으로 파악하였다면 기말 상품재고액은 실제 창고에 보유하고 있는 금액인 ₩500으로 기록하여야 할 것이다. 이를 위하여 두 가지의 분개가 필요하게 된다.

우선 상품계정의 전기이월액 ₩1,000을 제거하고 이를 매출원가계정의 차변에 기록하는 수정분개를 한다.

1-① : (차) 매출원가	1,000	(대) 상 품	1,000

수정분개 후 상품계정 잔액은 ₩0이 될 것이고 매출원가계정은 차변에 ₩1,000의 금액이 표시될 것이다.

상 품			
전기이월	1,000	1-① 매출원가	1,000

매출원가			
1-① 상품	1,000		

다음에는 ₩0으로 표시되어 있는 상품계정을 실제 기말재고액인 ₩500으로 표시하기 위하여 상품계정 차변에 기말재고액 ₩500을 기록하고 상대계정과목은 매출원가로 하는 수정분개를 한 후 이를 전기하면 그 결과는 아래와 같다.

1-② : (차) 상 품	500	(대) 매출원가	500

상 품

차변	금액	대변	금액
전기이월	1,000	1−① 매출원가	1,000
1−② 매출원가	500		

매출원가

차변	금액	대변	금액
1−① 상품	1,000	1−② 상품	500

이상의 두 개의 수정분개를 하고 나면 상품계정 잔액은 정확한 기말재고액인 ₩500으로 기록되고 매출원가계정 차변에는 기초재고액, 대변에는 기말재고액이 기록된다.

■ 제2단계 : 매입과 관련된 임시계정을 마감하여 매출원가계정으로 대체

매입과 관련된 임시계정으로는 매입계정, 매입운임계정 및 매입에누리와환출계정이 있고 임시계정을 마감하기 위한 분개를 하면 다음의 분개가 등장하게 된다.

	차변	금액	대변	금액
2−① :	(차) 매출원가	2,000	(대) 매 입	2,000
2−② :	(차) 매출원가	300	(대) 매입운임	300
2−③ :	(차) 매입에누리와환출	400	(대) 매출원가	400

매입계정과 매입운임계정은 차변에 잔액이 나타나므로 이를 마감하기 위해서는 각 계정의 대변에 대차합계가 일치하도록 동일한 금액을 기록한다. 매입에누리와환출계정은 대변잔액이 나타나므로 잔액을 0으로 만들기 위하여 대변합계금액과 동일한 금액을 차변에 기입하고 상대계정은 매출원가계정을 사용한다. 위의 3가지 수정분개를 전기하면 다음과 같은 결과를 나타내게 된다.

머 입

차변	금액	대변	금액
매입채무	2,000	2−① 매출원가	2,000

매입운임

차변	금액	대변	금액
현금	300	2−② 매출원가	300

매입에누리와환출

차변	금액	대변	금액
2−③ 매출원가	400	매입채무	400

매출원가

차변	금액	대변	금액
1−① 상품	1,000	1−② 상품	500
2−① 매입	2,000	2−③ 매입에누리와환출	400
2−② 매입운임	300		

이제 매입과 관련된 임시계정인 매입계정, 매입운임계정 및 매입에누리와환출계정은 잔액이 0이 되어 마감됨과 동시에 각 계정의 잔액이 모두 매출원가계정으로 대체되었다. 매출원가계정의 내용을 살펴보면 앞절에서 배운 매출원가의 계산공식이 매출원가계정에 그대로 나타나 있음을 알 수 있다.

	수정분개번호	금 액
기초재고액	1－①	1,000
당기총매입액	2－①	2,000
매입운임	2－②	300
매입에누리와환출	2－③	(400)
판매가능액		2,900
기말재고액	1－②	(500)
매출원가		2,400

이상의 두 단계의 수정분개와 전기가 이루어지면 매출원가계정에서 매출원가 ₩2,400이 결정되고 상품계정 또한 기말재고액이 ₩500으로 표시된다. 매출원가계정은 회계기말에 매출원가를 계산하기 위하여 일시적으로 설정하는 임시계정으로서 회계의 순환과정 중 마지막 단계인 마감분개 및 전기 단계에서 매출원가의 금액이 집합손익계정으로 대체되어 마감된다.

매출원가를 계산하기 위한 두 단계 수정분개 외의 기타 수정분개는 제3장에서 학습한 내용과 동일하므로 구체적인 설명은 생략한다.

예제 5-7 매출원가 수정분개

㈜대동의 다음 자료를 이용하여 아래 요구사항에 답하라.(실지재고조사법 가정)

• 2×15년 1월 1일 상품재고액		40,000	
• 2×15년 동안의 거래내역			
상품총매입액(외상매입)	100,000	매입운임	10,000
매입에누리와환출	5,000	매입할인	1,000
상품총매출액	150,000	매출에누리와환입	15,000
매출할인	1,500		
• 2×15년 12월 31일 상품재고액		50,000(실지조사를 통하여 파악)	

1. 매출원가를 계산하라.
2. 매출원가를 매출원가계정에서 계산하기 위하여 수정분개를 하고 해당 계정에 전기하라.
3. 매출총이익을 계산하기 위한 부분포괄손익계산서를 작성하라.

| 해설 |

1. 매출원가의 계산

구 분	금 액
기초재고액	40,000
당기총매입액	100,000
매입운임	10,000
매입에누리와환출	(5,000)
매입할인	(1,000)
판매가능액	144,000
기말재고액	(50,000)
매출원가	94,000

2. 수정분개와 전기

1단계 : 기말상품재고액을 상품계정 잔액으로 계상

	차변	금액	대변	금액
①	(차) 매출원가	40,000	(대) 상 품	40,000
②	(차) 상 품	50,000	(대) 매출원가	50,000

2단계 : 매입과 관련된 임시계정을 마감하여 매출원가계정으로 대체

	차변	금액	대변	금액
③	(차) 매출원가	100,000	(대) 매 입	100,000
④	(차) 매출원가	10,000	(대) 매입운임	10,000
⑤	(차) 매입에누리와환출	5,000	(대) 매출원가	5,000
⑥	(차) 매입할인	1,000	(대) 매출원가	1,000

상 품

차변		대변	
전기이월	40,000	① 매출원가	40,000
② 매출원가	50,000		

매 입

차변		대변	
매입채무	100,000	③ 매출원가	100,000

매입운임

차변		대변	
현금	10,000	④ 매출원가	10,000

매입에누리와환출

차변		대변	
⑤ 매출원가	5,000	매입채무	5,000

매입할인

차변		대변	
⑥ 매출원가	1,000	매입채무	1,000

매출원가

차변		대변	
① 상품	40,000	② 상품	50,000
③ 매입	100,000	⑤ 매입에누리와환출	5,000
④ 매입운임	10,000	⑥ 매입할인	1,000

3. 부분포괄손익계산서의 작성

포괄손익계산서

2×15년 1월 1일부터

㈜대동 2×15년 12월 31일까지 (단위 : 원)

매 출 액			133,500*1)
매출원가	기초상품재고액	40,000	
	당기상품순매입액	104,000*2)	
	판매가능상품액	144,000	
	기말상품재고액	(50,000)	(94,000)
매출총이익			39,500

*1) 150,000－15,000－1,500＝₩133,500

*2) 100,000＋10,000－5,000－1,000＝₩104,000

6. 상품매매업의 재무제표 작성

상품매매업에서 수정분개와 전기가 완료된 다음에 재무제표를 작성하는 것은 서비스업의 경우와 다를 바 없지만 재무상태표 및 포괄손익계산서의 양식에 조금 차이가 발생한다. 재무상태표에는 자산항목 중 재고자산이 나타나게 되며, 포괄손익계산서에는 재고자산의 거래로 인한 매출, 매출원가, 매출총이익, 판매비와관리비 등의 손익이 구분표시된다. 상품매매업의 재무제표 작성을 위하여 다음 ㈜성주의 수정후시산표가 완성되었다고 가정하자.

수정후시산표

㈜성주 2×15년 12월 31일 현재 (단위 : 원)

차변	계정과목	대변
70,500	현금	
74,500	매출채권	
2,625	선급보험료	
82,450	상품	
132,750	토지	
290,000	건물	
	매입채무	51,450
	미지급이자	69,500
	미지급금	1,500
	차입금	150,000
	자본금	125,000
	이익잉여금	64,300
	매출	694,140
350,890	매출원가*	
12,250	급여	
80,250	수도광열비	
1,875	보험료	
1,000	소모품비	
5,300	감가상각비	
1,500	이자비용	
50,000	매출할인	
1,155,890	합계	1,155,890

* 매출원가는 다음과 같이 계산되었다.

기초상품재고액	76,340
당기상품총매입액	393,660
매입운임	35,060
매입에누리와환출	(26,370)
매입할인	(45,350)
판매가능상품액	433,340
기말상품재고액	(82,450)
매출원가	350,890

㈜성주의 2×15년 12월 31일 현재 수정후시산표가 완성되었으면 아래와 같은 포괄손익계산서와 재무상태표가 작성되는데 이는 서비스업의 재무제표와는 약간의 차이를 나타낸다.

포괄손익계산서

2×15년 1월 1일부터
2×15년 12월 31일까지

㈜성주			(단위 : 원)
매출액			644,140
매출원가	기초상품재고액	76,340	
	당기상품순매입액	357,000	
	판매가능상품액	433,340	
	기말상품재고액	(82,450)	(350,890)
매출총이익			293,250
판매비와관리비	급 여	12,250	
	수도광열비	80,250	
	보험료	1,875	
	소모품비	1,000	
	감가상각비	5,300	(100,675)
영업이익			192,575
영업외비용	이자비용		(1,500)
당기순이익			191,075

상품매매업의 포괄손익계산서는 서비스업의 포괄손익계산서에 비하여 약간 복잡한 구조를 보이고 있다. 상품매매업의 주된 수익인 매출액은 당기상품총매출액에서 매출에누리와환입 및 매출할인을 차감하여 포괄손익계산서에 표시하고, 매출액에서 매출원가를 차감하여 매출총이익을 보고한다. 매출원가는 앞절에서 공부한 것처럼 기초상품재고액에 당기상품순매입액을 가산하여 판매가능상품액을 구하고 기말상품재고액을 차감하여 산출한다. 당기상품순매입액은 당기상품총매입액에서 매입운임을 가산하고 매입에누리와환출 및 매입할인을 차감하여 계산하게 된다.

매출수익을 얻기 위한 판매활동에 소요되는 비용은 판매비로 구분한다. 판매비의 예로는 판매직 사원의 급여, 판매수수료, 판매운반비 등을 들 수 있다. 판매활동에 소요되는 비용 이외에 일반관리활동에 소요된 비용은 관리비로 구분한다. 관리비의 예로는 사무직 사원의 급여, 사무실 임차료, 통신비, 소모품비, 수도광열비 등을 들 수 있다.

판매비와관리비를 포괄손익계산서에 표시할 때에는 별개로 구분하지 않고 판매비와관리비 항목으로 통합하여 표시하고, 매출총이익에서 판매비와관리비를 차감하여 영업이익을 산출하는 형식으로 나타낸다.

영업활동(판매활동과 일반관리활동)에 직접적으로 관련되지 않고 나타나는 기타의 수익과 비용은 영업외수익과 영업외비용으로 표시하며, 영업이익에 영업외수익과 영업외비용을 가감한 후 당기순이익을 산출하게 된다.

자본변동표

㈜성주 — 2×15년 1월 1일부터 2×15년 12월 31일까지 — (단위 : 원)

	자 본 금	이익잉여금	총 계
2×15년 1월 1일	125,000	64,300	189,300
당기순이익		191,075	191,075
2×15년 12월 31일	125,000	255,375	380,375

위의 자본변동표는 자본의 변동내용을 자세히 보여주는 재무제표로서, 당기순이익만큼 재무상태표의 자본 중 이익잉여금이 증가됨을 나타내고 있다.

재무상태표

㈜성주 — 2×15년 12월 31일 현재 — (단위 : 원)

자산		부채	
현 금	70,500	매입채무	51,450
매출채권	74,500	미지급이자	69,500
선급보험료	2,625	미지급금	1,500
상 품	82,450	차 입 금	150,000
토 지	132,750	자본	
건 물	290,000	자 본 금	125,000
		이익잉여금	255,375
자산총계	652,825	부채와자본총계	652,825

상품매매업의 재무상태표는 서비스업의 재무상태표와 비교하여 재고자산이 추가된다는 점을 제외하고는 다른 점이 전혀 없다. 위의 ㈜성주의 재무상태표에서처럼 2×15년 12월 31일 현재 기말상품재고액 ₩82,450이 재무상태표의 자산항목에 포함되었다는 점이 유일한 차이점이다.

예제 5-8 재무제표의 작성

㈜지은의 2×15년 12월 자료는 다음과 같다.

12월 1일 상품재고	26,500	총 매 출 액	400,000
12월 31일 상품재고	25,800	매 출 할 인	8,300
총매입액	289,400	급 여	6,300
매입할인	7,600	임 차 료	8,800
매입에누리와환출	6,300	감가상각비	9,200
매입운임	11,200	이 자 비 용	9,200
운 반 비	15,700	이 자 수 익	4,300
매출에누리와환입	8,700		

1. 2×15년의 (순)매출액을 계산하라.
2. 2×15년의 매출원가를 계산하라.
3. 2×15년의 포괄손익계산서를 작성하라.

| 해설 |

1. 매출액의 계산

총매출액	400,000
매출할인	(8,300)
매출에누리와환입	(8,700)
매출액	383,000

2. 매출원가의 계산

① 당기순매입액의 계산

총매입액	289,400
매입운임	11,200
매입에누리와환출	(6,300)
매입할인	(7,600)
당기상품순매입액	286,700

② 매출원가의 계산

기초상품재고액	26,500
당기상품순매입액	286,700
판매가능상품액	313,200
기말상품재고액	(25,800)
매출원가	287,400

3. 포괄손익계산서의 작성

포괄손익계산서

㈜지은　2×15년 12월 1일부터 2×15년 12월 31일까지　(단위 : 원)

매 출 액			383,000
매출원가	기초상품재고액	26,500	
	당기상품순매입액	286,700	
	판매가능상품액	313,200	
	기말상품재고액	(25,800)	(287,400)
매출총이익			95,600
판매비와관리비	급 여	6,300	
	임차료	8,800	
	감가상각비	9,200	
	운반비	15,700	(40,000)
영업이익			55,600
영업외수익	이자수익		4,300
영업외비용	이자비용		(9,200)
당기순이익			50,700

7. 계정의 마감

상품매매업의 회계순환과정 중 마지막 단계인 계정의 마감절차 역시 서비스업의 경우와 동일하다. 재무상태표계정의 마감은 앞장에서 설명한 내용과 전혀 다를 바가 없고 그 마감절차 역시 간단하기 때문에 설명은 생략하기로 하고 임시계정의 마감절차를 위 ㈜성주의 경우에 적용해 보기로 한다.

■ 1단계 : 수익계정의 마감

㈜성주의 2×15년 12월 31일 현재 수정후시산표의 계정과목 중 수익계정에는 매출계정과 매출할인계정이 있다. 매출계정은 대변에 잔액이 나타나고, 매출할인계정은 매출계정에 대한 차감적 평가계정이므로 차변에 잔액이 나타난다. 이 두 계정 잔액을 0으로 만들기 위하여 다음의 마감분개를 하여야 한다.

(차) 매 출	694,140	(대) 집합손익	694,140
(차) 집합손익	50,000	(대) 매출할인	50,000

■ 2단계 : 비용계정의 마감

2×15년 12월 31일 현재 ㈜성주의 수정후시산표에 나타난 비용계정은 매출원가계정에서부터 매출할인계정까지 모두 8개이다. 이 계정들을 마감하기 위하여 다음의 마감분개를 필요로 한다.

(차) 집합손익	350,890	(대) 매출원가	350,890
(차) 집합손익	12,250	(대) 급 여	12,250
(차) 집합손익	80,250	(대) 수도광열비	80,250
(차) 집합손익	1,875	(대) 보 험 료	1,875
(차) 집합손익	1,000	(대) 소모품비	1,000
(차) 집합손익	5,300	(대) 감가상각비	5,300
(차) 집합손익	1,500	(대) 이자비용	1,500

이상의 마감분개를 하고 나면 포괄손익계산서계정은 모두 마감이 되어 잔액이 0이 되었고 이제 마감되지 않은 임시계정은 집합손익계정과 이익잉여금계정뿐이다. 위 두 단계의 마감분개를 하고 난 후 집합손익계정은 다음과 같이 나타난다.

집 합 손 익

매출할인	50,000	매 출	694,140
매출원가	350,890		
급 여	12,250		
수도광열비	80,250		
보 험 료	1,875		
소모품비	1,000		
감가상각비	5,300		
이자비용	1,500		

■ 3단계 : 집합손익계정의 마감

2단계까지 마감분개를 하고 나면 집합손익계정의 대변합계는 ₩694,140이고, 차변합계는 ₩503,065이며, 수익합계가 비용합계를 초과하는 금액(당기순이익)은 ₩191,075으로서 대변에 나타나게 된다. 이제 집합손익계정을 마감하기 위하여 집합손익계정 차변에

₩191,075을 기입하기 위한 다음의 마감분개를 하여야 한다.

(차) 집합손익	191,075	(대) 이익잉여금	191,075

집합손익계정을 마감하기 위한 마감분개를 전기하고 나면 ㈜성주의 모든 임시계정은 마감이 완료되고 그 결과 이익잉여금계정에는 대변잔액이 ₩255,375이 나타나게 된다. 마지막으로 자산·부채·자본 등의 재무상태표계정에 대한 마감을 해야 하며, 이는 제4장의 '재무상태표계정의 마감' 절차와 동일하므로 설명은 생략한다.

예제 5-9 임시계정의 마감

다음은 ㈜수달의 수정후시산표 중 포괄손익계산서계정을 나타낸 것이다.

수정후시산표(부분)

㈜수달　　2×15년 12월 31일 현재　　(단위 : 원)

차　변	계 정 과 목	대　변
	매　출	150,000
101,000	매 출 원 가	
8,000	급　여	
6,000	임 차 료	
5,000	보 험 료	
7,000	매 출 할 인	

단, 수정후시산표의 이익잉여금 잔액은 ₩30,000이다.
임시계정을 마감하기 위한 마감분개를 하고 해당 계정에 전기하여 각 계정을 마감하라.

| 해설 |

1. 마감분개

1단계 : 수익계정의 마감

①	(차) 매　출	150,000	(대) 집합손익	150,000
②	(차) 집합손익	7,000	(대) 매출할인	7,000

2단계 : 비용계정의 마감

③	(차) 집합손익	101,000	(대) 매출원가	101,000
④	(차) 집합손익	8,000	(대) 급　여	8,000
⑤	(차) 집합손익	6,000	(대) 임 차 료	6,000
⑥	(차) 집합손익	5,000	(대) 보 험 료	5,000

3단계 : 집합손익계정의 마감

⑦ (차) 집합손익 23,000 (대) 이익잉여금 23,000

2. 임시계정의 마감

매 출

① 집합손익	150,000	매출채권	150,000
	150,000		150,000

매출원가

	101,000	③ 집합손익	101,000
	101,000		101,000

급 여

현 금	8,000	④ 집합손익	8,000
	8,000		8,000

임 차 료

현 금	6,000	⑤ 집합손익	6,000
	6,000		6,000

보 험 료

현 금	5,000	⑥ 집합손익	5,000
	5,000		5,000

매출할인

매출채권	7,000	② 집합손익	7,000
	7,000		7,000

집합손익

② 매출할인	7,000	① 매 출	150,000
③ 매출원가	101,000		
④ 급 여	8,000		
⑤ 임 차 료	6,000		
⑥ 보 험 료	5,000		
⑦ 이익잉여금	23,000		
	150,000		150,000

이익잉여금

차기이월	53,000	전기이월	30,000
		⑦ 집합손익	23,000
	53,000		53,000
		전기이월	53,000

EXERCISE

연 | 습 | 문 | 제 <<<

1 현금할인의 회계처리

㈜감명은 ㈜대신에 상품 ₩4,000을 2/10, n/30의 조건으로 외상판매하였다. 다음 각각의 경우 판매자와 구매자의 입장에서 분개를 하라.

1. 상품의 매매시
2. 10일 이내에 대금의 결제가 이루어진 경우
3. 10일 이후에 대금의 결제가 이루어진 경우

2 매출액, 매출원가, 매출총이익

다음 ( ) 속에 알맞은 금액을 구하라.

	사례 1	사례 2	사례 3	사례 4
당기상품총매출액	34,200	(⑤)	39,000	86,500
매출에누리와환입	(①)	1,100	2,400	6,500
당기상품순매출액	31,200	55,200	(⑨)	80,000
기초상품재고액	2,500	10,000	8,600	(⑬)
당기상품총매입액	(②)	42,000	32,500	(⑭)
매입운임	5,000	(⑥)	3,000	6,500
매입에누리와환출	300	1,400	(⑩)	1,500
당기상품순매입액	24,700	(⑦)	34,900	75,000
기말상품재고액	(③)	8,700	(⑪)	6,700
매출원가	22,900	47,500	(⑫)	(⑮)
매출총이익	(④)	(⑧)	5,400	6,400

EXERCISE

③ 상품거래의 분개

다음 거래를 분개하고 관련 계정에 전기하라.

8월 1일	상품 ₩130,000을 구입하고 대금은 전액 외상으로 하다.
8월 3일	8월 1일 구입한 상품에 불량품이 있어서 ₩5,000을 반품하다.
8월 8일	상품을 ₩120,000에 판매하고 대금은 전액 외상으로 하다.
8월 10일	상품 ₩80,000을 현금으로 구입하고 매입운임 ₩4,000을 현금으로 지급하다.
8월 14일	상품을 ₩150,000에 판매하고 어음을 받다.
8월 17일	8월 14일 판매한 상품에 하자가 발생하여 ₩10,000을 감액하여 주고 현금을 지급하다.
8월 20일	상품의 외상매입대금 중 ₩100,000을 결제하다.
8월 24일	상품의 외상매출대금 중 ₩50,000을 회수하다.
8월 28일	8월 14일 상품매출대금으로 수령한 어음을 제시하고 현금을 수령하다.

④ 매출원가의 계산

다음 자료에 의하여 매출원가를 구하라.

	사례 1	사례 2	사례 3	사례 4
기초상품재고액	20,000	4,000	13,500	23,600
당기상품총매입액	200,000	90,000	135,300	600,000
매입운임	10,000	6,000	10,600	38,500
매입에누리와환출	15,000	5,000	9,800	45,100
매입할인	23,000	4,000	12,300	8,400
기말상품재고액	30,000	8,000	30,300	35,700

⑤ 매출액, 매출원가, 매출총이익

다음 각 상황별로 매출액, 매출원가, 매출총이익을 계산하라.

	상황 1	상황 2	상황 3
구입단가	5,000	1,200	14,000
판매단가	6,000	2,000	16,500
기초재고수량	7	2	1
당기매입수량	12	10	?
당기판매수량	?	8	7
기말재고수량	4	?	3

EXERCISE

6 운임의 회계처리

다음 각 상황별로 판매자와 구매자의 입장에서 분개하라.

	인도조건	운임의 발생액	운임의 지급자
상황 1	도착지인도조건	5,000	판매자
상황 2	선적지인도조건	6,000	구매자

7 현금할인의 회계처리

다음 각 상황별로 각각을 구하라

1. 상품매매대금의 결제일에 수수될 현금액을 구하라.
2. 결제일에 판매자와 구매자의 입장에서 각각 분개하라.

	판매일	대금결제일	신용조건	상품의 송장가격
상황 1	1월 1일	1월 10일	1/10, n/30	100,000
상황 2	2월 1일	3월 1일	2/15, n/30	130,000
상황 3	3월 1일	3월 15일	1/15, n/30	200,000
상황 4	4월 1일	4월 30일	2/20, n/30	250,000

8 수정분개

다음은 ㈜명진의 수정전시산표의 일부이다. 매출원가를 계산하기 위한 수정분개를 하고 해당 계정에 전기하라.

기초상품재고액	20,000	매 입 운 임	23,000
기말상품재고액	50,000	매입에누리와환출	17,000
매 입	100,000	매 입 할 인	31,000

EXERCISE

9 상품매매회사의 회계순환과정

다음은 ㈜유명의 수정전시산표이다. 아래 요구사항에 답하라.

수정전시산표

㈜유명　　　2×15년 12월 31일 현재　　　(단위 : 원)

차　변	계정과목	대　변
22,000	현금	
12,000	매출채권	
15,000	대여금	
20,000	상품	
3,000	소모품	
80,000	보증금	
54,000	비품	
	매입채무	49,000
	차입금	38,000
	자본금	80,000
	이익잉여금	43,000
	매출	221,000
187,000	매입	
13,000	매입운임	
	매입에누리와환출	20,000
27,000	급여	
16,000	임차료	
30,000	운반비	
	매입할인	39,000
11,000	매출할인	
490,000	합계	490,000

1. ㈜유명의 2×15년 12월 31일 현재 수정분개의 내용은 다음과 같다. 수정분개를 하고 매출원가를 계산하라.
   ① 대여금의 당기 이자수익은 ₩8,000이다.
   ② 2×15년 12월 31일 현재 소모품 재고액은 ₩1,000이다.
   ③ 차입금에 대한 당기 이자비용은 ₩15,000이다.
   ④ 비품의 당기 감가상각비는 ₩11,000이다.
   ⑤ 2×15년 12월 31일 현재 기말상품재고액은 ₩16,000이다.
2. 수정후시산표를 작성하라.
3. 포괄손익계산서와 재무상태표를 작성하라.
4. 임시계정을 마감하기 위한 마감분개를 하라.

EXERCISE

연습문제 해답

1 현금할인의 회계처리

	판매자㈜감명	구매자㈜대신
1. 상품매매시	(차) 매출채권 4,000 (대) 매　출 4,000	(차) 매　입 4,000 (대) 매입채무 4,000
2. 10일 이내 대금결제시	(차) 현　금 3,920 (대) 매출채권 4,000 매출할인 80* * ₩4,000×2%=₩80	(차) 매입채무 4,000 (대) 현　금 3,920 매입할인 80
3. 10일 이후 대금결제시	(차) 현　금 4,000 (대) 매출채권 4,000	(차) 매입채무 4,000 (대) 현　금 4,000

2 매출액, 매출원가, 매출총이익

계산식	항　목	사례 1	사례 2	사례 3	사례 4
ⓐ	당기상품총매출액	34,200	56,300	39,000	86,500
ⓑ	매출에누리와환입	3,000	1,100	2,400	6,500
ⓒ=ⓐ−ⓑ	당기상품순매출액	31,200	55,200	36,600	80,000
ⓓ	기초상품재고액	2,500	10,000	8,600	5,300
ⓔ	당기상품총매입액	20,000	42,000	32,500	70,000
ⓕ	매 입 운 임	5,000	5,600	3,000	6,500
ⓖ	매입에누리와환출	300	1,400	600	1,500
ⓗ=ⓔ+ⓕ−ⓖ	당기상품순매입액	24,700	46,200	34,900	75,000
ⓘ	기말상품재고액	4,300	8,700	12,300	6,700
ⓙ=ⓓ+ⓗ−ⓘ	매 출 원 가	22,900	47,500	31,200	73,600
ⓚ=ⓒ−ⓙ	매 출 총 이 익	8,300	7,700	5,400	6,400

3 상품거래의 분개

	차변	금액	대변	금액
8/1	(차) 매　입	130,000	(대) 매입채무	130,000
8/3	(차) 매입채무	5,000	(대) 매입에누리와환출	5,000
8/8	(차) 매출채권	120,000	(대) 매　출	120,000
8/10	(차) 매　입	80,000	(대) 현　금	84,000
	매입운임	4,000		
8/14	(차) 매출채권(받을어음)	150,000	(대) 매　출	150,000
8/17	(차) 매출에누리와환입	10,000	(대) 현　금	10,000
8/20	(차) 매입채무	100,000	(대) 현　금	100,000
8/24	(차) 현　금	50,000	(대) 매출채권	50,000
8/28	(차) 현　금	150,000	(대) 매출채권(받을어음)	150,000

EXERCISE

매입운임

차변		대변	
8/10 현금	4,000		

매 입

차변		대변	
8/1 매입채무	130,000		
8/10 현금	80,000		

매입채무

차변		대변	
8/3 매입에누리와환출	5,000	8/1 매입	130,000
8/20 현금	100,000		

매입에누리와환출

차변		대변	
		8/3 매입채무	5,000

매 출

차변		대변	
		8/8 매출채권	120,000
		8/14 매출채권	150,000

매출채권

차변		대변	
8/8 매출	120,000	8/24 현금	50,000
8/14 매출	150,000	8/28 현금	150,000

매출에누리와환입

차변		대변	
8/17 현금	10,000		

현 금

차변		대변	
8/24 매출채권	50,000	8/10 제좌	84,000
8/28 매출채권	150,000	8/17 매출에누리와환입	10,000
		8/20 매입채무	100,000

4 매출원가의 계산

기초상품재고액	20,000	4,000	13,500	23,600
당기상품순매입액	172,000	87,000	123,800	585,000
판매가능상품액	192,000	91,000	137,300	608,600
기말상품재고액	(30,000)	(8,000)	(30,300)	(35,700)
매 출 원 가	162,000	83,000	107,000	572,900

* 당기순매입액 = 당기총매입액 + 매입운임 − 매입에누리와환출 − 매입할인

5 매출액, 매출원가, 매출총이익

	상황 1	상황 2	상황 3
매출액(판매수량×판매단가)	90,000	16,000	115,500
매출원가(판매수량×구입단가)	(75,000)	(9,600)	(98,000)
매출총이익(매출액−매출원가)	15,000	6,400	17,500

EXERCISE

6 운임의 회계처리

	판매자	구매자
상황 1	(차) 운반비 5,000 (대) 현 금 5,000	분개 없음
상황 2	분개 없음	(차) 매입운임 6,000 (대) 현 금 6,000

7 현금할인의 회계처리

1. 결제일에 수수될 현금액의 계산

	현금할인 여부의 결정	수수될 현금액
상황 1	할인기간 내 결제로 현금할인 발생	₩100,000×99%=₩99,000
상황 2	할인기간 후 결제로 현금할인 발생 안 함	₩130,000×100%=₩130,000
상황 3	할인기간 내 결제로 현금할인 발생	₩200,000×99%=₩198,000
상황 4	할인기간 후 결제로 현금할인 발생 안 함	₩250,000×100%=₩250,000

2. 분 개

	판매자				구매자			
상황 1	(차) 현 금	99,000	(대) 매출채권	100,000	(차) 매입채무	100,000	(대) 현 금	99,000
	매출할인	1,000					매입할인	1,000
상황 2	(차) 현 금	130,000	(대) 매출채권	130,000	(차) 매입채무	130,000	(대) 현 금	130,000
상황 3	(차) 현 금	198,000	(대) 매출채권	200,000	(차) 매입채무	200,000	(대) 현 금	198,000
	매출할인	2,000					매입할인	2,000
상황 4	(차) 현 금	250,000	(대) 매출채권	250,000	(차) 매입채무	250,000	(대) 현 금	250,000

8 수정분개

제1단계 : 기말상품재고액을 상품계정 잔액으로 계상

①	(차) 매출원가	20,000	(대) 상 품	20,000
②	(차) 상 품	50,000	(대) 매출원가	50,000

제2단계 : 매입과 관련된 임시계정을 마감하여 매출원가 계정으로 대체

③	(차) 매출원가	100,000	(대) 매 입	100,000
④	(차) 매출원가	23,000	(대) 매입운임	23,000
⑤	(차) 매입에누리와환출	17,000	(대) 매출원가	17,000
⑥	(차) 매입할인	31,000	(대) 매출원가	31,000

상 품

차변		대변	
전기이월	20,000	① 매출원가	20,000
② 매출원가	50,000		

매 입

차변		대변	
매입채무	100,000	③ 매출원가	100,000
	100,000		100,000

매입운임

차변		대변	
현금	23,000	④ 매출원가	23,000
	23,000		23,000

매입에누리와환출

차변		대변	
⑤ 매출원가	17,000	매입채무	17,000
	17,000		17,000

매출원가

차변		대변	
① 상품	20,000	② 상품	50,000
③ 매입	100,000	⑤ 매입에누리와환출	17,000
④ 매입운임	23,000	⑥ 매입할인	31,000

매입할인

차변		대변	
⑥ 매출원가	31,000	매입채무	31,000
	31,000		31,000

⑨ 상품매매회사의 회계순환과정

1. 수정분개

	차변	금액	대변	금액
①	(차) 미수이자	8,000	(대) 이자수익	8,000
②	(차) 소모품비	2,000	(대) 소 모 품	2,000
③	(차) 이자비용	15,000	(대) 미지급이자	15,000
④	(차) 감가상각비	11,000	(대) 비 품	11,000
⑤	(차) 매출원가	20,000	(대) 상 품	20,000
	(차) 상 품	16,000	(대) 매출원가	16,000
	(차) 매출원가	187,000	(대) 매 입	187,000
	(차) 매출원가	13,000	(대) 매입운임	13,000
	(차) 매입에누리와환출	20,000	(대) 매출원가	20,000
	(차) 매입할인	39,000	(대) 매출원가	39,000

매출원가

차변		대변	
상 품(기초)	20,000	상 품(기말)	16,000
매 입	187,000	매입에누리와환출	20,000
매입운임	13,000	매입할인	39,000

매출원가는 ₩145,000이다.

EXERCISE

2. 수정후시산표의 작성

수정후시산표

㈜유명 2×15년 12월 31일 현재 (단위 : 원)

차 변	계 정 과 목	대 변
22,000	현 금	
12,000	매 출 채 권	
15,000	대 여 금	
8,000	미 수 이 자	
16,000	상 품	
1,000	소 모 품	
80,000	보 증 금	
43,000	비 품	
	매 입 채 무	49,000
	차 입 금	38,000
	미 지 급 이 자	15,000
	자 본 금	80,000
	이 익 잉 여 금	43,000
	매 출	221,000
145,000	매 출 원 가	
27,000	급 여	
11,000	감 가 상 각 비	
16,000	임 차 료	
30,000	운 반 비	
2,000	소 모 품 비	
	이 자 수 익	8,000
15,000	이 자 비 용	
11,000	매 출 할 인	
454,000	합 계	454,000

EXERCISE

3. 재무제표의 작성

포괄손익계산서

㈜유명 2×15년 1월 1일부터 2×15년 12월 31일까지 (단위 : 원)

매출액			210,000
매출원가			
	기초상품재고액	20,000	
	당기상품순매입액	141,000	
	판매가능상품액	161,000	
	기말상품재고액	(16,000)	(145,000)
매출총이익			65,000
판매비와관리비			
	급여	27,000	
	감가상각비	11,000	
	임차료	16,000	
	운반비	30,000	
	소모품비	2,000	(86,000)
영업이익(손실)			(21,000)
영업외수익	이자수익		8,000
영업외비용	이자비용		(15,000)
당기순이익(손실)			(28,000)

재무상태표

㈜유명 2×15년 12월 31일 현재 (단위 : 원)

자산		부채	
현금	22,000	매입채무	49,000
매출채권	12,000	차입금	38,000
대여금	15,000	미지급이자	15,000
미수이자	8,000	자본	
상품	16,000	자본금	80,000
소모품	1,000	이익잉여금	15,000
보증금	80,000		
비품	43,000		
자산총계	197,000	부채와자본총계	197,000

EXERCISE

4. 임시계정의 마감

1단계 : 수익계정의 마감

(차) 매 출	221,000	(대) 집합손익	221,000
(차) 이자수익	8,000	(대) 집합손익	8,000
(차) 집합손익	11,000	(대) 매출할인	11,000

2단계 : 비용계정의 마감

(차) 집합손익	145,000	(대) 매출원가	145,000
(차) 집합손익	27,000	(대) 급 여	27,000
(차) 집합손익	11,000	(대) 감가상각비	11,000
(차) 집합손익	16,000	(대) 임 차 료	16,000
(차) 집합손익	30,000	(대) 운 반 비	30,000
(차) 집합손익	2,000	(대) 소모품비	2,000
(차) 집합손익	15,000	(대) 이자비용	15,000

3단계 : 집합손익계정의 마감

(차) 이익잉여금	28,000	(대) 집합손익	28,000

Accounting Principles

Chapter 6 재고자산

1. 재고자산이란?
2. 재고자산과 매출원가의 관계
3. 기말재고자산과 당기순이익의 관계
4. 기말재고자산의 금액결정
5. 기말재고자산의 수량결정
6. 기말재고자산의 단가결정
7. 기말재고자산의 평가 : 저가법
8. 종합사례

Chapter 06 재고자산

Accounting Principles

1. 재고자산이란?

재고자산은 정상적인 영업과정에서 판매를 위하여 보유중인 자산, 생산중인 자산, 생산이나 용역제공에 사용될 원재료나 소모품의 형태로 존재하는 자산을 말한다. 재고자산은 궁극적으로 모두 판매를 목적으로 하고 있으나 이는 그 완성도에 따라 완성된 자산과 가공 또는 생산중인 자산 그리고 판매할 자산을 생산하기 위하여 소비될 자산의 형태로 존재할 수 있다. 따라서 재고자산은 다음과 같이 분류할 수 있다.

상　품: 기업의 정상적인 영업활동과정에서 판매를 위해 보유하는 재고자산으로 추가적인 가공 처리 없이 판매할 수 있도록 외부에서 구입하여 보유하고 있는 자산
제　품: 판매를 목적으로 제조한 생산품, 부산물 등의 재고자산
재공품: 제품의 제조를 위하여 제조과정에 있는 재고자산
원재료: 제품으로 가공처리할 목적으로 구매한 것으로 생산에 투입되면 재공품의 형태를 거처 제품이 된다. 원료, 재료, 매입부분품 등의 재고자산

재고자산의 종류는 업종에 따라 다르다. 상품매매업의 재고자산은 상품, 제조업의 재고자산에는 원재료, 재공품, 제품 등이 있다. 재고자산은 판매를 목적으로 보유하는 자산이므로 영업에 사용할 목적인 자산은 유형자산, 임대 또는 투자목적의 자산은 투자자산으로 분류한다.

2. 재고자산과 매출원가의 관계

재고자산과 매출원가의 관계를 이해하기 위하여 다음의 경우를 예로 들어보자. 의약품 도매업을 하고 있는 ㈜정민은 2×15년 1월 1일 다음과 같은 상품을 보유하고 있었다.

감기약	1개	@₩100	₩100

2×15년도 중 ㈜정민은 의약품 제조업체인 ㈜채영으로부터 다음의 상품을 구입하였다.

해열제	1개	@₩200	₩200
두통약	1개	@₩300	₩300

㈜정민이 2×15년 중에 판매할 수 있는 상품은 기초에 재고자산으로 보유하고 있던 감기약 1개와 당기 중에 구입한 해열제 1개 및 두통약 1개 뿐이다. 회계학에서는 당기 중에 판매할 수 있는 상품을 판매가능상품(available for sale)이라고 하며 금액으로 표시된 판매가능상품을 판매가능상품액이라고 한다. 이 경우 판매가능상품액은 기초재고자산 ₩100에 당기 중에 구입한 상품 금액 ₩500을 합하여 ₩600으로 계산된다.

2×15년 중에 ㈜정민은 해열제 1개를 ₩350에 판매하였다고 하면 기말인 2×15년 12월 31일에는 다음의 재고자산을 보유하게 된다.

감기약	1개	@₩100	₩100
두통약	1개	@₩300	₩300

판매한 해열제의 원가(₩200)가 매출원가이고, 판매되지 않고 남아 있는 감기약과 두통약의 구입원가(₩400)가 기말상품재고액이 된다.

이상의 예에서 살펴보면 판매한 상품의 구입원가인 매출원가는 다음과 같이 판매가능상품액에서 기말상품재고액을 차감하여 산출된다.

기초상품재고액	100
당기상품매입액	500
판매가능상품액	600
기말상품재고액	(400)
매 출 원 가	200

이 흐름을 재고자산계정에 표시하면 다음과 같다.

재고자산

기초상품재고액	100	매 출 원 가	200
당기상품매입액	500	기말상품재고액	400
판매가능상품액	600	판매가능상품액	600

기초상품재고액(₩100)과 당기상품매입액(₩500)의 합은 매출원가(₩200)와 기말상품재고액(₩400)과 일치함을 알 수 있다.

이상의 사실들을 종합하여 보면 우리는 다음과 같은 매우 중요한 논리를 파악할 수 있게 된다. 즉, 기초상품재고액과 당기상품매입액이 일정한 상태에서 기말상품재고액이 증가하면 매출원가는 감소하고, 기말상품재고액이 감소하면 매출원가는 증가한다. 기말상품재고액의 결정이 매출원가의 결정에 직접적인 영향을 미치고 결국 당기순이익의 결정에도 직접적인 영향을 미친다는 사실은 앞으로도 계속 반복하여 언급되겠지만 재고자산회계에서는 잊어서는 안 될 중요한 개념이다.

그림 6-1 기말재고자산과 매출원가의 관계

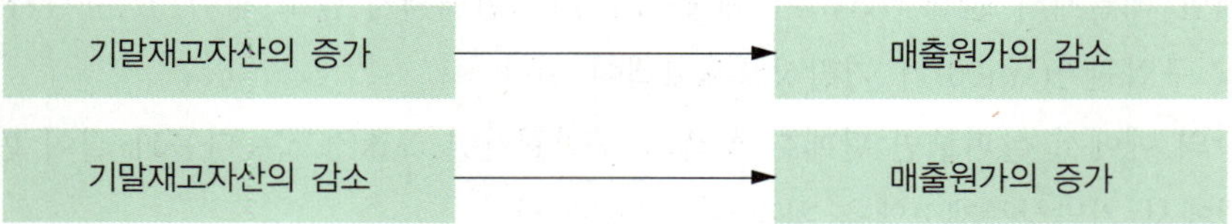

3. 기말재고자산과 당기순이익의 관계

2×15년도에 의류판매업을 개시한 ㈜동아는 직원들의 노력에도 불구하고 다음과 같은 영업성과를 거두었다.

포괄손익계산서

2×15년 1월 1일부터
2×15년 12월 31일까지

㈜동아			(단위 : 원)
매 출 액			300,000
매 출 원 가			
	기초상품재고액	0	
	당기상품매입액	250,000	
	판매가능상품액	250,000	
	기말상품재고액	(10,000)	(240,000)
매출총이익			60,000
제 비 용			(100,000)
당기순이익(손실)			(40,000)

㈜동아의 경리부 김 부장은 결산을 마친 후 위의 포괄손익계산서를 작성하여 사장에게 보고하자 사장은 결손으로 표시된 포괄손익계산서를 가지고는 금융기관에서 대출이 불가능하다고 말하고 흑자 포괄손익계산서를 마련해 올 것을 지시하였다. 이에 고민하던 김 부장은 기말상품재고액과 매출원가의 관계를 생각하고는 기말상품재고액을 ₩10,000에서 ₩60,000으로 임의로 조정한 후 포괄손익계산서를 작성하였더니 다음과 같은 결과가 산출되었다.

포괄손익계산서

2×15년 1월 1일부터
2×15년 12월 31일까지

㈜동아			(단위 : 원)
매 출 액			300,000
매 출 원 가			
	기초상품재고액	0	
	당기상품매입액	250,000	
	판매가능상품액	250,000	
	기말상품재고액	(60,000)	190,000
매출총이익			110,000
제 비 용			(100,000)
당기순이익(손실)			10,000

이 포괄손익계산서를 사장에게 보고하자 회계를 전혀 모르는 사장은 김 부장에게 칭찬과 더불어 두둑한 보너스를 제공하였다. 여기서 회계를 공부하는 학생의 입장에서 다음의 사실을 주목하여야 한다. 즉, 기말상품재고액의 변화는 당기순이익의 변화와 일치한다는 사실이다. ㈜동아의 경우 기말상품재고액이 ₩50,000 과대계상되자 당기순손실 ₩40,000에서 당기순이익 ₩10,000으로 ₩50,000 증가하게 되었다. 이와 같은 경우는 의도적으로 조작한 경우로서 분식회계에 해당된다.

그림 6-2 기말재고액의 변화와 당기순이익의 변화

기말재고자산의 증가	매출원가의 감소	당기순이익의 증가
기말재고자산의 감소	매출원가의 증가	당기순이익의 감소

㈜동아는 2×16년도에도 영업을 계속하여 전년도와 동일한 실적으로 달성하였다. 2×16년도의 매출액은 ₩300,000, 당기상품매입액은 ₩250,000, 기말상품재고액은 ₩100,000이라고 가정하자.

재고자산과 당기순이익의 관계를 2개년도에 걸쳐서 분석하면 다음과 같다.

	실제의 경우(단위 : 천 원)				오류의 경우(단위 : 천 원)			
	2×15년		2×16년		2×15년		2×16년	
매 출 액		300		300		300		300
매출원가								
기초재고	0		10		0		60	
당기매입	250		250		250		250	
기말재고	(10)	(240)	(10)	(250)	(60)	(190)	(10)	(300)
매출총이익		60		50		110		0
제 비 용		(100)		(100)		(100)		(100)
당기순이익(손실)		(40)		(50)		10		(100)
당기순이익의 과대(과소)계상액						50		(50)

2×15년 기말상품재고액을 ₩50,000 과대계상함으로 인하여 2×15년도 당기순이익은 ₩50,000 과대계상되고, 2×16년 당기순이익은 ₩50,000 과소계상되는 결과를 초래하였다. 이 두 회계연도를 통합하여 보면 재고자산의 과대계상으로 인한 포괄손익계산서의 효과는 두 회계연도에 서로 반대방향으로 영향을 미쳐 오류의 효과가 자동으로 조정되

며, 2×16년도 말 재고자산과 이익잉여금 잔액은 정확한 금액으로 표시되게 된다. 이처럼 1차연도의 순이익에 반영된 오류가 2차연도의 순이익에 반대방향으로 영향을 미쳐 오류의 효과가 서로 상쇄되는 오류를 자동상계오류라고 한다.

이러한 자동상계오류를 회계연도가 경과하면 오류로 인한 효과가 자동적으로 조정된다고 하여 중요하지 않다고 생각할 수 있는가? 일반적으로 재무제표를 이용하는 이용자(투자자, 채권자, 경영자 등)가 가장 중요시하는 재무제표 수치는 포괄손익계산서의 당기순이익이다. 재무제표 이용자가 의사결정을 할 때 기간별 성과를 매우 중요시하여, 매기간별 당기순이익에 대한 정보를 의사결정에 이용하는 경우가 대부분이다. 자동상계오류는 다음 기말시점에 정확하게 자동적으로 조정된다고 하더라도 기간별 당기순이익에 커다란 영향을 미치게 되므로, 회계정보를 이용하는 정보이용자들의 합리적인 의사결정에 도움을 주기 위해서 회계담당자들은 정확한 포괄손익계산서를 작성하도록 노력해야 할 것이다.

4. 기말재고자산의 금액결정

재무제표에 계상될 기말재고자산의 금액을 결정하기 위해서는 ① 기말재고자산의 수량을 우선 결정하고, ② 재고자산의 단가를 결정하여야 한다. 기말재고자산의 수량을 결정하는 방법은 실지재고조사법과 계속기록법으로 나누어지며, 기말재고자산의 단가를 결정하는 방법에는 실물흐름과 원가흐름이 일치하는 개별법, 원가흐름을 가정하여 단가를 결정하는 선입선출법과 평균법으로 구분된다. 기말재고자산의 수량을 실지재고조사법 방식으로 파악하는 경우 기말에 재고실사를 통해 파악된 미판매수량에 재고자산의 단가를 곱하여 기말재고액을 산출한다.

이에 반하여 기말재고자산의 수량을 계속기록법 방식으로 파악한다면 판매가능수량에서 재고자산수불부에서 파악된 당기판매수량을 차감하여 기말재고수량을 구하고 여기에 재고자산의 단가를 곱하여 기말재고액을 산출한다.

5. 기말재고자산의 수량결정

기말재고자산의 수량을 결정하는 방법으로는 실지재고조사법(periodic inventory system)과 계속기록법(perpetual inventory system)이 있다. 실지재고조사법은 회계기말에 회사가 재고창고와 진열대의 실지조사를 통하여 재고수량을 파악하는 방법이다. 이렇게 계산된 기말재고수량에 재고단가를 곱하여 기말재고액을 산출한 후 이를 판매가능액에서 차감하여 매출원가를 계산하게 된다. 실지재고조사법에서는 기중에 상품을 매입할 때 매입계정에 기록하고, 상품을 판매할 때는 매출계정에 기록한다. 상품 판매시에는 매출원가를 산출하지 않기 때문에 매출원가계정을 사용하지 않는다.

계속기록법은 기중에 상품을 매입 혹은 판매할 때마다 재고자산수불부에 그 변동내용을 기록하기 때문에 기중 어느 시점에서든지 재고자산의 수량, 단가, 금액 및 매출원가를 재고자산수불부에서 파악할 수 있는 방법이다. 상품의 매입과 판매내역을 경우 상품계정에 기록하며 판매할 때마다 매출원가를 산출하여 매출원가계정에 기록된다.

(1) 실지재고조사법

실지재고조사법을 사용하면 기중 상품의 입·출고가 발생할 때마다 상품계정에 기록하지 않고, 기말에 실지조사로 기말재고수량을 파악하여 기말재고액을 계산한다. 매출원가는 판매가능액에서 기말재고액을 차감하여 산출하므로 그 적용이 매우 간편하다는 장점이 있다. 실지재고조사법에서의 매출원가 산출을 위한 계산식은 다음과 같다.

첫째, 기말실사를 통해 기말실지재고수량을 파악한 후 구입단가를 곱하여 기말재고액을 산출한다.

> 판매수량 = 판매가능수량(기초재고수량 + 당기매입수량) − 기말실지재고수량
> 기말재고액 = 기말재고수량(실사) × 구입단가

둘째, 판매가능액에서 기말재고액을 차감하여 매출원가를 계산한다.

> 매출원가 = 기초재고액 + 당기매입액 − 기말재고액

㈜동아의 예를 통하여 실지재고조사법에서의 회계처리를 살펴보자. 2×15년 1년 동안의 ㈜동아 재고자산변동 내역은 다음과 같다.

구 분	수 량	단 가	금 액
기초상품	50	100	5,000
당기매입(외상매입)	250	100	25,000
당기매출(판매가격)	200	250	50,000
기말재고(실사수량)	100	100	10,000

당기 중 상품의 매입과 매출이 일어났을 때의 분개는 다음과 같다.

〈상품의 매입시〉

(차) 매 입	25,000	(대) 매입채무	25,000

이때 전술한 바와 같이 상품의 매입을 상품계정에 기록하지 않는 이유는 실지재고조사법에서는 기중에 일어난 상품의 입·출고를 별도로 기록·관리하지 않고, 매출원가를 계산하기 위하여 당기상품총매입액만이 필요하기 때문이다. 당기상품총매입액은 매입계정에 임시로 기록되었다가 기말 수정분개를 통하여 매출원가계정으로 대체된다.

〈상품의 매출시〉

(차) 매출채권	50,000	(대) 매 출	50,000

실지재고조사법에서는 상품의 매출이 일어난 시점에서 매출된 상품의 원가를 알 수 없기 때문에 매출원가를 계상하는 분개를 할 수 없고 기말에 1년 동안의 매출원가를 총액으로 인식하는 수정분개를 하게 된다.

기중의 거래를 계정에 전기하면 그 결과는 다음과 같을 것이다.

상 품	
전기이월 5,000	

매 입	
매입채무 25,000	

기중에 일어난 거래를 모두 전기한 후에는 기말에 직접 실사를 통하여 기말재고자산의 수량을 파악하여야 한다. 위의 예에서는 12월 31일 실사한 수량은 100개이며 이의 구입단가는 기초재고분이나 당기매입분 모두 단위당 ₩100이었다. 결국 기말재고액은 ₩10,000으로 결정될 것이다. 기말재고액이 결정되고 나면 매출원가를 계산하여야 하며, 이를 장부에 반영하기 위하여 기말수정분개를 하여야 하는데 매출원가의 계산방법과 수정분개의 원리는 아래와 같다.

매출원가 = 기초재고액 + 당기매입액 − 기말재고액
= ₩5,000 + ₩25,000 − ₩10,000
= ₩20,000

〈기말수정분개〉

① 상품계정에 표시되어 있는 기초재고액을 기말재고액으로 표시하여야 한다.

이를 위해서 두 가지의 분개를 하여야 하는데 우선 상품계정에 표시되어 있는 기초재고액을 없애고 난 후, 실사를 통해 파악한 기말재고액을 상품계정에 기입하는 분개를 하여야 한다. 분개의 내용 및 전기결과는 다음과 같다.

	차변	금액	대변	금액
①−1	(차) 매출원가	5,000	(대) 상　품	5,000
①−2	(차) 상　품	10,000	(대) 매출원가	10,000

상 품

차변	금액	대변	금액
전기이월	5,000	①−1 매출원가	5,000
①−2 매출원가	10,000		

매 입

차변	금액	대변	금액
매입채무	25,000		

매출원가

차변	금액	대변	금액
①−1 상품	5,000	①−2 상품	10,000

이제 상품계정을 보면 상품계정에는 기말재고액이 ₩10,000으로 기록되었으므로 더 이상 상품계정에 대한 수정분개는 필요 없게 되었다. 이제 임시계정인 매입계정의 잔액을 0으로 만들고 매출원가계정 금액을 앞에서 계산한 ₩20,000으로 계상하기 위한 수정분개가 필요하다.

② 매입계정 잔액을 0으로 하고 매출원가계정에 매출원가를 표시하여야 한다.

매입계정 차변잔액을 없애주기 위하여 매입계정 대변에 차변잔액과 동일한 금액을 기입하고 매출원가계정을 매출원가금액으로 조정하기 위하여 매출원가계정 차변에 동 금액을 기입하는 다음의 수정분개를 하여야 한다.

② (차) 매출원가 25,000 (대) 매 입 25,000

상 품

전기이월	5,000	①−1 매출원가	5,000
①−2 매출원가	10,000		

매 입

매입채무	25,000	② 매출원가	25,000

매출원가

①−1 상품	5,000	①−2 상품	10,000
② 매입	25,000		

분개 ②를 통하여 매입계정이 마감됨과 동시에 매출원가계정은 차변에 ₩20,000의 잔액이 생기게 되는데, 이 금액이 위에서 산식으로 계산된 매출원가이다.

(2) 계속기록법

계속기록법이란 재고자산의 입·출고시점마다 구입수량, 단가 및 금액에 대한 기록을 상품계정에 계속적으로 기록하여 관리하는 방법이다. 이 방법을 쓰면 어느 시점에서든지 재고자산의 수량과 금액을 파악할 수 있는 장점이 있는 반면에 기록유지가 복잡하고 번거로우며, 장부에 기록되어 있는 수량과 실제 창고에 보관되어 있는 수량의 차이가 발생할 가능성이 있다는 단점이 있다.

일반적으로 계속기록법을 사용하는 회사는 재고자산의 수량, 단가 및 금액을 재고자산계정에서 직접 관리하지 않고 재고자산수불부라는 보조부를 이용하여 그 기록을 유지하게 된다. 일반적으로 사용하는 재고자산수불부의 양식은 다음과 같다.

재고자산수불부

일자	적요	입고			출고			잔고		
		수량	단가	금액	수량	단가	금액	수량	단가	금액
기초	전기이월							50	100	5,000

위의 예를 이용하여 계속기록법에서의 분개와 상품계정 및 매출원가계정의 변화를 살펴보도록 하자. 우선 상품의 매입이 일어났을 때 매입한 내용을 재고자산수불부에 기록하고 그 금액을 실지재고조사법과는 달리 상품계정 차변에 기록하게 된다.

〈재고자산수불부 기입시〉

일자	적요	입고			출고			잔고		
		수량	단가	금액	수량	단가	금액	수량	단가	금액
기초	전기이월							50	100	5,000
	×거래처에서 매입	250	100	25,000				300	100	30,000

〈상품의 매입시〉

① (차) 상 품	25,000	(대) 매입채무	25,000

매출이 ₩50,000 발생하였다면 우선 그 내용을 재고자산수불부에 기록하고 수불부의 금액을 이용하여 회계처리를 하게 된다. 이때 주의하여야 할 점은 수불부에서 판매된 재고자산의 매출원가가 계산되므로 매출수익을 인식하는 분개를 하고 난 후에는 매출원가를 인식하는 분개도 반드시 하여야 한다.

〈재고자산수불부 기입시〉

일자	적요	입고			출고			잔고		
		수량	단가	금액	수량	단가	금액	수량	단가	금액
기초	전기이월							50	100	5,000
	×거래처에서 매입	250	100	25,000				300	100	30,000
	××거래처에 매출				200	100	20,000	100	100	10,000

재고자산수불부상의 출고란의 금액이 바로 매출원가 ₩20,000이다.

〈상품의 매출시〉

(차) 매출채권	50,000	(대) 매 출	50,000
② (차) 매출원가	20,000	(대) 상 품	20,000

이상의 거래를 계정에 전기하면 그 결과는 다음과 같다.

상 품

전기이월	5,000	② 매출원가	20,000
① 매입채무	25,000		

매출원가

② 상품	20,000		

잔고란의 최종금액이 바로 기말재고액인 ₩10,000이다. 이상의 분개를 완료하고 나면 상품계정의 잔액은 기말재고액인 ₩10,000으로 기록되어 있고 매출원가계정 잔액도 당기의 매출원가인 ₩20,000으로 기록되어 있으므로 별도의 수정분개는 필요 없게 된다.

이 방법은 우선 당기매입수량과 당기판매수량을 재고자산수불부에 계속 기록함으로써 장부상 기말재고수량을 다음과 같이 구한다.

> 기말재고수량 = 기초재고수량 + 당기매입수량 − 당기판매수량

위 식에 단위원가를 곱하여 아래 금액들을 구한다.

> 기말장부재고액 = 기초재고액 + 당기매입액 − 매출원가

표 6-1 | 실지재고조사법과 계속기록법의 비교

	실지재고조사법	계속기록법
기말재고 수량의 결정	기말재고자산 실사를 통하여 산출	재고자산 수불부의 기록에 의하여 산출
매출원가와 기말재고 자산의 결정	매출원가 = 기초재고액 + 당기매입액 − 기말재고액	기말재고액 = 기초재고액 + 당기매입액 − 매출원가
장 점	재고자산에 대한 출고관리를 하지 않기 때문에 간편하다.	재고자산의 수량을 언제든지 파악할 수 있고 실지재고조사법과 병행하면 재고자산감모손실의 금액을 파악할 수 있다.
단 점	기중에 실사를 하지 않고서는 재고자산의 수량과 금액을 파악할 수 없고, 실사에 포함되지 않은 부분은 당기 중에 모두 판매된 것으로 가정하므로 재고자산감모손실부분이 매출원가에 포함된다.	재고자산의 입·출고 내역을 기록·유지하는 것이 매우 번거롭다.

회계처리	매입시 : (차) 매　　입 ×× (대) 매입채무 ×× 매출시 : (차) 매출채권 ×× (대) 매　　출 ×× 기말수정분개 : ① (차) 매출원가 ×× (대) 상　　품 ×× ② (차) 상　　품 ×× (대) 매출원가 ×× ③ (차) 매출원가 ×× (대) 매　　입 ×× ※ 참고 ①은 기초재고액 ②는 기말재고액	매입시 : (차) 상　　품 ×× (대) 매입채무 ×× 매출시 : (차) 매출채권 ×× (대) 매　　출 ×× (차) 매출원가 ×× (대) 상　　품 ×× 기말수정분개 : 분개 없음

(3) 실지재고조사법과 계속기록법의 병행

위에서 살펴본 것처럼 실지재고조사법과 계속기록법은 각각 단점을 가지고 있기 때문에 양자를 병행하여 사용하게 되면 각각의 단점을 보완할 수 있다. 양 방법을 병행하여 사용하게 되면 정확한 기중의 판매수량, 기말의 재고수량, 기중의 감모수량을 파악할 수 있고 회계기간 중에 도난 · 분실 · 마모 등으로 인하여 감모된 재고자산의 수량을 다음의 산식에 의하여 파악할 수 있다.

> 기중의 감모수량 = 계속기록법에 의한 기말재고수량(장부상의 수량)
> － 실지재고조사법에 의한 기말재고수량(실제 기말재고수량)

실무에서는 컴퓨터시스템(판매시점관리시스템, POS system; Point Of Sales system)을 활용한 재고관리가 널리 활용되고 있기 때문에 다량의 품목을 빈번하게 판매한다 하더라도 상품의 입 · 출고관리가 용이하다. 따라서 기중의 상품매매거래는 계속기록법을 적용하고 실지재고조사법에 의한 실사수량을 파악하여 기중의 장부상 기말 재고수량과 실사에 의한 기말 재고수량을 비교하는 것이 효과적이다.

6. 기말재고자산의 단가결정

지금까지는 재고자산의 구입단가가 일정한 경우의 예를 살펴보았다. 그러나 재고자산의 취득시기에 따라 재고자산의 구입단가가 계속하여 변동하는 경우 판매시마다 판매된 상품의 단가를 결정해야 한다. 이와 같이 재고자산의 단가결정은 상품을 매입할 때마다 구입단가가 다른 경우 판매된 상품의 단가와 판매되지 않고 남아 있는 상품의 단가를 결정하는 문제이다.

판매시에 판매되는 상품의 구입단가를 정확하게 식별할 수 있다면 판매된 상품의 단가를 쉽게 구할 수 있겠지만(개별법) 상품의 종류가 다양하고 상품매매가 빈번하다면 판매할 때마다 구입원가를 정확하게 파악하는 것은 거의 불가능하다.

판매시에 언제 구입한 상품이 팔렸는지 정확하게 식별하는 것이 어렵거나 식별을 위한 비용이 크기 때문에 원가의 흐름에 일정한 가정을 적용하여 선입선출법 혹은 평균법의 방법으로 단가를 결정하게 된다.

앞서 언급한 단가결정방법을 이해하기 위하여 다음의 예를 공통적으로 사용하기로 한다.

표 6-2 | ㈜동아의 재고자산 변동

구 분	수 량	단 가	금 액
기초재고 : 1/1	30	10(구입단가)	300
매 입 : 4/1	20	11(구입단가)	220
8/1	60	12(구입단가)	720
11/1	30	13(구입단가)	390
판 매 : 6/1	40	18(판매단가)	720
10/1	60	20(판매단가)	1,200
기말재고 : 12/31	40		?

(1) 개별법

개별법(specific identification method)은 재고자산 하나하나를 개별적으로 식별하여 구입단가별로 재고자산의 단가를 결정하는 방법이다. 개별법을 이용하기 위해서는 재고자산의 구입시마다 매입상품에 가격표(price tag)를 붙여서 판매시에 판매한 상품의 구입원가(매출원가)와 기말재고액을 결정하는 방법이다.

㈜동아의 기중 상품변동내역이 다음 표와 같이 파악되었다고 할 경우 기말재고액과 매출원가는 다음 표와 같이 산출된다.

구분	수량	단가	6/1 판매			10/1 판매			기말재고		
			수량	단가	금액	수량	단가	금액	수량	단가	금액
기초재고 : 1/1	30	10	20	10	200	5	10	50	5	10	50
매 입 : 4/1	20	11	20	11	220						
8/1	60	12				55	12	660	5	12	60
11/1	30	13							30	13	390
합 계	140		40		420	60		710	40		500

매출원가 (420 + 710) / 기말재고 (500)

결국 ㈜동아의 당기 매출원가는 6월 1일 판매분 매출원가 ₩420과 10월 1일 판매분 매출원가 ₩710을 합하여 ₩1,130으로 결정되고, 12월 31일 기말재고액은 ₩500으로 결정된다. 이러한 개별법은 재고자산의 단가결정방법 중에서 가장 정확한 방법이지만, 개별법의 특성상 거래의 빈도수가 많고 수량이 많은 경우에는 사용하기가 매우 곤란하다는 단점을 가지고 있다. 다라서 골동품, 미술작품 또는 귀금속 등 고가품의 거래에 사용하는 경우가 일반적이다. 개별법은 각기 다른 매입단가의 정확한 파악과 계속적인 기록을 전제로 한 것이므로 계속기록법의 한 형태이다.

(2) 원가흐름의 가정에 의한 방법

1) 선입선출법

선입선출법(FIFO : first-in-first-out)은 먼저 구입된 상품이 먼저 판매된다고 가정하는 방법이다. 이런 가정을 근거로 하여 단가를 산정하게 되면 판매된 상품의 구입단가는 매입된 상품의 취득단가를 구입순서대로 반영하게 되어 기말의 평가시점에서는 가장 나중에 매입된 재고자산의 구입단가가 기말재고자산의 단가를 구성하게 된다. 이 방법은 실제 상품의 물량흐름이 선입선출원칙을 따르는 식료품 등의 경우에 적용되는 것이 합리적일 것이다. 상품의 단가는 선입선출법을 적용하고 수량의 조사는 실지재고조사법 혹은 계속기록법을 적용하는 경우의 기말재고자산과 매출원가를 계산해 보자.

① 실지재고조사법

실지재고조사법을 적용하여 기말재고액과 매출원가를 구하는 경우 순서상 기말재고액부터 구하게 된다. 실지재고조사법을 통하여 파악할 수 있는 수량은 판매수량이 아닌 기말 실사를 통하여 얻는 미판매수량이기 때문이다. 실사의 방법으로 실지재고수량을 조사한 후 선입선출법을 적용한 단가를 곱하여 기말재고액을 산출한다. 여기서 주의할 점은 선입선출법은 판매가 매입순서대로 이루어진다는 가정이기 때문에 기말 미판매수량은 선입선출법의 논리와는 반대로 해석해서 가장 최근에 매입한 상품으로 구성되어 있다고 가정해야 한다. 따라서 ㈜동아가 12월 31일 실지재고조사를 통하여 재고수량이 40개인 것으로 확인하였다면 기말재고액과 매출원가는 다음과 같이 산출된다.

먼저 기말재고액은 실사에 의해 파악된 미판매수량 40개에 대하여 선입선출법을 적용하여 산출한다. 12월 31일 기준 가장 최근에 매입한 상품의 구입단가는 ₩13이고, 그 다음 이전에 매입한 상품의 단가는 ₩12이다. 40개에 대하여 30개는 ₩13, 10개는 ₩12을 각각 적용하여 기말재고액 ₩510을 산출하였다.

매출원가는 판매가능액 ₩1,630에서 ₩510을 차감하여 ₩1,120으로 계산한다.

구 분	수 량	단 가	금 액
기초재고 : 1/1	30	10	300
매　　입 : 4/1	20	11	220
8/1	60	12	720
11/1	30	13	390
판매가능액	140		1,630
판　　매	30	10	300
	20	11	매출원가 → 220
	50	12	600
기말재고 : 12/31	10	12	기말재고 → 120
	30	13	390

※ 실사에 의해 파악된 40개 중 30개는 13, 10개는 12를 각각 적용

② 계속기록법

계속기록법을 적용하여 상품의 입·출고를 관리하는 경우 상품을 판매할 때마다 판매하는 상품의 매출원가를 구해야 한다. 특히 선입선출법에 따라 단가를 구할 경우 기존 재고상품의 단가와 상이한 상품이 입고된다면 재고자산수불부의 잔고는 단가별로 구분해서 표시해야 한다. 상품을 판매하면 판매시점 기준으로 가장 오래 전에 매입한 상품부터 판매된다고 가정하여 매출원가를 계산한다.

㈜동아가 계속기록법을 적용할 경우 재고자산수불부의 내용은 다음과 같이 나타나게 된다.

재고자산수불부

일자	적요	입고			출고			잔고		
		수량	단가	금액	수량	단가	금액	수량	단가	금액
1/1	전기이월	30	10	300				30	10	300
4/1	매 입	20	11	220				30 20	10 11	300 220
6/1	판 매				30 10	10 11	300 110	10	11	110
8/1	매 입	60	12	720	매출원가			10 60	11 12	110 720
10/1	판 매				10 50	11 12	110 600	10	12	120
11/1	매 입	30	13	390	기말재고			10 30	12 13	120 390
12/31	차기이월				10 30	12 13	120 390			
	합 계	140		1,630	140		1,630			
1/1	전기이월	10 30	12 13	120 390				10 30	12 13	120 390

계속기록법에서 FIFO를 적용하는 경우 판매시점마다 보유하는 상품의 구입단가에 대하여 FIFO를 적용한 후 판매하는 상품의 구입단가를 산출한다. 두 차례에 걸쳐 판매된 상품의 매출원가인 ₩410과 ₩710을 더하여 ₩1,120으로 매출원가를 산출한다. 재고자산수불부의 12월 31일자 잔고의 금액 ₩510이 기말재고액이다.

앞서 살펴보았듯이 실지재고조사법에서 FIFO는 기말에만 FIFO를 적용하여 기말재고의 단가를 결정한다. 그러나 기말재고액은 동일하게 계산된다. 왜냐하면 결국 기말에 가장 가까운 시점에 구입한 상품이 재고로 남는 것으로 가정하기 때문이다.

2) 평균법

평균법(average method)은 재고자산의 단가를 산정할 때 일정기간의 재고자산의 구입단가를 평균하여 구하는 방법이다. 평균법에는 총평균법과 이동평균법이 있는데 이는 회사가 재고자산수량결정방법 중 어느 것을 사용하느냐에 따라서 결정된다.

① 실지재고조사법 : 총평균법

총평균법(gross average method)은 1년 동안의 재고자산 구입원가를 가중평균하여 단가를 결정하는 방법이다. 즉, 1년 동안의 판매가능액을 판매가능수량으로 나누어 단위당 총평균단가를 구하고, 이를 기말재고수량 및 당기판매수량에 곱하여 기말재고액과 매출원가를 산출하는 방법이다. 총평균법은 장부를 계속하여 기록하지 않아도 평균단가를 산출할 수 있으므로 실지재고조사법의 경우에 사용된다.

㈜동아가 12월 31일 실지조사를 통하여 재고수량을 40개인 것으로 확인하였다면 기말재고액과 매출원가는 다음과 같이 산출된다.

구 분	수 량	단 가	금 액
기초재고 : 1/1	30	10	300
매 입 : 4/1	20	11	220
8/1	60	12	720
11/1	30	13	390
판매가능액	140	11.64	1,630
판 매	100	11.64	1,164
기말재고 : 12/31	40	11.64	466

※ 총평균단가는 다음과 같이 산출되었다.

$$\text{총평균단가} = \frac{\text{판매가능액}}{\text{판매가능수량}} = \frac{₩1,630}{140\text{개}} = @₩11.64$$

기말재고액은 40개에 평균단가 @₩11.64을 곱하여 ₩466으로 산출되고, 매출원가는 판매가능액 ₩1,630에서 기말재고액 ₩466을 차감하여 ₩1,164으로 계산된다.

② 계속기록법 : 이동평균법

이동평균법(moving average method)은 재고자산을 매입할 때마다 판매가능액(매입직전의 잔고금액+당해매입액)을 판매가능수량(매입직전의 잔고수량+당해매입수량)으로 나누어 평균단가를 구하는 방법이다. 결국 이 방법에 의하여 단가를 산정하게 되면 평균단가는 매입이 발생할 때마다 산출될 것이다. 이처럼 재고자산의 단가를 매입이 발생할 때마다 산출한다고 하여 이를 이동평균법이라 하고, 이동평균법은 장부를 계속적으로 기록하면서 단가를 구하는 방법이므로 계속기록법에서만 사용할 수 있을 뿐이지 실지재고조사법에서는 사용할 수 없는 방법이다.

㈜동아가 계속기록법을 적용할 경우 재고자산수불부의 내용은 다음과 같이 나타나게 된다.

재고자산수불부

일자	적요	입고			출고			잔고		
		수량	단가	금액	수량	단가	금액	수량	단가	금액
1/1	전기이월	30	10	300				30	10.00	300
4/1	매 입	20	11	220				50	10.40①	520
6/1	판 매				40	10.40	416	10	10.40	104
8/1	매 입	60	12	720		매출원가		70	11.77②	824
10/1	판 매				60	11.77	706	10	11.77	118
11/1	매 입	30	13	390		기말재고		40	12.70③	508
12/31	차기이월				40	12.70	508			
	합 계	140		1,630	140		1,630			
1/1	전기이월	40	12.70	508				40	12.70	508

※ 매입시점별 재고자산의 이동평균단가는 다음과 같이 산출되었다(소수점 처리방법 : 소수점 셋째 자리에서 반올림).

① $\frac{\text{판매가능액}}{\text{판매가능수량}} = \frac{₩520}{50\text{개}} = @₩10.40$

② $\frac{\text{판매가능액}}{\text{판매가능수량}} = \frac{₩824}{70\text{개}} = @₩11.77$

③ $\frac{\text{판매가능액}}{\text{판매가능수량}} = \frac{₩508}{\text{④0개}} = @₩12.70$

두 차례에 걸쳐 판매된 상품의 매출원가인 ₩416과 ₩706을 더하여 ₩1,122으로 매출원가를 산출한다. 재고자산수불부의 12월 31일자 잔고의 금액인 ₩508이 기말재고액이다.

7. 기말재고자산의 평가 : 저가법

기업회계기준에 의하면 재고자산의 평가는 원칙적으로 취득원가에 의하지만 재고자산의 물리적인 손상, 진부화, 판매가격의 하락 등의 이유로 재고자산의 순실현가능가치가 취득원가보다 하락한 경우에는 순실현가능가치를 재무상태표가액으로 한다고 규정하고 있다. 순실현가능가치를 기말재고자산으로 공시하는 것이 저가법이다. 여기에서 순실현가능가치(net realizable value)란 추정판매가액에서 추정판매비용을 차감한 금액을 의미한다(상품·제품이 아닌 원재료의 경우에는 현행대체원가로 함).

순실현가능가치 = 추정판매가액 – 추정판매비용

재고자산을 저가기준에 의하여 평가하는 경우에 발생하는 손실은 재고자산평가손실계정으로 하여 발생한 기간에 비용(매출원가에 가산)으로 인식하고, 이 금액을 "재고자산평가충당금"이란 차감계정으로 표시한다.

(차) 재고자산평가손실	×××	(대) 재고자산평가충당금	×××

재고자산의 평가손실을 초래했던 상황이 해소되어 새로운 시가가 장부금액보다 상승한 경우 최초의 장부가액을 초과하지 않는 범위 내에서 평가손실을 환입한다.

(차) 재고자산평가충당금	×××	(대) 재고자산평가충당금환입	×××

재고자산평가손실의 환입은 환입이 발생한 기간의 비용으로 인식된 재고액의 차감액으로 인식한다(매출원가에서 차감). 다음의 예를 통해 저가법에 의한 기말재고자산 평가를 이해하도록 하자.

기업회계기준에 의한 재고자산의 평가 : 저가법
기말재고자산평가치 = Min(취득원가, 순실현가능가치)
⇨ 순실현가능가치 = 추정판매가액 – 추정판매비용

㈜동아의 기말상품재고액의 취득원가는 ₩1,000이다. 그러나 경쟁기업에서는 회계연도 말 가격과 품질면에서 우수한 상품을 출시하였다. 그 결과 상대적으로 ㈜동아의 판매가액이 하락하여 기말재고상품을 기말에 판매한다면 판매가액은 ₩900이 될 것으로 예상된다. 또한 기말상품을 판매하기 위해서는 판매비용이 ₩100 지출될 것으로 예상된다. 이 경우 ㈜동아는 재무상태표에 표시될 기말상품재고액을 취득원가 ₩1,000과 순실현가능가치 ₩800을 비교하여 낮은 금액으로 결정하여야 한다. 이를 위하여 ㈜동아가 연도말에 해야 할 수정분개는 다음과 같다.

(차) 재고자산평가손실 200 (대) 재고자산평가충당금 200
(비용으로 인식) (기말재고액 차감표시)

이 수정분개로 인하여 상품계정 잔액은 기업회계기준에 의한 저가기준평가액 ₩800이 될 것이다.

예제 6-1 재고자산의 평가

다음은 ㈜세강의 기말상품재고와 관련된 자료이다. 기업회계기준에 의하여 기말재고액을 결정하고 평가를 위한 수정분개를 하라.

종 류	취득원가	추정판매가액	추정판매비용
상품 A	50,000	50,000	10,000
상품 B	40,000	30,000	5,000
상품 C	30,000	40,000	7,000

| 해설 |

기업회계기준에 의하면 기말재고자산의 순실현가능가치가 취득원가보다 하락한 경우에는 순실현가능가치로 평가하여야 한다. 이때 취득원가와 순실현가능가치의 비교는 항목별로 하여야 한다.

종 류	취득원가	추정판매가액	추정판매비용	순실현가능가치	평가액(항목별 저가)
상품 A	50,000	50,000	10,000	40,000	40,000
상품 B	40,000	30,000	5,000	25,000	25,000
상품 C	30,000	40,000	7,000	33,000	30,000
합 계	120,000			98,000	95,000

기업회계기준에 의한 기말재고자산 평가액은 항목별 저가의 합계인 ₩95,000이 되어야 한다. 취득원가로 표시된 장부금액 ₩120,000을 평가액인 ₩95,000으로 평가감하기 위하여 다음의 수정분개를 하여야 한다.

(차) 재고자산평가손실 25,000 (대) 재고자산평가충당금 25,000

8. 종합사례

예제 6-2 재고자산의 평가

다음은 ㈜재강의 2×15년 10월의 상품과 관련된 거래내역이다.

		수 량	단 가	금 액
기초재고	10월 1일	100	100	10,000
매 입	10월 7일	400	110	44,000
매 입	10월 12일	100	125	12,500
판매가능상품		600		66,500
판 매	10월 5일	25		
판 매	10월 10일	10		
판 매	10월 15일	200		
판 매	10월 25일	260		
기말재고	10월 31일	105		

1. 실지재고조사법을 사용하여 수량을 결정한다. 10월 31일 실지조사한 결과 수량은 105개로 확인되었다. 다음 각 방법별로 기말재고액과 매출원가를 계산하라.
   ① 선입선출법
   ② 총평균법
2. 계속기록법을 사용하여 수량을 결정한다. 다음 각 방법별로 기말재고액과 매출원가를 계산하라.
   ① 선입선출법
   ② 이동평균법
3. 다음 각 방법별로 월말에 필요한 수정분개를 하라(단, 매출원가는 매출원가계정에서 산출하고, 단가 산정은 선입선출법에 의한다).
   ① 실지재고조사법
   ② 계속기록법

| 해설 |

1. 실지재고조사법에 의한 기말재고액과 매출원가의 결정

① 선입선출법

구 분	수 량	단 가	금 액
기초재고 : 10/1	100	100	10,000
매 입 : 10/7	400	110	44,000
10/12	100	125	12,500
판매가능액	600		66,500
판 매	100	100	매출원가 → 10,000
	395	110	43,450
기말재고 : 10/31	5	110	기말재고 → 550
	100	125	12,500

기말재고액 : ₩550 − ₩12,500 = ₩13,050

매출원가 : ₩10,000 + ₩43,450 = ₩53,450

② 총평균법

구 분	수 량	단 가	금 액
기초재고 : 10/1	100	100	10,000
매 입 : 10/7	400	110	44,000
10/12	100	125	12,500
판매가능액	600	110.83	66,500
판 매	495	110.83	매출원가 → 54,863
기말재고 : 10/31	105	110.83	기말재고 → 11,637

※ 총평균단가는 다음과 같이 산출되었다.

$$\text{총평균단가} = \frac{\text{판매가능액}}{\text{판매가능수량}} = \frac{₩66,500}{600\text{개}} = @₩110.83$$

2. 계속기록법에 의한 기말재고액과 매출원가의 결정

① 선입선출법

재고자산수불부

일자	적요	입고			출고			잔고		
		수량	단가	금액	수량	단가	금액	수량	단가	금액
10/1	전기이월	100	100	10,000				100	100	10,000
10/5	판 매				25	100	2,500	75	100	7,500
10/7	매 입	400	110	44,000				75 400	100 110	7,500 44,000
10/10	판 매				10	100	1,000	65 400	100 110	6,500 44,000
10/12	매 입	100	125	12,500				65 400 100	100 110 125	6,500 44,000 12,500
10/15	판 매				65 135	100 110	6,500 14,850	265 100	110 125	29,150 12,500
10/25	판 매				260	110	28,600	5 100	110 125	550 12,500
10/31	차기이월				5 100	110 125	550 12,500	← 기말재고		
	합 계	600		66,500	60		66,500			
11/1	전기이월	5 100	110 125	550 12,500				5 100	110 125	550 12,500

기말재고액 : ₩550 + ₩12,500 = ₩13,050

매출원가 : ₩66,500 − ₩13,050 = ₩53,450

② 이동평균법

재고자산수불부

일자	적요	입고			출고			잔고		
		수량	단가	금액	수량	단가	금액	수량	단가	금액
10/1	전기이월	100	100	10,000				100	100	10,000
10/5	판 매				25	100	2,500	75	100	7,500
10/7	매 입	400	110	44,000				475	108.42①	51,500
10/10	판 매				10	108.42	1,084	465	108.42	50,416
10/12	매 입	100	125	12,500				565	111.36②	62,916
10/15	판 매				200	111.36	22,272	365	111.36	40,644
10/25	판 매				260	111.36	28,954	105	111.36	11,690
10/31	차기이월				105	111.36	11,690	← 기말재고		
	합 계	600		66,500	600		66,500			
11/1	전기이월	105	111.36	11,690				105	111.36	11,690

기말재고액 : ₩11,690

매출원가 : ₩66,500 − ₩11,690 = ₩54,810

※ 매입시점별 재고자산의 이동평균단가는 다음과 같이 산출되었다.

① $\frac{\text{판매가능액}}{\text{판매가능수량}} = \frac{₩51,500}{475\text{개}} = @₩108.42$

② $\frac{\text{판매가능액}}{\text{판매가능수량}} = \frac{₩62,916}{565\text{개}} = @₩111.36$

3. 월말 수정분개

① 실지재고조사법에서의 선입선출법

요구사항 1에서 기말재고액이 ₩13,050으로 결정되었으면 다음의 수정분개가 필요하다.

(차) 매출원가	10,000	(대) 상 품	10,000
(차) 상 품	13,050	(대) 매출원가	13,050
(차) 매출원가	56,500	(대) 매 입	56,500

수정분개가 모두 전기된 후의 매출원가계정잔액은 차변에 ₩53,450으로 나타나고 이 금액은 요구사항 1에서 구한 매출원가와 같음을 확인할 수 있다.

② 계속기록법에서의 선입선출법

계속기록법을 사용하여 재고자산의 회계처리를 하였다면 월중에 상품의 판매가 발생하였을 때마다 매출원가가 계산되어 매출원가계정에 기록되므로 월말에 수정분개가 필요없다.

E X E R C I S E

연 | 습 | 문 | 제 <<<

1 기말재고자산의 포함 여부 결정

㈜상해는 2×15년 12월 31일 실지조사를 통하여 기말재고액을 ₩150,000으로 파악하였다. 다음 사항을 고려하여 ㈜상해의 2×15년 12월 31일의 기말재고액을 다시 정확하게 계산하라.

1. ㈜마오로부터 매입하여 12월 31일에 운송 중에 있는 구입원가 ₩50,000의 상품이 있다. ㈜상해는 이 상품을 선적지인도조건으로 매입하였고 2×16년 1월 4일에 도착할 예정이다.
2. ㈜대마로부터 도착지인도조건으로 매입하여 12월 31일 현재 운송 중인 원가 ₩70,000의 상품이 있다. 이 상품은 2×16년 1월 5일에 도착할 예정이다.
3. 지방에 있는 대리점과 위탁판매 계약을 체결하였는데 12월 31일 현재 이 대리점에 원가 ₩80,000의 상품이 보관되어 있다.
4. 시용판매하여 구매자가 사용하고 있는 원가 ₩40,000의 상품이 있다. 이 상품은 아직 구매자가 매입의사를 통지하지 않았다.

2 실지재고조사법

다음은 실지재고조사법을 이용하고 있는 ㈜서연의 8월 중 발생한 재고자산과 관련된 거래들이다.

8월 1일	전기이월	30개	@₩100
8월 5일	외상매입	50개	@₩105
8월 9일	외상매출	60개	@₩150(판매가)
8월 15일	현금매입	20개	@₩110
8월 20일	현금매출	30개	@₩180(판매가)
8월 27일	외상매입	50개	@₩115

1. 일자별로 재고자산거래를 분개하라.
2. 재고실사결과 기말재고수량이 60개로 확인되었을 경우 다음 각 방법별로 기말재고액과 매출원가를 산출하라.
   ① 선입선출법
   ② 총평균법

EXERCISE

3 계속기록법

다음은 ㈜상우의 12월 한 달 동안 발생한 재고자산 거래이다. ㈜상우는 계속기록법에 의하여 재고자산의 회계처리를 하고 있다.

12월 1일	전기이월	100개	@₩10
12월 5일	현금매입	150개	@₩12
12월 9일	외상매출	120개	@₩18(판매가)
12월 15일	외상매입	200개	@₩14
12월 20일	현금매출	210개	@₩22(판매가)
12월 27일	현금매입	80개	@₩16

1. 다음 각 방법별로 기말재고액과 매출원가를 계산하라.
   ① 선입선출법
   ② 이동평균법
2. 이동평균법을 사용한다고 가정하고 12월 중에 발생한 거래를 분개하라.

4 오류수정과 매출총이익

다음은 ㈜장미가 2×13년부터 2×15년까지 작성한 포괄손익계산서의 일부이다.

	2×13년		2×14년		2×15년	
매출액		40,000		50,000		60,000
매출원가						
기초재고	3,000		5,000		7,000	
당기매입	32,000		44,000		51,000	
기말재고	(5,000)	(30,000)	(7,000)	(42,000)	(3,000)	(55,000)
매출총이익		10,000		8,000		5,000

1. 2×13년부터 2×15년까지의 기말재고에 다음과 같은 오류가 포함되어 있는 경우 연도별로 정확한 매출총이익을 구하라.
   ① 2×13년 기말재고 ₩1,000 과대계상
   ② 2×14년 기말재고 ₩2,000 과소계상
   ③ 2×15년 기말재고 ₩3,000 과대계상
2. 요구사항 1의 결과를 이용하여 기말재고에서 발생한 오류가 당기 및 차기 순이익에 미치는 영향을 설명하라.

E X E R C I S E

5 매출총이익과 법인세비용의 계산

㈜태균의 재고자산 매매와 관련된 거래는 다음과 같다.

2×14년 1월 1일	기초재고	1개(@₩100)
2×14년 4월 1일	매 입	1개(@₩150)
2×14년 12월 1일	매 출	1개(@₩250)
2×15년 12월 8일	매 출	1개(@₩280)

2×14년과 2×15년의 매출총이익과 법인세비용을 선입선출법에 의하여 계산하라(단, 법인세율은 30%로 가정한다).

6 재고자산의 저가평가

㈜태원은 2×15년 말 다음과 같은 세 종류의 재고자산을 보유하고 있다.

종류	취득원가	추정판매가액	추정판매비용
A	1,000	1,200	400
B	1,500	2,000	300
C	2,000	1,800	200
	4,500	5,000	900

1. 총계기준에 의하여 재고자산을 저가평가하고 필요한 수정분개를 하라.
2. 항목별 기준에 의하여 재고자산을 저가평가하고 필요한 수정분개를 하라.

연습문제 해답

1 기말재고자산의 포함 여부 결정

기말재고액은 기말 현재 창고에 보관되어 있는 상품의 원가로만 국한하지 않고 매입조건, 판매유형 등을 고려하여 결정하여야 한다.

1. 선적지인도조건으로 구입한 미착상품 : ₩50,000

   선적지에서 선적이 완료된 시점에서 소유권이 구매자로 이전되었으므로 이는 ㈜상해의 기말재고자산에 포함되어야 한다.

EXERCISE

2. 도착지인도조건으로 구입한 미착상품 : ₩70,000
도착지에서 상품의 소유권이 인도되므로 운송 중에 있는 상품은 판매자인 ㈜대마의 기말재고자산에 포함되어야 한다.

3. 위탁상품(적송품) : ₩80,000
위탁판매를 위해 수탁자가 보관하고 있는 위탁자의 상품은 위탁자의 기말재고자산에 포함되어야 한다.

4. 시송품 : ₩40,000
시송품은 비록 구매자가 보관하고 있다고 하더라도 매입의사표시 전에는 시송품의 소유권은 판매자에게 있으므로 판매자의 기말재고자산에 포함되어야 한다.

기말재고자산 = ₩150,000 + ₩50,000 + ₩80,000 + ₩40,000 = ₩320,000

② 실지재고조사법

1. 일자별 분개

8월 5일	(차) 매 입	5,250	(대) 매입채무	5,250
8월 9일	(차) 매출채권	9,000	(대) 매 출	9,000
8월 15일	(차) 매 입	2,200	(대) 현 금	2,200
8월 20일	(차) 현 금	5,400	(대) 매 출	5,400
8월 27일	(차) 매 입	5,750	(대) 매입채무	5,750

2. 기말재고액과 매출원가의 계산

① 선입선출법

기말재고액 : 10개 × @₩110 = ₩1,100
50개 × @₩115 = ₩5,750
₩6,850

매출원가 = 기초재고액 + 당기매입액 − 기말재고액
= ₩3,000 + ₩13,200 − ₩6,850
= ₩9,350

② 총평균법

판매가능액 = 30개 × @₩100 + 50개 × @₩105 + 20개 × @₩110 + 50개 × @₩115
= ₩16,200

총평균단가 = $\frac{₩16,200}{150개}$ = @₩108

기말재고액 : 60개 × @₩108 = ₩6,480

매출원가 : =기초재고액+당기매입액−기말재고액
=₩3,000+₩13,200−₩6,480
=₩9,720

③ 계속기록법

1. 기말재고액과 매출원가의 결정

① 선입선출법

재고자산수불부

일자	적요	입고			출고			잔고		
		수량	단가	금액	수량	단가	금액	수량	단가	금액
12/1	전기이월	100	10	1,000				100	10	1,000
12/5	매 입	150	12	1,800				100 150	10 12	1,000 1,800
12/9	판 매				100 20	10 12	1,000 240	130	12	1,560
12/15	매 입	200	14	2,800		매출원가		130 200	12 14	1,560 2,800
12/20	판 매				130 80	12 14	1,560 1,120	120	14	1,680
12/27	매 입	80	16	1,280		기말재고		120 80	14 16	1,680 1,280
12/31	차기이월				120 80	14 16	1,680 1,280			
	합 계	530		6,880	530		6,880			
1/1	전기이월	120 80	14 16	1,680 1,280				120 80	14 16	1,680 1,280

기말재고액 : ₩1,680+₩1,280=₩2,960
매출원가 : ₩6,880−₩2,960=₩3,920

EXERCISE

② 이동평균법

재고자산수불부

일자	적 요	입 고			출 고			잔 고		
		수량	단가	금액	수량	단가	금액	수량	단가	금액
12/1	전기이월	100	10	1,000				100	10	1,000
12/5	매 입	150	12	1,800				250	11.2①	2,800
12/9	판 매				120	11.2	1,344	130	11.2	1,456
12/15	매 입	200	14	2,800			매출원가	330	12.9②	4,256
12/20	판 매				210	12.9	2,709	120	12.9	1,547
12/27	매 입	80	16	1,280			기말재고	200	14.1③	2,827
12/31	차기이월				200	14.1	2,827			
	합 계	530		6,880	530		6,880			
1/1	전기이월	200	14.1	2,827				200	14.1	2,827

기말재고액 : ₩2,827
매출원가 : ₩6,880 − ₩2,827 = ₩4,053

※ 매입시점별 재고자산의 이동평균단가는 다음과 같이 산출되었다.

① $\frac{\text{판매가능액}}{\text{판매가능수량}} = \frac{₩2,800}{250개} = @₩11.2$

② $\frac{\text{판매가능액}}{\text{판매가능수량}} = \frac{₩4,256}{330개} = @₩12.9$(소수점 이하 둘째 자리에서 반올림)

③ $\frac{\text{판매가능액}}{\text{판매가능수량}} = \frac{₩2,827}{200개} = @₩14.1$

2. 12월 발생거래의 분개

12/5	(차) 상 품	1,800	(대) 현 금	1,800
12/9	(차) 매출채권	2,160	(대) 매 출	2,160
	매출원가	1,344	상 품	1,344
12/15	(차) 상 품	2,800	(대) 매입채무	2,800
12/20	(차) 현 금	4,620	(대) 매 출	4,620
	매출원가	2,709	상 품	2,709
12/27	(차) 상 품	1,280	(대) 현 금	1,280

4 오류수정과 매출총이익

1. 연도별 정확한 매출총이익의 계산

	2×13년	2×14년	2×15년
회사계상 매출총이익	10,000	8,000	5,000
2×13년 기말재고 ₩1,000 과대계상	(1,000) →	1,000	
2×14년 기말재고 ₩2,000 과소계상		2,000 →	(2,000)
2×15년 기말재고 ₩3,000 과대계상			(3,000)
정확한 매출총이익	9,000	11,000	0

2. 기말재고와 순이익의 관계
당기의 기말재고를 실제보다 과대계상하면 매출원가가 감소하여 당기순이익은 동 금액만큼 과대계상되지만 당기에 과대계상된 기말재고로 인하여 차기의 기초재고가 과대계상되어 차기의 순이익은 과소계상된다.

5 매출총이익과 법인세비용의 계산

〈선입선출법〉

	2×14년	2×15년	합계
매　　출	250	280	530
매 출 원 가	(100)	(150)	(250)
매출총이익	150	130	280
법인세비용	(45)	(39)	(84)
당기순이익	105	91	196

6 재고자산의 저가평가

1. 총계기준 저가평가

종류	취득원가	순실현가능가치
A	1,000	800
B	1,500	1,700
C	2,000	1,600
	4,500	4,100

기말재고액=MIN(₩4,500, ₩4,100)=₩4,100

수정분개 : (차) 재고자산평가손실　400　(대) 재고자산평가충당금　400

EXERCISE

2. 항목별 기준 저가평가

종류	취득원가	순실현가능가치	항목별 저가
A	1,000	800	800
B	1,500	1,700	1,500
C	2,000	1,600	1,600
	4,500	4,100	3,900

수정분개 : (차) 재고자산평가손실 600 (대) 재고자산평가충당금 600

Accounting Principles

7 Chapter

금융자산 – 현금및현금성자산

1. 금융상품의 의의와 금융자산의 분류
2. 현금및현금성자산
3. 단기금융자산(단기투자자산)
4. 당좌예금과 당좌차월
5. 은행계정조정표

Chapter 07 금융자산 – 현금및현금성자산

Accounting Principles

1. 금융상품의 의의와 금융자산의 분류

(1) 금융상품이란?

금융상품(financial instrument)은 거래당사자 일방에게는 금융자산(financial assets)을 발생시키고 동시에 다른 거래상대방에게 금융부채(financial liabilities)나 주식발행과 같은 지분상품(equity instrument)을 발생시키는 모든 계약을 의미한다. 금융상품을 취득한 기업은 금융자산으로, 금융상품을 발행한 기업은 금융부채 또는 지분상품으로 분류한다. 금융상품은 일정한 현금이나 금융자산(부채)으로 수취할(지급할) 계약상의 권리(의무)로서 종류가 다양하다.

▌그림 7-1▐ 금융상품의 정의

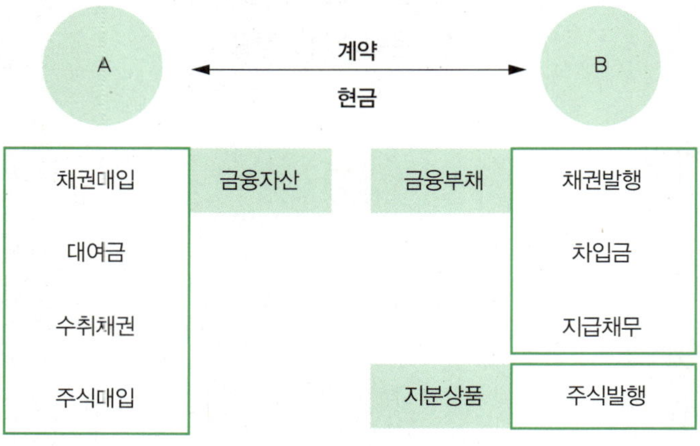

(2) 금융자산의 분류

금융자산이란 현금, 다른 기업의 지분상품, 거래상대방에게서 현금 등 금융자산을 수취할 계상상 권리 등을 말한다. 금융자산은 현금및현금성자산, 대여금, 수취채권, 유가증권(주식 및 채권)으로 나눌 수 있다. 거래상대방은 차입금, 지급채무, 지분상품, 사채 등으로 기록된다.

2. 현금및현금성자산

(1) 현금

현금(cash)은 기업의 최종결제수단으로 자유롭게 사용할 수 있는 자산을 말한다. 현금흐름표는 '현금'으로 줄여서 표시된다. 현금의 종류에는 통화, 통화대용증권, 요구불예금을 포함한다. 통화는 지폐·동전을 말하며, 통화대용증권은 통화는 아니나 통화와 유사하게 교환 또는 지불수단으로 사용할 수 있는 것을 말하며, 자기앞수표, 타인발행수표, 송금환, 우편환 등이 있다.

그리고 은행에 예치하는 저축예금, 당좌예금, 보통예금 등 예금주의 요구가 있다면 언제든지 현금으로 전환이 가능한 요구불예금도 현금에 해당한다. 그러나 미래를 발행일로 하여 발행한 선일자수표는 실질적으로는 어음의 성격이므로 회계상 받을어음으로 취급하여 수취채권(매출채권 또는 미수금)으로 분류한다.

(2) 현금성자산

현금성자산(cash equivalents)은 유동성이 매우 높은 단기투자자산으로서 현금은 아니나 현금과 유사한 성격을 가진 자산을 말한다. 현금과 같이 그 자체가 지불수단인 것은 아니나 현금으로 전환이 용이한 지불수단으로 사용가능한 유동성이 큰 단기투자자산이다. 현금성자산은 만기가 단기에 도래하는 자산(취득 당시 만기 또는 상환일이 3개월 이내)을 말하며 지분상품(취득일과 상환일 사이의 기간이 3개월 이내인 상환우선주 등은 현금성자산에 포함)은 제외한다.

여기서 중요한 점은 현금성자산은 취득 당시 만기가 3개월 이내에 도래하는 것을 의미하는 것이지, 결산일기준으로 만기가 3개월 이내에 도래해야 하는 것을 의미하지 않는다는 것이다. 예를 들어 결산일이 12월 31일인 ㈜동아가 10월 15일에 만기가 익년 2월

15일인 채권을 구입하였다면, 결산일 기준으로는 3개월 이내인 채권이지만 취득일 기준으로는 3개월 이상인 채권이 되기 때문에 현금성자산으로는 인식할 수 없다.

그리고 금융상품의 분류방법에 대해 조금 더 자세히 알아보자면, 양도성예금증서(CD)가 취득일로부터 3개월 이내에 만기가 도래한다면 이는 현금성자산이 되고, 만약 보고기간 말로부터 1년 이내에 만기가 도래한다면 단기금융상품으로, 보고기간 말로부터 1년 이후에 만기가 도래한다면 장기금융상품으로 구분될 것이다.

예제 7-1 현금및현금성자산의 분류

다음은 ㈜대동의 2×15년 12월 31일 보유하고 있는 금융상품내역이다. ㈜대동이 기말 재무상태표에 현금및현금성자산으로 보고할 금액은 얼마인가?

현금보유액	142,000
100,000원권 자기앞수표	3매
상환우선주(취득일로부터 만기일이 3개월 내 도래)	120,000
서울지점 전도금	90,000
우편환증서	10,000
당좌차월	100,000
양도성예금증서(180일 만기)	150,000
환매채(취득일로부터 60일 후 환매조건)	88,000

| 해설 |

현금보유액	142,000
100,000원권 자기앞수표	300,000
상환우선주	120,000
서울지점전도금	90,000
우편환증서	10,000
환매채	88,000
계	750,000

당좌차월은 단기차입금으로 분류하며, 양도성예금증서는 만기가 취득일로부터 180일이므로 현금및현금성자산으로는 분류할 수는 없고, 금융상품으로 분류한다.

3. 단기금융자산(단기투자자산)

단기금융자산(short-term financial assets)은 결산일 현재 1년 이내에 만기가 도래하는 금융상품 중에서 현금성자산으로 분류되지 않는 자산을 말하며, 회사가 보유하는 단기예금, 단기매매금융자산, 단기대여금 및 유동자산으로 분류되는 매도가능금융자산과 만기보유금융자산 등의 자산을 포함한다. 금융기관이 취급하는 예금 중에서 회사가 단기적인 자금운용을 목적으로 하거나 결산일 현재 1년 내에 만기가 도래하는 정기예금, 정기적금 또는 사용이 제한되어 있는 예금들은 단기예금으로서 단기금융자산에 포함시킨다. 또한 금융기관이 취급하는 정형화된 상품인 기업어음, 양도성예금증서 등도 단기적인 자금운용을 목적으로 하거나 기한이 1년 내에 도래하는 경우에는 단기금융자산으로 분류한다. 다만 이러한 상품 중 취득시 만기가 3개월 이내에 도래하는 것은 현금및현금성자산으로 분류한다.

그러나 기한이 1년 내에 도래하지 않으면서 사용목적이 제한되어 있거나 혹은 일상적인 기업의 영업활동과정에서 지급수단으로 사용할 수 없는 예금은 유동자산으로 분류할 수 없다. 예를 들어 설비자산 증설을 위한 펀드자금, 사채상환 목적으로 설정된 적립기금, 자금차입에 대한 담보성 강제예금은 재무상태표에서 비유동자산 항목으로 분류하여 보고해야 한다.

예제 7-2 예금의 분류

㈜대저의 2×15년 12월 31일 현재 예금명세는 다음과 같다.

2×16년 10월 23일 만기의 정기적금	1,000,000
당좌예금	800,000
2×17년 1월 1일 만기의 정기예금	1,250,000
보통예금	450,000

위의 예금을 2×15년 12월 31일 현재 재무상태표에 당좌자산과 투자자산으로 표시될 금액으로 구분하라.

| 해설 |

재무상태표의 당좌자산에 포함될 예금은 결산일로부터 만기가 1년 이내인 예금이어야 하므로 만기가 2×17년 1월 1일인 정기예금 ₩1,250,000은 투자자산으로 분류되고 나머지 ₩2,250,000은 전부 당좌자산으로 표시한다.

4. 당좌예금과 당좌차월

(1) 당좌예금이란?

당좌예금(current deposit)이란 은행이 예금자의 요구에 의해 예금액의 일부나 전부를 언제든지 지급할 것을 약속하는 예금으로서, 지급을 위해 수표나 어음의 발행이 요구된다.

그림 7-2 당좌거래의 흐름

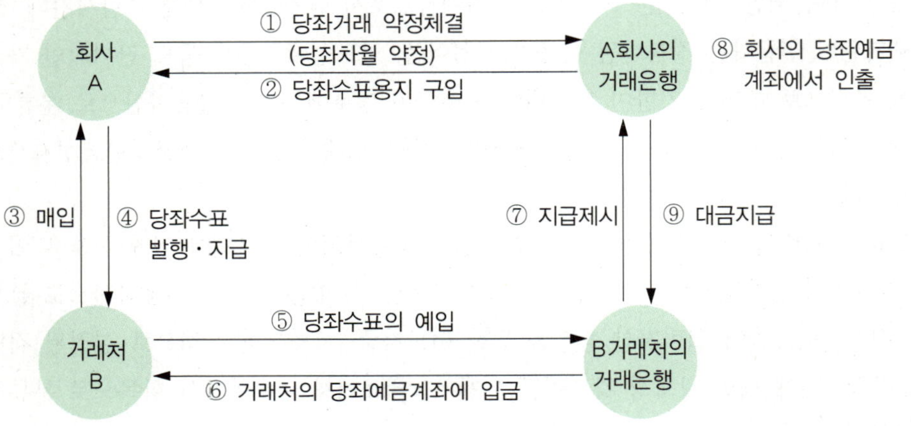

당좌거래의 흐름에 따른 회계처리를 살펴보자.

① 당좌거래 약정체결

1월 1일 ㈜동아는 부민은행과 ₩500,000의 당좌차월한도를 약정하고 당좌개설보증금으로 ₩5,000을 납입하였다.

(차) 장기금융상품	5,000	(대) 현 금	5,000

이때의 당좌개설보증금은 ㈜동아와 부민은행 간의 당좌거래가 지속되는 한 인출이 불가능한 예금이기 때문에 장기금융상품으로 분류한다.

② 당좌수표용지 구입

1월 10일 ㈜동아는 당좌수표발행을 위하여 당좌수표용지 1권(20매)을 1매당 ₩10에 구입하였다.

(차) 소 모 품 비	200	(대) 현 금	200

③ 당좌예입

5월 8일 ㈜동아는 매출거래처 ㈜하단으로부터 매출채권 ₩50,000을 현금으로 회수하여 당일 부민은행 당좌예금에 입금하였다.

〈매출채권의 회수시〉

(차) 현 금	50,000	(대) 매출채권	50,000

〈당좌예금 예입시〉

(차) 당좌예금	50,000	(대) 현 금	50,000

④ 당좌수표의 발행

12월 10일 ㈜동아는 ㈜대신으로부터 ₩70,000의 상품을 매입하고 매입대금은 당좌수표를 발행하여 지급하였다.

(차) 매 입	70,000	(대) 당좌예금	70,000

㈜대신이 당좌수표를 가지고 부민은행에 제시를 하면 부민은행은 ㈜동아의 당좌예금 잔액이 ₩50,000이지만, 당좌차월 약정한도가 ₩500,000이기 때문에 ₩70,000 전액을 지급하게 된다.

이 경우처럼 당좌예금잔액을 초과하여 수표를 발행하게 되면 당좌예금잔액이 부(負)가 된다. 부(負)의 당좌예금은 실질적인 차입금이기 때문에 회계연도 말의 재무상태표에 표시할 때에는 유동부채 중 단기차입금이라는 계정과목으로 표시하여야 한다. 따라서 회계연도 말에는 다음의 분개를 하여야 한다.

(차) 당좌예금	20,000	(대) 단기차입금	20,000

⑤ 타인발행수표와 자기발행수표의 회계처리

기업이 타인발행수표를 보유하고 있다면 이는 통화대용증권으로서 현금으로 분류된다. 따라서 기업이 상품을 판매하고 거래처가 발행한 수표를 수령하였다면 다음과 같이 분개를 하여야 한다.

(차) 현 금	×××	(대) 매 출	×××

그러나 자신이 수표를 발행하였을 경우는 수표의 수령자가 수령 즉시 거래은행을 통하여 수표금액을 수표발행자의 당좌예금계좌에서 인출할 것이므로 당좌예금의 감소로 회계처리한다. 예를 들어, 회사가 상품을 구입하고 매입대금을 당좌수표를 발행하여 지급하였다면 다음의 회계처리가 필요하다.

(차) 매 입	×××	(대) 당좌예금	×××

이처럼 회사는 당좌수표의 대금을 지급할 때 당좌예금 잔액에서 차감하지만 은행은 당좌수표를 제시받고 지급할 때 당좌예금 잔액에서 차감한다.

예제 7-3 당좌거래의 회계처리

다음은 ㈜대선의 당좌거래내역이다. 각각의 거래를 분개하라.

① 부민은행과 당좌차월한도 ₩2,000,000의 당좌거래약정을 체결하고 당좌개설보증금으로 ₩100,000을 납입하였다.
② 부민은행으로부터 당좌수표용지 2권을 각 ₩1,000에 구입하였다.
③ ㈜하단에 상품 ₩500,000을 판매하고, 매출대금은 거래처발행 수표로 수령하다.
④ 위의 수표를 부민은행의 당좌예금계좌에 입금하다.
⑤ ㈜대신으로부터 상품을 ₩2,000,000에 매입하고 당좌수표를 발행하여 교부하다.
⑥ 결산일이 도래하였다

| 해설 |

	차변	금액	대변	금액
①	(차) 장기금융상품	100,000	(대) 현 금	100,000
②	(차) 소 모 품 비	2,000	(대) 현 금	2,000
③	(차) 현 금	500,000	(대) 매 출	500,000
④	(차) 당 좌 예 금	500,000	(대) 현 금	500,000

⑤ (차) 매 입	2,000,000		(대) 당 좌 예 금	2,000,000
⑥ (차) 당 좌 예 금	1,500,000		(대) 단기차입금	1,500,000

당좌예금

차변		대변	
④ 현 금	500,000	⑤ 매 입	2,000,000
⑥ 단기차입금	1,500,000		

단기차입금

차변		대변	
		⑥ 당좌예금	1,500,000

5. 은행계정조정표

기업의 주된 지출활동은 보통 당좌수표를 발행하여 결제한다. 그러므로 당좌예금 잔액을 초과하는 계약(당좌차월)이 기업과 은행 간에 존재하지 않는다면 당좌예금의 잔액이 있어야지만 당좌수표를 발행할 수 있으므로 특정일의 은행측 당좌예금 잔액과 회사측의 당좌예금 잔액은 일치하여야 할 것이다. 하지만 이것이 은행측이나 회사측의 여러 가지 원인들로 인해 서로 일치하지 않는 경우가 발생하는데 불일치하는 원인을 밝히는 과정을 은행계정조정(bank reconciliation)이라 하며, 이러한 과정을 보여주는 표가 은행계정조정표이다.

차이의 원인을 발견한 후 회사 혹은 은행의 당좌예금 잔액을 수정하면서 은행계정조정표를 작성하게 된다.

(1) 차이의 원인

① 기발행미인출수표 : 회사는 당좌수표를 발행하고 당좌예금의 지급으로 기록하였으나 소지인이 은행에 청구하지 않아 은행은 아직 출금을 기록하지 않은 경우

㈜동아는 12월 31일에 전일의 당좌예금 잔액을 확인한 결과 잔액이 ₩100,000이어서 당좌수표 ₩50,000을 발행하고 ㈜하단으로부터 상품을 매입하였다. ㈜동아는 12월 31일 다음과 같은 분개를 하였다.

(차) 매 입	50,000	(대) 당좌예금	50,000

㈜하단은 이 당좌수표를 수령하고 은행에서 현금으로 교환하려 하였으나 은행 영업시간의 경과로 익년 1월 2일 오전에 현금으로 교환하였다.

이 경우 ㈜동아의 12월 31일 현재 당좌예금계정의 잔액은 ₩50,000이 된다. 그러나 은행 측의 당좌예금계좌 잔액은 ㈜하단이 12월 31일에 ₩50,000을 인출하지 않았기 때문에 ₩100,000이 된다. 이 경우 당좌예금장부 잔액 ₩50,000과 당좌예금계좌 잔액 ₩100,000과는 12월 31일 발행한 당좌수표 ₩50,000으로 인하여 차이가 나타나게 된다. 이 경우처럼 당좌수표는 이미 발행되었으나 아직 인출되지 않은 당좌수표를 기발행미인출수표라고 한다.

② 은행미기입예금 : 회사는 입금으로 기록하였으나 은행에서는 기록되지 않은 경우

㈜동아의 12월 30일 당좌예금 잔액은 ₩100,000이었다. 상품매출거래처인 ㈜부민은 12월 31일에 ㈜동아로부터 상품 ₩20,000을 매입하고 ㈜동아의 당좌예금계좌에 입금한 후 ㈜동아에 입금사실을 통보하였다. 이 경우 12월 31일에 ㈜동아는 다음과 같은 분개를 할 것이다.

(차) 당좌예금	20,000	(대) 매　　출	20,000

따라서 ㈜동아의 당좌예금장부 잔액은 ₩120,000이다. 그런데 은행은 당좌예금 입금사실을 기록하지 않은 경우(예 : 은행마감 후 예입, 다른 지역에서의 송금 등으로 입금처리 지연) 당좌예금계좌 잔액은 ₩100,000이 될 것이므로 차이가 ₩20,000 발생하게 된다. 이런 경우와 같이 회사는 예금의 예입으로 기록하였으나 은행이 예입으로 기록하지 않은 경우를 은행미기입예금이라고 한다.

③ 회사미기입예금(미통지예금) : 은행에서는 입금으로 기록하였으나 회사는 기록하지 않은 경우

㈜동아의 12월 30일 당좌예금 잔액은 ₩10,000이었는데, ㈜토성은 12월 31일 은행마감 시각 직전에 상품외상매입대금 ₩8,000을 무통장입금한 후 ㈜동아에 입금사실을 통보하려고 하였으나 연락이 되지 않아 입금사실을 알리지 못하였다. 이 경우 ㈜동아는 ㈜토성의 입금사실을 알지 못했기 때문에 12월 31일 당좌예금장부 잔액은 전일과 동일한 ₩10,000이 될 것이고 은행의 예금계좌 잔액은 ₩8,000이 입금되었기 때문에 ₩18,000이 될 것이다. 이런 경우 발생하는 차이를 회사미기입예금(미통지예금)이라고 한다.

④ 이자 · 수수료 · 부도수표 : 은행에서는 출금으로 기록하였으나 회사는 기록하지 않은 경우

㈜동아의 12월 30일 당좌예금 잔액은 ₩300,000이었는데 은행은 12월 31일 은행거래 수수료 ₩1,500을 ㈜동아의 당좌예금계좌에서 자동인출하였다. 그러나 ㈜동아는 수수료 인출사실을 모르고 12월 31일 장부를 마감하였다. 이 경우 ㈜동아의 당좌예금장부 잔액은 ₩300,000이나 은행측 당좌예금계좌 잔액은 ₩298,500으로 차이 ₩1,500이 발생하게 된다.

한편, 거래처로부터 타인발행수표를 수령하여 은행에 당좌예금계좌에 예입하는 경우 회사나 은행은 모두 당좌예입으로 처리하게 된다. 그러나 수표발행인의 예금잔고부족으로 수표금액의 지급이 거절된 경우 이 수표를 부도수표라고 부르며 은행은 회사의 당좌예금계좌에서 부도수표금액을 차감한 후 회사에 부도수표 용지를 반송하게 된다. 은행은 부도수표금액을 회사의 예금계좌에서 차감하였으나 회사는 아직 부도수표용지를 반송받지 못한 경우에는 회사측 예금장부 금액은 은행측 예금계좌 잔액보다 부도수표금액만큼 많게 나타나므로 은행계정조정표를 작성할 때에는 동 금액을 회사측 잔액에서 차감하여 표시하여야 한다.

⑤ 은행이나 회사의 오류 : 은행이나 회사에서 기장오류가 발생하는 경우

은행이나 회사 모두 효율적인 내부통제제도(internal control system)가 운영되고 있다고 하더라도 현금의 입출금 기록은 업무의 양이 매우 많은 것이 보통이기 때문에 오류의 발생가능성은 항상 존재하고 있으며, 이런 오류로 인하여 회사의 당좌예금장부 잔액과 은행의 예금계좌 잔액은 차이를 나타내게 된다. 앞서 말한 바와 같이 회사는 은행계정조정표의 작성을 통하여 이러한 오류를 발견하고 정정할 수 있다.

이처럼 은행측 당좌예금 잔액과 회사측 당좌예금 잔액의 차이를 발생하게 하는 원인들을 은행계정조정표 작성시 어떻게 조정하여야 하는지 표로 정리하면 다음과 같다.

표 7-1 | 은행과 회사측 차이내용 및 조정

차이의 원인	은행측 잔액	회사측 잔액
기발행미인출수표	−	
은행미기입예금	+	
회사미기입예금		+
수수료, 이자비용 등 자동인출		−
이자수익 등 자동입금		+
부도수표		−
기장의 오류	+, −	+, −

(2) 은행계정조정의 절차

은행계정조정표(bank reconciliation statement)의 작성을 통하여 회사측 당좌예금 잔액과 은행측 당좌예금 잔액 간의 차이를 조정하게 되는데 그 절차는 다음과 같다.

그림 7-3 은행계정조정표의 작성절차

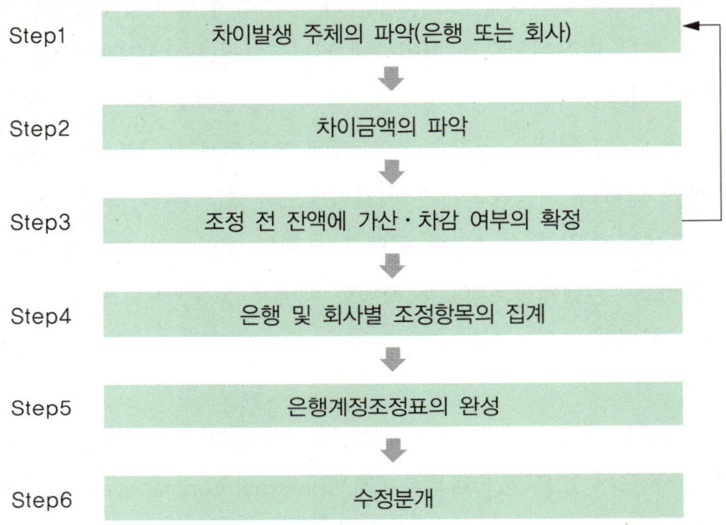

4단계까지 당좌예금계정의 차이 발생 원인을 파악하여 집계하고 난 뒤 은행계정조정표를 작성하여야 한다. 은행계정조정표의 정형화된 양식은 없으나 일반적으로 가장 많이 사용되는 은행계정조정표의 양식은 다음과 같다.

은행계정조정표

2×15년 ×월 ××일 현재

은행잔액 조정			회사잔액 조정		
당좌예금계좌 잔액(은행잔액)		×××	당좌예금장부 잔액(회사잔액)		×××
가산 : 내역	×××		가산 : 내역	×××	
⋮	×××	×××	⋮	×××	×××
차감 : 내역	×××		차감 : 내역	×××	
⋮	×××	(×××)	⋮	×××	(×××)
정확한 당좌예금 잔액		×××	정확한 당좌예금 잔액		×××

다음 자료는 ㈜동아의 2×15년 12월의 당좌예금계정과 부민은행의 당좌예금계좌에 관한 것이다. 이 예를 통하여 은행계정조정표의 작성법을 살펴보자.

---

1. 회사측 당좌예금장부의 12월 31일 잔액은 ₩150,200이다.
2. 은행측 당좌예금계좌의 12월 31일 잔액은 ₩100,000이다.
3. 12월 31일 ㈜부민은 상품매입대금 ₩500,000을 ㈜동아의 부민은행 당좌예금계좌에 입금하고 ㈜동아에 입금사실을 통보하였다. 그러나 부민은행은 실수로 ㈜동아의 계좌가 아닌 ㈜하단의 계좌에 입금하였다.
4. 12월 31일 ㈜대신은 상품매입대금 ₩150,000을 ㈜동아의 부민은행 당좌예금계좌로 입금하였으나 ㈜동아에게 통보를 하지 않았다.
5. 12월 31일 발행하였으나 동일 인출되지 않은 당좌수표 금액은 ₩300,000이다.
6. 12월 31일 부민은행은 수수료로 ₩200을 ㈜동아의 당좌예금계좌에서 인출하였지만 ㈜동아는 이 사실을 모르고 장부를 마감하였다.

---

① 분석 : 자료 3

자료 3에서 ㈜부민으로부터의 입금액 ₩500,000은 회사장부에는 정상적으로 기록되었으나 은행의 당좌예금계좌에는 입금으로 기록되지 못하였으므로 은행미기입예금으로서 은행측 당좌예금계좌 잔액에 가산하여야 한다.

구 분	1단계(차이발생의 주체)	2단계(차이금액)	3단계(가산, 차감 여부)
자료 3	부민은행	500,000	가산

② 분석 : 자료 4

자료 4에서 은행의 당좌예금계좌에는 ㈜대신으로부터의 입금액 ₩150,000이 예입되었으나 ㈜동아의 장부에는 입금이 기록되지 못하였으므로 회사미지급예금으로서 ㈜동아의 장부잔액에 가산하여야 한다.

구 분	1단계(차이발생의 주체)	2단계(차이금액)	3단계(가산, 차감 여부)
자료 4	㈜동아	150,000	가산

③ 분석 : 자료 5

자료 5에서 회사의 수표발행액 ₩300,000은 수표 발행시 당좌예금의 차감으로 기록되었으나 은행의 당좌예금계좌에서 아직 인출되지 않았으므로 이 금액은 기발행미인출수표로서 은행측 당좌예금계좌에서 차감 조정하여야 한다.

구 분	1단계(차이발생의 주체)	2단계(차이금액)	3단계(가산, 차감 여부)
자료 5	부민은행	300,000	차감

④ 분석 : 자료 6

자료 6에서 수수료 ₩200은 이미 예금계좌에서 인출되었으나 회사는 이를 기록하지 못하였으므로 회사미기입수수료로서 회사장부 잔액에서 차감 기록하여야 한다.

구 분	1단계(차이발생의 주체)	2단계(차이금액)	3단계(가산, 차감 여부)
자료 6	㈜동아	200	차감

⑤ 4단계 : 은행 및 회사별 조정항목의 집계

자료 3부터 자료 6까지 분석한 것을 요약하면 다음과 같다

구 분	부민은행	㈜동아	차이의 내역
자료 3	500,000		은행미기입예금
자료 4		150,000	회사미기입예금
자료 5	(300,000)		기발행미인출수표
자료 6		(200)	회사미기입수수료

⑥ 5단계 : 은행계정조정표의 작성

은행계정조정표

2×15년 12월 31일 현재

은행잔액 조정			회사잔액 조정		
당좌예금계좌 잔액(은행잔액)		100,000	당좌예금장부 잔액(회사잔액)		150,200
가산 : 은행미기입예금	500,000	500,000	가산 : 회사미기입예금	150,000	150,000
차감 : 기발행미인출수표	300,000	(300,000)	차감 : 회사미기입수수료	200	(200)
정확한 당좌예금 잔액		300,000	정확한 당좌예금 잔액		300,000

⑦ 6단계 : 수정분개

회계연도 말에 은행계정조정표를 작성하였다면 회사는 회사장부의 당좌예금 잔액을 정확한 당좌예금 잔액으로 표시하기 위한 수정분개를 하여야 한다.

사례의 경우를 살펴보면 재무상태표에 표시되어야 할 예금잔액은 ₩300,000인데 회사

장부에는 ₩150,200으로 표시되어 있으므로 차이금액 ₩149,800을 조정하기 위한 다음의 수정분개가 필요하다

〈회사미기입예금의 수정〉

(차) 당좌예금	150,000	(대) 매출채권	150,000

〈은행수수료의 기입〉

(차) 지급수수료	200	(대) 당좌예금	200

이와 같이 기말에 수정분개를 하여야 할 경우에는 은행계정조정표상 회사측의 모든 조정사항의 내역을 파악하여 회사측 잔액에 가산한 항목은 당좌예금계정의 차변으로, 회사측 잔액에서 차감한 항목은 당좌예금계정 대변으로 수정분개를 하면 된다.

구 분	수정분개			
가산항목	(차) 당좌예금	×××	(대) 가산항목	×××
차감항목	(차) 차감항목	×××	(대) 당좌예금	×××

EXERCISE

연 | 습 | 문 | 제 ‹‹‹

① 현금및현금성자산

다음은 ㈜동성이 2×15년 12월 31일 현재 보유하고 있는 통화 등의 내역이다. 2×15년 12월 31일 현금및현금성자산계정 잔액으로 표시될 금액은 얼마인가?

통　　화	200,000
㈜하단의 발행주식	1,000,000
지하철공채(만기 : 2×17년 12월 31일)	400,000
송 금 환	500,000
㈜하단이 발행한 어음	300,000
㈜하단이 발행한 수표	150,000
배당증권	100,000
우　　표	50,000

② 당좌예금의 회계처리

다음은 ㈜부민의 2×15년 7월의 거래내역이다.

7월 2일	㈜토성에 상품을 판매하고 ㈜토성이 발행한 수표 ₩5,000을 수령하다.
7월 3일	상기 수표를 당좌예금계좌에 입금하다.
7월 9일	㈜대신으로부터 상품을 구입하고 ₩7,000의 수표를 발행하여 교부하다.
7월 15일	㈜동신으로부터 비품을 구입하고 ₩3,000의 수표를 발행하여 교부하다.

1. 거래일자별 분개를 하라.
2. 2×15년 7월 1일의 당좌예금계정 잔액이 ₩2,000일 경우 2×15년 7월 31일 재무상태표에 표시될 당좌예금은 얼마인가? (단, 당좌차월 약정한도는 ₩50,000이다)

EXERCISE

③ 은행계정조정표

다음의 자료를 참고하여 ㈜명성의 2×15년 12월 31일의 은행계정조정표를 작성하라.

1. 12월 31일 은행계정조정 전 잔액

당좌예금계좌	₩170,000
당좌예금장부	291,000

2. ㈜명성은 당좌예금 입금액 ₩154,000을 실수로 ₩145,000으로 기장하다.
3. 이미 발행하였으나 12월 31일 현재 결제되지 않는 당좌수표 금액은 ₩150,000이다.
4. 은행측은 ㈜부민의 발행수표 ₩200,000을 ㈜명성의 발행수표로 착각하여 ㈜명성의 당좌예금계좌에서 인출하여 지급하였다.
5. 12월 31일 현재 은행의 미기입예금은 ₩80,000이다.

④ 은행계정조정표

2×15년 12월 31일 당좌예금장부 잔액이 ₩3,705,000인 ㈜부민이 회계연도 결산을 위해 하나은행에 예금잔액증명서를 요청하여 수령 검토해 본 결과 잔액이 ₩4,520,000이었다. ㈜부민의 회계담당자는 양측의 차이를 조정하기 위하여 은행계정조정표를 작성하려고 한다. 다음 자료를 참고하여 각각을 구하라.

1. ㈜부민의 은행계정조정표를 작성하라.
2. ㈜부민이 해야 할 수정분개를 표시하라.

1. 기발행미인출수표의 번호와 금액은 다음과 같다.
   #201 ₩150,000 #202 ₩2,000,000
2. 은행미기입예금은 ₩540,000이다.
3. 거래처에서 매출대금 ₩2,000,000을 은행으로 입금하였으나 회사는 이 사실을 알지 못했다.
4. 하나은행은 당좌거래관련 수수료 ₩5,000을 당좌예금계좌에서 차감하였다.
5. 하나은행은 예입액 ₩760,000을 ₩670,000으로 기록하였다.
6. 본사 건물 임차료 ₩5,200,000을 당좌수표를 발행하여 지급하였으나 장부에는 ₩2,500,000으로 기록하였다.

E X E R C I S E

연습문제 해답

1 현금및현금성자산

현금및현금성자산계정으로 표시될 사항은 통화 및 통화대용증권이다.

통화		200,000
통화대용증권	송금환	500,000
	㈜하단이 발행한 수표	150,000
	배당증권	100,000
		950,000

㈜하단의 주식과 지하철공채는 유가증권으로 인식하여야 하고 ㈜하단이 발행한 어음은 상품판매로 수령한 경우라면 매출채권계정으로, 그 외의 자산을 처분하고 받았다면 미수금으로 인식되어야 한다. 우표는 일반적으로 금액이 적어 중요하지 않은 경우가 많으므로 통상 구입시에 소모품비로 비용처리한다.

2 당좌예금의 회계처리

1. 거래일자별 분개

7월 2일	(차) 현 금	5,000*	(대) 매 출	5,000

* 타인발행수표는 통화대용증권으로서 현금계정에 기입한다.

7월 3일	(차) 당좌예금	5,000	(대) 현 금	5,000
7월 9일	(차) 매 입	7,000	(대) 당좌예금	7,000
7월 15일	(차) 비 품	3,000	(대) 당좌예금	3,000

2. 7월 31일 당좌예금 잔액의 계산

당좌예금

7/1	전기이월	2,000	7/9	매 입	7,000
7/3	현 금	5,000	7/15	비 품	3,000

7월 31일 당좌예금계정 잔액은 대변잔액 ₩3,000이다. 이는 은행으로부터 일시적으로 ₩3,000을 차입한 성격을 갖게 되므로 다음의 수정분개를 통해 재무상태표의 당좌예금 잔액은 ₩0, 단기차입금 잔액은 ₩3,000으로 표시된다.

(차) 당좌예금	3,000	(대) 단기차입금	3,000

③ 은행계정조정표

자료 2의 경우 실제 입금액보다 작게 기장하였으므로 차이 ₩9,000을 ㈜명성의 당좌예금잔액에 가산하여야 하고, 자료 3의 기발행미지급수표는 은행측 잔액에서 차감조정하여야 하며, 자료 4의 경우 정상적으로 처리하였더라면 ㈜명성의 당좌예금잔액은 변동이 없어야 하지만 은행측이 실수로 ₩200,000을 차감하였으므로 은행측 잔액에 동 금액을 가산하여야 한다. 그리고 자료 5의 은행미기입예금은 은행측 잔액에 가산하여야 한다.

은행계정조정표

2×15년 12월 31일

은행잔액 조정			회사잔액 조정		
당좌예금계좌 잔액		170,000	당좌예금장부 잔액		291,000
가산 :			가산 :		
은행미기입예금	80,000		회사기장오류액	9,000	9,000
은행인출오류액	200,000	280,000			
차감 :					
기발행미인출수표	150,000	(150,000)			
정확한 당좌예금 잔액		300,000	정확한 당좌예금 잔액		300,000

④ 은행계정조정표

1. 은행계정조정표의 작성

자료 1에서 자료 6까지의 상황을 요약하면 다음과 같다.

구분	은행	㈜부민
자료 1	(2,150,000)	
자료 2	540,000	
자료 3		2,000,000
자료 4		(5,000)
자료 5	90,000	
자료 6		(2,700,000)

EXERCISE

은행계정조정표

2×15년 12월 31일

은행잔액 조정			회사잔액 조정		
당좌예금계좌 잔액(은행잔액)		4,520,000	당좌예금장부 잔액(회사잔액)		3,705,000
가산 :			가산 :		2,000,000
은행미기입예금	540,000	630,000	회사미기입예금	2,000,000	
은행예입오류액	90,000		차감 :		
차감 :			회사미기입수수료	5,000	
기발행미인출수표	2,150,000	(2,150,000)	회사기장오류액	2,700,000	(2,705,000)
정확한 당좌예금잔액		3,000,000	정확한 당좌예금잔액		3,000,000

2. 수정분개

은행계정조정표를 완성한 후 ㈜부민은 정확한 당좌예금 잔액으로 당좌예금장부의 금액을 일치시키기 위하여 수정분개를 하여야 하는데, 이때 수정분개는 은행계정조정표의 회사측 조정란에 있는 항목을 대상으로 하여야 한다.

회사미기입예금 :	(차) 당좌예금	2,000,000	(대) 매출채권	2,000,000
회사미기입수수료 :	(차) 지급수수료	5,000	(대) 당좌예금	5,000
회사기장오류액 :	(차) 임차료	2,700,000	(대) 당좌예금	2,700,000

Accounting Principles

8 Chapter

금융자산 – 수취채권

1. 수취채권이란?
2. 수취채권의 구분
3. 매출채권의 회계처리
4. 매출채권의 회수가능성(손상 회계처리)
5. 기타수취채권

Chapter 08 금융자산 – 수취채권

Accounting Principles

1. 수취채권이란?

수취채권(receivables)이란 경영활동 과정에서 재화나 용역을 제공하고 그 대가로 미래에 현금을 수취할 권리를 말한다. 수취채권은 판매활동(주된 영업활동)에서 발생하는 매출채권과 주된 영업활동 이외의 활동에서 발생하는 미수금 및 미수수익으로 구분된다. 매출채권이란 주된 영업활동(제품이나 상품, 서비스 등을 제공) 이후 즉시 그 대가를 수취하지 않고 미래에 수취하기로 합의함에 따라 나타나는 권리의 일종으로서, 외상매출금(accounts receivable)과 받을어음(notes receivable)으로 구분할 수 있다. 외상매출금은 구두나 계약서와 같은 방식으로 미래에 수취할 권리가 발생하는 것이며, 만약 미래에 수취할 권리를 사전에 어음결제 방식으로 그 형식을 취해 놓는다면 받을어음으로 인식하는 것이다.

예를 들어 ㈜동아가 ㈜부민에게 ₩5,000에 상품을 판매하고 한 달 후에 판매대금을 회수하기로 하였다면 ㈜동아는 판매시점에서 현금을 회수하지 못하는 대신에 한 달 후에 ₩5,000을 받을 수 있는 권리를 얻게 된다. 이런 종류의 거래를 "외상판매"라고 하며 한 달 후 현금 ₩5,000을 받을 수 있는 권리를 외상매출금이라고 한다. 그리고 만약 ㈜동아가 ㈜부민에게 상품을 판매하고 한 달 후 현금 ₩5,000을 받을 수 있는 어음을 받았다고 하면, 한 달 후 ₩5,000을 받을 수 있는 어음상의 권리를 받을어음이라고 표현하게 되는 것이다.

마찬가지로 매출채권의 반대 개념인 매입채무의 경우도 매출채권과 마찬가지로 두 가지로 구성된다. 상품을 외상으로 매입하였을 경우 발생하는 채무는 외상매입금으로 표현하고, 상품을 매입하면서 어음을 발행하여 지급한 경우 발생하는 채무는 지급어음이라고 표현한다.

2. 수취채권의 구분

회계상의 채권 중에서 대여금, 미수금과 같이 매출채권과 비슷한 성격의 계정이 있는데 이를 구분하는 방법을 알기 위해 예를 들어보자.

과일도매업을 하는 ㈜동아는 ㈜부민에게 사과 1박스를 판매하였다. 이때 ㈜동아가 ㈜부민에게 사과를 외상으로 판매하거나, 판매 후 어음을 받았다면 "상품판매로 인하여 미래에 돈을 받을 권리"를 획득하게 된 것이므로 회사는 매출채권을 인식한다.

그러나 ㈜동아가 ㈜하단에게 ₩5,000의 현금을 대여하고 1개월 후에 이 돈을 받기로 하였다면 역시 미래에 돈을 받을 권리를 획득하게 된다. 매출채권과 마찬가지로 "미래에 돈을 받을 권리"를 얻었지만 권리의 발생 원인이 매출이 아닌 자금의 대여로 인한 것이기 때문에 이 권리를 "대여금"으로 회계처리한다.

㈜동아가 ㈜하단에게 ₩5,000의 현금을 대여하고 1개월 후 현금을 받기로 하는 어음을 받았을 경우(일반적인 상거래가 아닌 자금을 융통하기 위한 어음을 융통어음 또는 금융어음이라고 함)에도 마찬가지로 "대여금"으로 회계처리한다.

또한 상품 이외의 자산을 외상으로 양도함으로 인하여 발생하는 채권을 매출채권과는 달리 미수금이라고 한다. 매출채권과 마찬가지로 "미래에 돈을 받을 권리"를 얻었지만 그 발생원인이 상품의 매출이 아닌 상품 외의 자산 양도로 발생한 것이기 때문에 이러한 권리는 "미수금"으로 처리한다.

표 8-1 | 수취채권(receivables)의 구분 요약

구분			정의
분류	매출채권	외상매출금	일반적인 상거래에서 제공한 재화나 용역에 대한 대가를 고객이 미래에 지급할 것을 구두(口頭)로 약속한 채권
		받을어음	일반적인 상거래에서 판매한 재화나 제공한 용역에 대한 대가를 고객이 미래에 지급할 것을 어음 형태의 문서로 약속한 채권(이자부 및 무이자부어음)
	기타채권	미수금	일반적인 상거래 이외의 거래에서 발생한 미수채권으로서(어음상의 채권을 포함), 주로 재고자산 이외의 자산의 처분으로 인하여 발생
		미수수익	당기에 속하는 수익 중 아직 대가를 지급받지 못한 미수액으로서, 기간손익을 발생주의에 따라 인식하는 과정에서 발생

	선급금	일반적인 상거래에 속하는 재고자산 등의 매입을 위하여 선급한 금액으로서, 당해 재고자산 등이 납품되는 경우 재고자산으로 대체
	선급비용	계속적인 용역공급계약을 체결하고 선급한 비용 중 기간이 경과되지 않은 부분을 차기이후로 이연처리하는 계정
	대여금	금전대차계약에 따른 자금의 대여거래에서 발생하는 채권으로서, 차용증서나 어음을 받고 현금을 대여한 경우를 포함
	가수금	현금을 수령하였으나 처리할 계정과목이 확정되지 않았거나 금액이 정산되지 아니한 경우 임시적으로 설정하는 과목이며, 차후 확정시 해당계정으로 대체

※ 일반적인 상거래란 그 기업의 고유한 사업목적을 위한 정상적인 영업활동에서 발생하는 거래로서, 재고자산의 판매 혹은 용역의 제공 등과 같은 기업의 주된 활동으로부터 발생하는 거래를 말한다.

예제 8-1 수취채권의 구분

다음은 음반판매업을 하는 ㈜동서의 2×15년 12월 31일 현재의 자산내역 중 일부이다. 각 거래별로 계정과목을 구분하라.

매장에서 사용하던 구형 오디오의 외상 판매대금	300,000
CD의 외상 판머대금	500,000
㈜부민에 대여한 현금	750,000
음악 테이프 판매 후 수령한 어음	400,000
㈜하단의 어음을 받고 대여한 현금	200,000

| 해설 |

구 분		계정과목
매장에서 사용하던 구형 오디오의 외상 판매대금	300,000	미 수 금
CD의 외상 판매대금	500,000	매출채권(외상매출금)
㈜부민에 대여한 현금	750,000	대 여 금
음악 테이프 판매 후 수령한 어음	400,000	매출채권(받을어음)
㈜하단의 어음을 받고 대여한 현금	200,000	대 여 금

3. 매출채권의 회계처리

(1) 매출채권의 발생

가구도매업을 하는 ㈜동아가 ㈜부민에게 책상을 ₩300,000에 현금 판매하고, ㈜하단에게는 의자를 ₩200,000에 외상 판매하였으며, ㈜대신에게는 책장을 ₩500,000에 판매하고 어음을 수령하였다고 하자. 이때 각각의 분개는 다음과 같다.

〈㈜부민에 책상 판매〉

(차) 현　금	300,000	(대) 매　출	300,000

〈㈜하단에 의자 판매〉

(차) 매출채권(외상매출금)	200,000	(대) 매　출	200,000

〈㈜대신에 책장 판매〉

(차) 매출채권(받을어음)	500,000	(대) 매　출	500,000

외상매출금과 받을어음을 재무상태표에는 매출채권이라는 계정과목으로 통합하여 표시하더라도 회계기간 중 거래기록은 외상매출금과 받을어음을 구분하는 것이 매출채권의 관리 목적에 적합할 것이다.

그러므로 기중에는 외상매출금과 받을어음을 구분하여 회계처리한 후 결산시에 외상매출금의 계정잔액과 받을어음의 계정잔액을 합산하여 매출채권이라는 계정과목으로 표시하는 것이 효과적일 것이다.

(2) 매출채권의 회수

㈜동아가 ㈜하단으로부터 외상매출금을 회수하였을 때의 분개는 다음과 같다.

(차) 현　금	200,000	(대) 매출채권(외상매출금)	200,000

㈜동아가 ㈜대신으로부터 어음대금을 회수하였을 때의 분개는 다음과 같다.

(차) 현　금	500,000	(대) 매출채권(받을어음)	500,000

예제 8-2 매출채권거래

도서도매업을 하는 ㈜동남의 당기 거래내역은 다음과 같다. 각 일자별로 ㈜동남과 거래 상대방의 분개를 하라.

1월 27일 ㈜부민에게 교재를 ₩400,000에 신용으로 판매하다.
3월 15일 ㈜하단에게 잡지를 ₩700,000에 판매하고 3개월 만기의 어음을 수령하다.
5월 2일 ㈜부민에게 3개월 만기의 ₩600,000 어음을 수령하고 현금을 대여하다.
6월 15일 ㈜하단으로부터 수령한 어음이 만기가 되어 어음대금을 회수하다.
6월 28일 ㈜부민으로부터 외상매출금을 회수하다.

| 해설 |

일자	㈜동남	거래상대방
1월 27일	(차) 매출채권(외상매출금) 400,000 (대) 매 출 400,000	(차) 매 입 400,000 (대) 매입채무(외상매입금) 400,000
3월 15일	(차) 매출채권(받을어음) 700,000 (대) 매 출 700,000	(차) 매 입 700,000 (대) 매입채무(지급어음) 700,000
5월 2일	(차) 단기대여금 600,000 (대) 현 금 600,000	(차) 현 금 600,000 (대) 단기차입금 600,000
6월 15일	(차) 현 금 700,000 (대) 매출채권(받을어음) 700,000	(차) 매입채무(지급어음) 700,000 (대) 현 금 700,000
6월 28일	(차) 현 금 400,000 (대) 매출채권(외상매출금) 400,000	(차) 매입채무(외상매입금) 400,000 (대) 현 금 400,000

(3) 매출 및 매출채권의 조정항목

① 매출환입 및 매출에누리

판매상품이 구매자의 요구에 적합하지 않거나 파손된 상품이 구매자에게 전달되었을 경우에 판매자는 보통 판매된 상품을 반환받거나 구입액의 일정액을 감액해 주는 방법을 사용하여 구매자의 손실을 보전해 준다. 이런 경우 판매상품이 반품되는 것을 매출환입이라 하고, 구입액의 일정액을 감액해 주는 것을 매출에누리라고 한다. 반대로 매입자의 입장에서 구매한 상품의 일부를 반품하는 것을 매입환출이라 하고, 매입자의 입장에서 구매한 상품에 하자가 발생하여 구매금액 중 일부를 감액받는 것을 매입에누리라고 한다.

㈜동아는 ㈜부민에게 책상 5대를 대당 ₩200,000에 외상으로 판매하였는데 이 중 2대의 책상이 품질에 하자가 있었다. ㈜부민은 하나는 반품을 결정하였고, 하나는 하자의 정

도가 경미하여 감액(₩100,000)을 요구하기로 하였다. 일단 ㈜동아의 매출시점에서의 회계처리는 다음과 같다.

〈판매시점〉

(차) 매출채권(외상매출금)	1,000,000	(대) 매　　출	1,000,000

그리고 ㈜동아는 책상 1대를 반환받는 시점에서 다음과 같이 분개하여야 한다.

〈반품〉

(차) 매출환입	200,000	(대) 매출채권(외상매출금)	200,000

그리고 ㈜동아는 책상 1대의 가격을 감액해 주는 시점에서 다음과 같이 분개하여야 한다.

〈감액〉

(차) 매출에누리	100,000	(대) 매출채권(외상매출금)	100,000

〈기말〉

(차) 매출	300,000	(대) 매출에누리와 환입	300,000

매출에누리와 매출환입은 의미에 차이가 있으나 매출채권의 금액을 감소시킨다는 측면에서 궁극적으로 같고, 일반적으로 금액의 중요성이 매우 작으므로 매출에누리계정과 매출환입계정을 통합한 매출에누리와환입계정을 사용한다.

㈜동아의 1년간 매출액이 ₩1,000,000이었고 매출에누리가 ₩200,000, 매출환입이 ₩100,000이었다면 실제 순매출액은 ₩700,000이 되기 때문에 포괄손익계산서에는 총매출액 ₩1,000,000에서 매출에누리와 매출환입 ₩300,000을 차감한 순매출액 ₩700,000이 매출액으로 표시된다.

총매출액	1,000,000
매출에누리와환입	(300,000)
순매출액	700,000

예제 8-3 매출에누리와환입

다음은 2×15년 12월 1일에 사업을 개시한 ㈜동북의 매출관련 자료이다. 각 거래별로 ㈜동북과 거래상대방의 입장에서 분개를 하고 ㈜동북의 2×15년도 순매출액을 계산하라.

- 12월 2일 ㈜부민에게 상품을 ₩3,500,000에 현금판매하다.
- 12월 7일 ㈜하단에게 상품을 ₩3,000,000에 외상판매하다.
- 12월 11일 ㈜부민에게 판매한 상품 중 ₩500,000에 상당하는 상품이 반품되어 ₩500,000을 현금으로 지급하다.
- 12월 15일 ㈜하단에게 판매한 상품 중 하자가 발생하여 외상판매대금 중 10%를 감액하여 주다.

| 해설 |

일자	㈜동북	거래상대방
12월 2일	(차) 현 금 3,500,000 (대) 매 출 3,500,000	(차) 매 입 3,500,000 (대) 현 금 3,500,000
12월 7일	(차) 매출채권(외상매출금) 3,000,000 (대) 매 출 3,000,000	(차) 매 입 3,000,000 (대) 매입채무(외상매입금) 3,000,000
12월 11일	(차) 매출환입 500,000 (대) 현 금 500,000	(차) 현 금 500,000 (대) 매입환출 500,000
12월 15일	(차) 매출에누리 300,000 (대) 매출채권(외상매출금) 300,000	(차) 매입채무(외상매입금) 300,000 (대) 매입에누리 300,000

2×15년도의 ㈜동북의 순매출액은 총매출액에서 매출에누리와환입을 차감하여 계산된다.

총매출액	6,500,000
매출에누리와환입	(800,000)
순매출액	5,700,000

② 매출할인

매출할인이란 판매자가 외상판매한 상품대금을 조기에 회수하고자 매출채권의 일정부분을 감액해 주는 것을 매출할인이라 하고 일반적으로 매출할인은 매출액에서 차감하도록 처리한다. 매입자가 외상구매한 상품대금을 조기에 지급함으로 인하여 매입채무의 일정부분을 감액받는 것을 매입할인이라 하고 포괄손익계산서에는 매입액에서 차감하여 표시한다.

㈜동아가 ㈜부민에게 ₩5,000,000을 매출하면서 한 달 내로 상품대금을 지급할 경우 매출액의 5%를 감액해 준다는 약정을 하였고, ㈜부민이 실제로 한 달 내로 상품대금을

㈜동아에게 지급한다면 ㈜동아의 매출채권 회수 시의 분개는 다음과 같다.

(차) 현　　금	4,750,000	(대) 매출채권(외상매출금)	5,000,000
매출할인	250,000*		

* ₩5,000,000 × 5% = ₩250,000

예제 8-4 매출할인

[예제 8−3]의 자료를 참고하라(단, [예제 8−3]의 매출에누리와환입도 고려할 것).

㈜동북이 ㈜하단에게 판매일로부터 30일 이내에 상품대금을 지급할 경우 상품대금의 3%를 감액해 주기로 제안을 하였고 ㈜하단은 제안을 수락하였다. 그리고 ㈜동북은 12월 28일 상품대금 전액을 현금으로 받았다.

12월 28일 ㈜동북과 ㈜하단의 입장에서 거래를 분개하고, ㈜동북의 포괄손익계산서에 표시할 순매출액을 계산하라.

| 해설 |

매출액 ₩3,000,000 중 매출에누리 후 매출채권잔액은 ₩2,700,000이 된다. 따라서 매출할인은 ₩81,000(₩2,700,000 × 3%)이다.

일자	㈜동북		㈜하단	
12월 28일	(차) 현　　금	2,619,000	(차) 매입채무(외상매입금)	2,700,000
	매출할인	81,000	(대) 현　　금	2,619,000
	(대) 매출채권(외상매출금)	2,700,000	매입할인	81,000

총매출액	6,500,000
매출에누리와환입	(800,000)
매출할인	(81,000)
순매출액	5,619,000

(4) 팩토링

판매자가 채권을 직접 회수하지 않고 외상매출금의 회수기일 이전에 금융회사에 매각하여 자금을 조달하는 것을 팩토링(factoring)이라 한다. 채권판매자는 팩토링회사에 매각하는 채권의 일정비율을 수수료로 지급한다. 팩토링회사는 채권판매자로부터 외상매출금을 할인하여 취득하고 만기에 매입자로부터 대금을 회수함으로써 그 할인차액을 수수료수익으로 인식한다.

그림 8-1 외상매출금의 팩토링

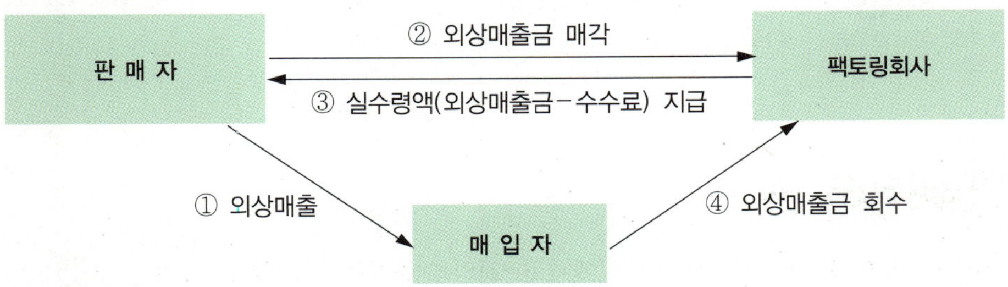

예제 8-5 외상매출금의 팩토링

㈜동강은 부민은행에 외상매출금 ₩1,000,000을 매각하였다. 이는 팩토링 거래에 해당하며 수수료는 외상매출금 장부금액의 3%이다. 이를 분개하라.

| 해설 |

(차) 현 금	970,000	(대) 외상매출금	1,000,000
매출채권처분손실	30,000		

4. 매출채권의 회수가능성(손상 회계처리)

(1) 손상이란?

재무상태표에 보고될 매출채권은 실제로 기업이 회수할 수 있는 금액으로 표시하되 손상, 매출에누리와환입, 매출할인 등 회수가 불가능한 부분은 제외한다.

일반적으로 손상(impairment)이란 자산의 장부금액이 회수가능액에 미달할 때를 의미한다. 손상의 개념을 매출채권으로 한정하여 보면 거래처의 파산, 상대방의 채무이행의 불성실 등의 이유로 인해 기업이 채권을 회수할 수 없게 된 상황을 의미하며 대손(bad debt)이라는 용어를 사용한다. 매 보고기간 말에 전체 기간에 대한 기대신용손실을 측정한 후 손실충당금을 설정한다.

(2) 손상차손의 회계처리

손상차손(impairment loss)의 회계처리방법에는 여러 가지가 있으나 본서에서는 기업회계기준에 의한 손상차손의 회계처리방법을 중점적으로 살펴보기로 하고 기타 방법은 중급회계에서 알아보기로 한다.

① 손실충당금의 설정

㈜동아의 2×15년 12월 31일 현재 매출채권잔액 ₩2,000,000의 구성내역은 다음과 같다.

㈜부민	400,000
㈜하단	300,000
㈜동신	200,000
㈜대신	500,000
㈜토성	600,000
	2,000,000

㈜동아의 회계과장은 2×15년 결산을 하면서 영업부의 담당자에게 손상이 발생할 가능성이 있는 금액을 질문한 결과 ㈜동신이 부도가 발생하여 매출채권의 전체회수가 불확실하다는 사실을 알게 되었다. 이때 ㈜동아는 ㈜동신에 대한 매출채권 ₩200,000은 미래에 회수가 불가능할 것이라고 추정하고, 포괄손익계산서상의 손상차손(대손상각비)은 비용처리함과 동시에 손실충당금(대손충당금)을 설정하는 다음의 분개를 하여야 한다. 일반적으로 손상차손은 매출채권과 관련하여 계상되면 판매비와관리비로 보고하고 기타의 채권과 관련하여 계상되면 영업외비용으로 보고한다

(차) 손상차손(대손상각비) (판매비와관리비)	200,000	(대) 손실충당금(대손충당금)	200,000

손실충당금계정은 매출채권에 대한 차감계정(contra account)으로서 매출채권금액을 낮춰 주는 역할을 한다. 위의 분개를 한 후 재무상태표를 작성하면 매출채권의 장부금액은 매출채권에서 손실충당금을 차감하는 형식으로 보고된다.

부분재무상태표

매 출 채 권	2,000,000	
손실충당금	(200,000)	1,800,000

재무상태표에 손실충당금이라는 계정과목을 표시하는 이유는 ㈜동신의 매출채권 중 ₩200,000이 회수불가능한 금액으로 확정된 것이 아니라 회수가 불확실한 금액으로 추정하였음을 나타내기 위함이다. 그리고 ₩1,800,000은 매출채권의 장부금액(book value)이라고 표현하며 이는 매출채권의 현금회수가능액인 순실현가능가치를 의미한다.

② 손상차손의 설정

기말에 회수가 불확실하다고 예상한 매출채권 금액을 추정한 후 손상예상액과 기말의 손실충당금 잔액을 비교하여 손상예상액이 손실충당금 잔액보다 크면 차이만큼 추가로 손상차손을 설정하고 반대로 손실충당금 잔액이 손상예상액보다 크면 그 차이만큼 손실충당금을 환입한다.

만약 위의 ㈜동아의 기초 손실충당금이 ₩250,000이었고 기중에 손실충당금의 변동이 없었다고 가정하고 연도 말의 회계처리를 알아보자. 기말 매출채권잔액 중 회수가 불확실하다고 예상한 금액은 ₩200,000인데 기초 손실충당금은 ₩250,000이므로 그 차이만큼(₩50,000) 환입한다. 구체적으로 손실충당금계정 차변에 ₩50,000을 기입하고 상대과목으로 손실충당금환입이라는 판매비와관리비의 부(−)의 금액으로 표시하는 계정을 사용한다.

(차) 손실충당금	50,000	(대) 손실충당금환입	50,000

예제 8-6 손실충당금의 설정

2×15년 12월 31일 현재 ㈜동서와 ㈜부민의 매출채권 및 회수불가능하다고 예상되는 금액은 다음과 같다. 2×15년 초의 손실충당금은 ㈜동서가 ₩80,000이고, ㈜부민은 ₩150,000이었다.

㈜동서			㈜부민		
거래처	매출채권금액	회수불가능추정액	거래처	매출채권금액	회수불가능추정액
A	200,000	50,000	갑	150,000	
B	100,000	25,000	을	250,000	250,000
C	50,000		병	300,000	
계	350,000	75,000	계	700,000	250,000

2×15년 12월 31일에 ㈜동서와 ㈜부민의 손실충당금을 설정하기 위한 분개를 하라(단, 기중에 ㈜동서와 ㈜부민의 손실충당금은 변동이 없었다).

| 해설 |

1. ㈜동서
   ㈜동서의 기초손실충당금은 ₩80,000인데 A와 B에 대한 매출채권잔액 중 회수불가능추정액은 ₩75,000이므로 차액 ₩5,000만큼 손실충당금을 환입시켜야 한다.

(차) 손실충당금	5,000	(대) 손실충당금환입	5,000

2. ㈜부민
   ㈜부민의 기초손실충당금은 ₩150,000인데 기말의 회수불가능추정액은 을에 대한 매출채권 전액인 ₩250,000이므로 차액 ₩100,000만큼을 손실충당금으로 추가 설정하여야 한다.

(차) 손상차손	100,000	(대) 손실충당금	100,000

③ 손실의 확정

2×16년 1월 31일에 ㈜동신이 파산하여 매출채권의 회수가 불가능하다는 사실이 확정되었다면 손실충당금 범위 내에서 손실충당금 잔액은 없어져야 하고, 매출채권 총액에서 ㈜동신의 채권금액도 역시 차감되어야 하므로 다음과 같이 분개하여야 한다.

(차) 손실충당금	200,000	(대) 매출채권	200,000

2×15년 12월 31일과 2×16년 1월 31일의 재무상태표 중의 매출채권 부분만 표시하면 다음과 같다.

	2×15년 12월 31일		2×16년 1월 31일	
매 출 채 권	2,000,000		1,800,000	
손실충당금	(200,000)	1,800,000	–	1,800,000

2×15년 12월 31일과 2×16년 1월 31일 매출채권의 장부금액은 동일하지만 재무상태표를 이용하는 이용자의 입장에서 두 개의 재무상태표를 분석하는 시각은 다르다. 이용자는 2×15년 12월 31일 매출채권 총액 중에는 손실발생 예상액 ₩200,000이 포함되어 있으나, 2×16년 1월 31일 매출채권 계정잔액은 전액회수가능으로 예상한 금액으로 생각할 것이다.

한편, 손상확정액이 손실충당금 잔액보다 많다면 어떻게 처리해야 할까? 손실이 발생한 경우 손실충당금 잔액의 범위까지는 매출채권의 감소와 대응시키고, 그 범위를 넘어선 금액은 손상차손으로 회계처리하게 된다.

2×16년 1월 31일에 ㈜동신이 아닌 ㈜대신이 파산하여 매출채권 ₩500,000이 회수 불가능하게 되었다고 하자. 이런 경우 ㈜대신에 대한 매출채권 ₩500,000을 줄여 주기 위해 대변에 매출채권 ₩500,000으로 회계처리하고 차변에는 전기말 손실충당금 잔액인 ₩200,000을 없애 주고 나머지 ₩300,000은 당기의 비용인 손상차손으로 회계처리한다.

(차) 손실충당금	200,000	(대) 매출채권	500,000
손상차손	300,000		

예제 8-7 **손상의 확정**

[예제 8-6]에서 2×16년 10월 27일에 ㈜동서의 거래처인 A와 ㈜부민의 거래처인 을이 파산하여 A의 매출채권 전액과 을의 매출채권 중 ₩150,000이 손상으로 확정되었을 경우 ㈜동서와 ㈜부민의 입장에서 손상회계처리를 하라.

| 해설 |

1. ㈜동서

2×16년 초의 손실충당금 잔액은 ₩75,000이었으나 연도 중 손상확정된 금액은 ₩200,000이므로 다음의 회계처리를 하여야 한다.

(차) 손실충당금	75,000	(대) 매출채권	200,000
손상차손	125,000		

2. ㈜부민
2×16년 초의 손실충당금 잔액은 ₩250,000이었으나 연도 중 손상확정된 금액은 ₩150,000이므로 다음의 회계처리를 하여야 한다.

(차) 손실충당금	150,000	(대) 매출채권	150,000

④ 손상처리한 매출채권의 회수

손상이 확정되어 손상처리한 채권을 나중에 회수할 수도 있다. 채권의 회수가 동일한 회계연도에 이루어지는 경우, 이미 이루어진 손상확정분개를 취소한 후 매출채권의 회수분개를 하여야 한다. 2×16년 1월 31일에 손상처리하였던 ㈜동신의 매출채권 ₩200,000이 2×16년 2월 10일 회수되었다면 아래와 같이 회계처리를 하여야 한다.

〈손상확정 회계처리의 취소분개〉

(차) 매출채권	200,000	(대) 손실충당금	200,000

〈매출채권의 회수분개〉

(차) 현 금	200,000	(대) 매 출 채 권	200,000

손상확정 취소분개는 손상되지 않을 채권을 손상될 것으로 잘못 판단하여 처리한 분개를 원상복귀시키는 분개이므로 일종의 오류수정분개로 볼 수 있다. 그리고 위의 분개는 일반적으로 두 개의 분개를 하나의 분개로 보아 다음과 같이 처리한다.

(차) 현 금	200,000	(대) 손실충당금	200,000

한편, 손상처리한 회계연도인 2×16년이 경과한 후 다음 회계연도인 2×17년에 손상처리한 금액 ₩200,000이 회수된다면, 대변계정과목은 손실충당금으로 처리하여야 한다.

(차) 현 금	200,000	(대) 손실충당금	200,000

예제 8-8 손상처리한 매출채권의 회수

[예제 8-7]의 자료에서 A에 대한 매출채권은 2×16년 12월 22일에 회수된다고 가정하고, 을에 대한 매출채권은 2×17년 1월 17일에 회수된다고 가정할 때 ㈜동서와 ㈜부민의 입장에서 회계처리를 하라.

| 해설 |

1. ㈜동서

손상처리한 회계연도와 회수된 회계연도가 동일하므로 실제 손상 확정처리한 분개를 취소하는 분개와 매출채권의 회수 분개를 하여야 한다.

(차) 매출채권	200,000	(대) 손실충당금	75,000
		손상차손	125,000
(차) 현　　금	200,000	(대) 매출채권	200,000

그리고 두 분개를 하나로 보아 다음과 같이 분개할 수 있다.

(차) 현　　금	200,000	(대) 손실충당금	75,000
		손상차손	125,000

2. ㈜부민

손상처리한 회계연도와 회수된 회계연도가 다르므로 손실충당금계정의 대변에 회수금액을 기록하여야 한다.

(차) 현　　금	150,000	(대) 손실충당금	150,000

표 8-2 | 손상회계처리 요약

구 분	회계처리	비 고
손실충당금의 설정(손상액의 추정)	손상추정액 > 설정전충당금잔액인 경우 (차) 손상차손 ××× (대) 손실충당금 ××× 손상추정액 < 설정전충당금잔액인 경우 (차) 손실충당금 ××× (대) 손실충당금환입 ×××	기말손실충당금잔액 손상추정액
손상의 확정	손상확정액 < 손실충당금잔액인 경우 (차) 손실충당금 ××× (대) 매 출 채 권 ××× 손상확정액 > 손실충당금잔액인 경우 (차) 손실충당금 ××× (대) 매 출 채 권 ××× 　　 손상차손 ×××	
손상처리한 매출채권의 회수	당기에 손상확정된 채권이 당기에 회수된 경우 (차) 매출채권 ××× (대) 손실충당금 ××× 　　　　　　　　　　 (손상차손 ×××) (차) 현　금 ××× (대) 매 출 채 권 ××× 당기 이전에 손상확정된 채권이 당기에 회수된 경우 (차) 현　금 ××× (대) 손실충당금 ×××	손상확정 회계처리의 취소분개 매출채권의 회수분개

5. 기타수취채권

(1) 미수금과 미수수익

기업의 주된 영업활동에서 발생한 채권은 매출채권계정으로 회계처리되나 주된 영업활동 이외의 거래, 즉 비유동자산이나 유가증권 등을 처분하고 그 대금을 받지 못한 경우, 매출채권과 구별하여 미수금으로 그 채권을 계상하게 된다.

그리고 기간의 경과에 따라 발생하는 임대료나 이자수익처럼 기간의 경과로 인하여 발생하였으나 약정된 대금회수일이 도래하지 않아서 그 금액을 아직 받지 못한 경우에 발생된 수익은 미수수익계정으로 회계처리한다. 일반적으로 기중에 임대료 미수액을 미수임대료, 이자 미수액을 미수이자 등 미수액의 내용을 명확히 표시하는 계정으로 처리한 후 기말에 재무제표를 작성할 때에는 미수수익계정으로 통합하여 표시하게 된다.

참고로 약정된 대금회수일이 도래하였으나 회수하지 못한 임대료나 이자수익이 있을 경우에는 이를 미수금으로 처리한다.

예제 8-9 미수금과 미수수익

다음은 ㈜합천의 2×15년도 중에 발생한 회계거래 중 일부이다. 거래일자별로 필요한 분개를 하라.

4월 1일	보유하고 있던 장부금액 ₩5,000의 토지를 ₩7,000에 처분하고 그 대금은 월말에 받기로 하다.
5월 9일	상기 토지 처분대금을 수취하였다.
7월 1일	여유자금 ₩10,000을 연 이자율 10% 1년 만기 정기예금에 가입하다.
12월 31일	결산일이 도래하였다.

| 해설 |

일자	차변	금액	대변	금액
4월 1일	(차) 미 수 금	7,000	(대) 토 지	5,000
			유형자산처분이익	2,000
5월 9일	(차) 현 금	7,000	(대) 미 수 금	7,000
7월 1일	(차) 예 금	10,000	(대) 현 금	10,000
12월 31일	(차) 미 수 이 자	504	(대) 이 자 수 익	504*

$$* ₩10,000 \times 10\% \times \frac{184일}{365일} ≒ ₩504$$

(2) 선급금과 선급비용

선급금은 상품 등을 구입하기 위하여 상품 등을 인도받기 전 그 대금의 일부를 미리 지급하였을 경우 발생한다. 선급비용은 미리 비용을 지출하고 난 후 효익을 당기 이후에 얻을 수 있는 계정이다. 선급비용의 예로는 선급임차료, 선급이자, 선급보험료 등을 들 수 있다.

예제 8-10 선급금과 선급비용

다음은 ㈜영천의 2×15년도 중에 발생한 회계거래 중 일부이다. 거래일자별로 필요한 분개를 하라.

5월 1일	상품을 ₩7,000에 매입하기로 약정을 맺고 계약금으로 ₩2,000을 지급하다.
6월 1일	상품을 매입하고 잔액 ₩5,000을 지급하다.
9월 1일	2×16년 8월 31일까지의 1년분 보험료 ₩12,000을 납부하다.
12월 31일	결산일을 맞이하다.

| 해설 |

일자	차변	금액	대변	금액
5월 1일	(차) 선 급 금	2,000	(대) 현 금	2,000
6월 1일	(차) 매 입	7,000	(대) 현 금	5,000
			선 급 금	2,000
9월 1일	(차) 선급보험료	12,000	(대) 현 금	12,000
12월 31일	(차) 보 험 료	4,000	(대) 선급보험료	4,000*

* $₩12,000 \times \frac{4월}{12월} = ₩4,000$

(3) 대여금과 가지급금

대여금은 타인에게 자금을 대여하였을 경우 발생하는 계정이다. 대여금은 재무상태표일로부터 1년을 기준으로 하여 회수기간이 1년 미만인 경우 단기대여금(유동자산), 회수기간이 1년 이상인 경우 장기대여금(비유동자산)으로 구분된다.

가지급금은 현금의 지출이 이루어졌으나 어떤 계정과목에서 처리해야 할지 확실하게 알 수 없는 경우나 거래금액이 아직 확정되지 않은 경우 그 계정과목이나 금액이 확정될 때까지 임시적으로 설정되는 계정이다. 가지급금계정은 연도 중에 임시적으로 나타나는 계정으로서 연도 말에 결산을 완료한 후에는 그 잔액이 나타나서는 안 된다.

예제 8-11 대여금과 가지급금

다음은 ㈜진천의 2×15년 1년 동안의 거래내역 중 일부이다. 거래일자별로 필요한 분개를 하라.

4월 1일	종업원에게 주택자금으로 ₩50,000을 9개월 만기, 무이자로 대여하다.
6월 1일	해외에 출장을 가는 재원 씨에게 출장경비로 ₩10,000을 지급하다.
10월 1일	재원 씨가 귀국하여 다음과 같은 출장경비명세와 함께 잔여현금 ₩1,000을 반납받다. 교통비 ₩3,000 숙박비 ₩3,000 접대비 3,000
12월 31일	4월 1일 종업원에게 빌려준 주택자금을 반환받다.

| 해설 |

일자		차변	금액		대변	금액
4월 1일	(차)	단기대여금	50,000	(대)	현 금	50,000
6월 1일	(차)	가 지 급 금	10,000	(대)	현 금	10,000
10월 1일	(차)	여비교통비	6,000	(대)	가 지 급 금	10,000
		접 대 비	3,000			
		현 금	1,000			
12월 31일	(차)	현 금	50,000	(대)	단기대여금	50,000

EXERCISE

연 | 습 | 문 | 제 <<<

1 수취채권의 계정구분

㈜진흥의 2×15년 1년 동안의 거래내역을 분개하라.

8월 1일	사용하던 장부금액 ₩1,000의 승용차를 ₩2,000에 처분하고 대금은 9월 1일에 받기로 하다.
8월 15일	㈜부민으로부터 3개월 전에 차입한 ₩2,000을 이자 ₩200과 함께 수표를 발행하여 지급하다.
9월 1일	승용차 처분대금 ₩2,000을 받다.
10월 1일	㈜하단에 1년 동안 ₩4,000을 연이자율 10%에 빌려주기로 하고 수표를 발행하여 교부하다.
10월 15일	㈜로성에 용역을 제공하고 대금 ₩8,000은 어음으로 받다.
10월 25일	㈜대신으로부터 기계장치를 구입하기로 하고 계약금으로 ₩1,000을 지급하다.
11월 1일	건물에 대한 보험기간이 종료하여 1년분 보험료 ₩2,400을 납부하다.
12월 1일	㈜대신으로부터 ₩3,000의 기계장치를 구입하고 잔액 ₩2,000은 어음을 발행하여 교부하다.
12월 31일	결산일이 도래하다.

2 손실충당금(대손충당금)의 설정

2×15년 12월 31일 현재 ㈜진영의 매출채권 잔액은 ₩100,000이고, 손실충당금 잔액은 ₩10,000이다. ㈜진영의 회계부장은 ₩100,000의 매출채권 중 ₩15,000이 회수 불가능하다고 추정하였다.

1. 기말에 손상추정에 따른 수정분개를 하고 재무상태표에 매출채권 및 손실충당금을 표시하라.
2. 수정 전 손실충당금 잔액이 ₩10,000이 아니고 ₩25,000이라고 가정하여 기말 수정분개를 하라.

③ 손상의 확정과 상각채권의 회수

다음 각각의 상황에 답하라.

	2×15년 기초		2×15년 중
	매출채권	손실충당금	손상확정액
상황 1	100,000	0	5,000
상황 2	150,000	10,000	12,000
상황 3	200,000	20,000	13,000

1. 2×15년에 손상이 확정되었을 경우 필요한 분개를 하라.
2. 위의 각 상황에 손상확정 분개 이후 손상액이 2×15년도에 전액 회수되었다고 가정하고 매출채권 회수시의 회계처리를 하라.
3. 요구사항 2에서 손상확정하였던 상각채권이 2×16년에 회수되었다고 가정하고 매출채권 회수시의 회계처리를 하라.

연습문제 해답

① 수취채권의 계정구분

일자		차변	금액		대변	금액
8월 1일	(차)	미 수 금	2,000	(대)	차량운반구	1,000
					유형자산처분이익	1,000
8월 15일	(차)	단기차입금	2,000	(대)	당 좌 예 금	2,200
		이 자 비 용	200			
9월 1일	(차)	현 금	2,000	(대)	미 수 금	2,000
10월 1일	(차)	단기대여금	4,000	(대)	당 좌 예 금	4,000
10월 15일	(차)	매출채권(받을어음)	8,000	(대)	용 역 수 익	8,000
10월 25일	(차)	선 급 금	1,000	(대)	현 금	1,000
11월 1일	(차)	선급보험료	2,400	(대)	현 금	2,400
12월 1일	(차)	기 계 장 치	3,000	(대)	미 지 급 금	2,000
					선 급 금	1,000

E X E R C I S E

12월 31일 (차) 미수이자 100 (대) 이자수익 100*

$* ₩4,000 \times 10\% \times \frac{92일}{365일} ≒ ₩100$(단기대여금에 대한 이자수익 발생분 인식)

(차) 보험료 400 (대) 선급보험료 400*

$* ₩2,400 \times \frac{2월}{12월} = ₩400$(선급보험료 중 기간경과분을 보험료비용으로 인식)

2 손실충당금의 설정

1. 수정분개

손상추산액 ₩15,000이 기말 손실충당금 잔액이 되어야 한다. 수정분개 전 손실충당금 잔액이 ₩10,000이므로 ₩5,000을 추가로 설정하는 다음의 분개가 필요하다.

(차) 손상차손 5,000 (대) 손실충당금 5,000

부분재무상태표

매출채권	100,000	
손실충당금	(15,000)	85,000

2. 수정분개

손실충당금 기말잔액은 ₩15,000이 되어야 하므로 수정전 손실충당금 잔액에서 ₩10,000을 차감하여야 한다. 이때 대변의 계정과목은 손실충당금환입으로 계상한다.

(차) 손실충당금 10,000 (대) 손실충당금환입 10,000

3 대손의 확정과 상각채권의 회수

1. 손상확정의 분개

손상이 확정되었을 경우 손실충당금과 매출채권을 장부에서 제거하여야 하는데 손실충당금 잔액이 부족한 경우 당기의 손상차손으로 계상한다.

상황 1	(차) 손상차손	5,000	(대) 매출채권	5,000
상황 2	(차) 손실충당금	10,000	(대) 매출채권	12,000
	손상차손	2,000		
상황 3	(차) 손실충당금	13,000	(대) 매출채권	13,000

2. 상각채권 회수시의 분개

당해연도 중에 손상확정의 회계처리를 하였으나 연도 중 제거된 채권이 회수되었을 경우 다음 두 가지의 분개를 하여야 한다.

① 손상확정 분개의 역분개(취소분개)
② 매출채권의 회수분개

상황 1	(차) 매출채권	5,000	(대) 손상차손	5,000
	(차) 현 금	5,000	(대) 매출채권	5,000
상황 2	(차) 매출채권	12,000	(대) 손실충당금	10,000
			손상차손	2,000
	(차) 현 금	12,000	(대) 매출채권	12,000
상황 3	(차) 매출채권	13,000	(대) 손실충당금	13,000
	(차) 현 금	13,000	(대) 매출채권	13,000

3. 상각채권 회수시의 분개

상황 1	(차) 현 금	5,000	(대) 손실충당금	5,000
상황 2	(차) 현 금	12,000	(대) 손실충당금	12,000
상황 3	(차) 현 금	13,000	(대) 손실충당금	13,000

Accounting Principles

9 금융자산 – 지분증권

Chapter

1. 지분증권의 의의와 분류
2. 지분증권의 최초인식
3. 지분증권의 후속측정
4. 지분증권의 처분

Chapter 09 금융자산 – 지분증권

Accounting Principles

1. 지분증권의 의의와 분류

(1) 지분증권이란?

유가증권은 주식이나 채권과 같이 재산권을 나타내는 증권을 말하는데 회계에서는 주식을 지분증권(equity securities)이라 하고, 채권을 채무증권(debt securities)이라 한다. 기업이 주식을 보유함으로써 상대기업을 지배하거나 시세차익을 얻을 수 있으며 배당의 방법으로 이익 분배에 참여할 수 있다. 채권을 보유하면 일정기간 동안 이자를 받고 만기에 원금을 회수하게 된다. 지분증권과 채무증권에는 주식과 채권이 아닌 다른 상품도 있지만 회계원리 수준에서는 주식과 채권을 중심으로 설명하도록 한다.

금융자산은 현금 등을 수취할 계약상 권리로 정의할 수 있는데 다른 기업이 발행한 지분증권을 취득한 경우 투자자의 입장에서는 금융자산에 해당한다. 지분증권은 발행회사의 입장에서는 자기자본의 조달수단이 되며 보유자의 입장에서는 발행회사의 순자산에 대한 소유지분을 나타낸다.

(2) 지분증권의 분류

국제회계기준(K–IFRS)에서는 단기매매목적으로 보유하고 있는 지분상품을 '당기손익–공정가치측정금융자산(Fair Value through Profit or Loss, 이하 FVPL 금융자산)'으로 분류하도록 하고 있다. 기업이 FVPL 금융자산을 보유한다면 지분상품의 공정가치 변동에 따른 평가손익을 당기손익으로 인식하는 것이다.

기업이 단기매매목적이 아닌 장기투자의 목적에서 다른 기업의 지분상품을 보유하는 경우에는 이를 '기타포괄손익–공정가치측정금융자산(Fair Value through Other Comprehensive Income, 이하 FVOCI 금융자산)'으로 분류되도록 선택할 수 있다. 지분상품의 공정가치의 변동을 인식하지만 FVPL 금융자산과는 달리 평가손익을 당기손익이 아닌 기타포괄손익으로 인식한다.

기업이 투자목적으로 다른 기업이 발행한 지분상품을 보유하는 경우 'FVPL 금융자산'으로 분류하나 단기매매목적이 아닌 지분상품의 경우에는 'FVOCI 선택 금융자산'으로 분류할 수 있다.

1) 당기손익–공정가치측정금융자산

지분상품을 보유하는 이유가 금융자산의 매도를 통한 현금흐름 실현이 목적인 경우에는 금융자산의 공정가치 변동을 당기손익으로 인식하는 FVPL 금융자산으로 분류한다. 단기간의 매매차익을 얻거나 금융자산의 공정가치 변동을 성과측정의 척도로 사용하는 경우에는 공정가치 변동을 당기손익으로 인식한 정보가 의사결정에 더 유용할 것이다.

2) 기타포괄손익–공정가치측정금융자산

기업이 단기매매목적도 아니고 조건부 대가(합병 등 사업결합 과정에서 미래 사건이 발생하거나 특정 조건이 충족되면 취득자가 피취득자의 소유자에게 추가로 지분을 이전하기로 한 것)도 아닌 지분상품을 보유한 경우가 있다. 주로 장기투자 목적으로 지분을 보유하는 경우이다. 이러한 경우 공정가치 변동을 당기손익으로 인식하면 당기순손익의 변동성이 증가할 뿐만 아니라 당기순손익이 기업의 성과 측정치로서의 역할을 하지 못할 수도 있다. 기업이 지분상품을 최초로 인식하면서 후속적인 공정가치의 변동을 기타포괄손익으로 표시하기로 선택한 경우 FVOCI 선택금융자산으로 분류한다. 이러한 선택은 최초 인식시점에서만 가능하며, 이후에 취소할 수 없다.

2. 지분증권의 최초인식

기업이 주식 등 지분증권을 취득할 경우 취득(최초인식)시점의 공정가치로 측정한다. 지분증권의 취득과 직접 관련된 중개수수료, 거래관련 세금 등 취득부대비용의 경우 유형자산은 취득부대원가로서 유형자산의 장부금액에 포함하지만 지분증권의 경우에는 지분증권의 종류에 따라 회계처리를 다르게 한다.

FVPL 금융자산의 거래원가는 자산의 원가에 가산하지 않고 당기비용으로 인식한다.

반면, FVOCI 선택 금융자산은 거래원가를 취득원가에 가산한다(최초인식하는 공정가치에 가산한다). FVPL 금융자산은 취득후 공정가치의 변동을 당기손익으로 인식하더라도 그만큼 공정가치 변동에 따른 손익을 덜 인식하게 되어 관련거래원가를 처음부터 당기비용으로 인식한 것과 동일한 결과를 나타낸다.

예제 9-1 지분증권의 취득

㈜동아의 2×14년도 지분증권과 관련된 거래는 다음과 같다. 취득일의 분개를 FVPL 금융자산과 FVOCI 선택 금융자산으로 구분하여 나타내라.

3월 4일 ㈜부민의 상장주식 40주를 주당 ₩10,500에 취득하였는데 구입수수료로 ₩2,000을 지급하였다.

| 해설 |

1. 3월 4일 ㈜부민의 주식 40주 취득

〈FVPL 금융자산〉

(차) FVPL 금융자산	420,000*	(대) 현 금	422,000
지급수수료	2,000		

* 40주×₩10,500=₩420,000

〈FVOCI 선택 금융자산〉

(차) FVOCI 선택 금융자산	422,000*	(대) 현 금	422,000

* 40주×₩10,500+₩2,000

3. 지분증권의 후속측정

(1) 공정가치의 변동

지분증권을 최초인식한 후에는 매 보고기간 말에 공정가치(fair value)로 측정한다. 공정가치의 최선의 추정치는 활성시장에서 공시되는 가격이다. 활성시장(Tight Market)이란 빈번한 거래를 통해 매수, 매도 가격차이가 작게 나타나는 시장을 말한다. 거래소에서 거래되는 주식의 공정가치는 시가가 공정가치이며 거래소에서 거래되지 않는 주식의 공정가치는 적절한 평가기법을 사용하여 공정가치를 결정할 수 있다. 지분증권을 결산일에 공정가치로 측정할 때 공정가치변동에 대한 회계처리는 지분증권의 분류방법에 따라 다르게 회계처리한다.

FVPL 금융자산은 결산일 현재 미실현손익이지만 당기손익인식금융자산의 분류 특성상 단기간 내에 처분될 가능성이 높아 처분을 통해 실현될 것이므로 공정가치변동을 당기손익으로 회계처리하여 미래현금흐름을 예측하는 데 도움을 준다. FVOCI 선택 금융자산의 공정가치변동은 당기손익에 반영하지 않고 기타포괄손익으로 인식한다. FVOCI 선택 금융자산의 경우 공정가치변동을 손익으로 인식하면 미래현금흐름예측을 오도할 수 있기 때문에 기타포괄손익으로 인식한다. FVOCI 선택 금융자산의 보유 특성이 대부분 장기간 보유할 목적으로 취득하였기 때문이다.

(2) FVPL 금융자산의 후속측정

FVPL 금융자산의 보유목적은 여유자금의 일시적인 운용이므로 보유목적에 비추어 판단하면 재무상태표에 표시되는 금융자산의 가액은 재무상태표일 현재의 공정가치평가액, 즉 시가에 의해서 평가하는 것이 타당한 방법이라고 할 수 있다. 따라서 FVPL 금융자산은 기말현재의 공정가액을 재무상태표가액으로 하고 장부가액과의 차액은 금융자산평가손익(당기손익)의 과목으로 하여 당기손익으로 처리하도록 하고 있다. 이때 장부가액이란 당기 중 취득한 금융자산의 경우 취득원가를 말하며, 전기 이전에 취득한 금융자산의 경우 전기말 공정가치평가액을 말한다. 공정가치평가액과 장부가액의 차액은 FVPL 금융자산에서 직접 가감하여야 한다.

금융자산평가손익(당기손익) = 공정가치평가액 – 장부가액

예를 들어 취득원가 ₩220,000의 ㈜동아 보통주를 기말까지 보유하고 있다고 하자. 기말시점의 ㈜동아 보통주의 시가가 ₩230,000일 경우 회계처리는 다음과 같다.

(차) FVPL 금융자산	10,000	(대) 금융자산평가이익 (수익)	10,000

FVPL 금융자산 중 주식은 반드시 공정가치에 의해 평가하도록 규정되어 있으므로 취득원가와 시가와의 차액 ₩10,000만큼 FVPL 금융자산 장부가액에 가산하여야 하고 상대계정과목은 수익항목인 금융자산평가이익으로 계상하여야 한다. 평가이익 계상 후의 FVPL 금융자산의 재무상태표 가액은 취득원가 ₩220,000에 평가이익 ₩10,000을 가산한

₩230,000이 된다.

이 주식을 다음 회계연도 말까지 보유하고 있다고 가정해 보자. 다음 회계연도 말의 ㈜동아의 보통주 시가는 ₩200,000일 경우 ㈜오성은 아래와 같은 분개를 하여야 한다.

(차) 금융자산평가손실(비용)	30,000	(대) FVPL 금융자산	30,000

연도 말의 FVPL 금융자산의 공정가치는 ₩200,000인데 FVPL 금융자산의 장부가액은 ₩230,000이므로 차액 ₩30,000만큼 FVPL 금융자산 장부가액을 감액시켜야 하고 상대계정과목은 금융자산평가손실(비용)로 계상하여야 한다. 따라서 금융자산평가손실 계상 후 회계연도 말 재무상태표가액은 공정가치인 ₩200,000이 된다.

예제 9-2 FVPL 금융자산의 평가

㈜동아의 2×14년 말과 2×15년 말의 FVPL 금융자산 보유내역은 다음과 같다. 2×14년 중 FVPL 금융자산의 처분이 없을 경우 2×14년 말과 2×15년 말의 금융자산평가손익을 계산하라.

종 목	취득원가	2×14년 말 공정가치	2×15년 말 공정가치
㈜갑주식	₩200,000	₩210,000	₩220,000
㈜을주식	300,000	400,000	320,000
계	₩500,000	₩610,000	₩540,000

| 해설 |

1. 2×14년 말의 FVPL 금융자산 평가

구 분	2×14년 12월 31일		평가이익
	평가전 장부가액	평가액*	
㈜갑주식	₩200,000	₩210,000	₩ 10,000
㈜을주식	300,000	400,000	100,000
계	₩500,000	₩610,000	₩110,000

㈜동아가 보유한 FVPL 금융자산 공정가치가 상승하여 ₩110,000의 평가이익이 발생하였으므로 다음의 분개를 하여야 한다.

(차) FVPL 금융자산	110,000	(대) 금융자산평가이익(수익)	110,000

2. 2×15년 말의 FVPL 금융자산 평가

구 분	2×15년 12월 31일		평가이익(손실)
	평가전 장부가액	평가액	
㈜갑주식	₩210,000	₩220,000	₩10,000
㈜을주식	400,000	320,000	(80,000)
계	₩610,000	₩540,000	₩(70,000)

㈜동아가 보유하고 있는 FVPL 금융자산 포트폴리오의 공정가치가 ₩70,000 하락하였으므로 다음과 같이 FVPL 금융자산의 평가손실을 계상하여야 한다.

(차) 금융자산평가손실(비용) 70,000 (대) FVPL 금융자산 70,000

(3) FVOCI 선택 금융자산의 후속측정

FVOCI 선택 금융자산도 FVPL 금융자산과 마찬가지로 매 보고기간 말에 공정가치로 평가한다. FVOCI 선택 금융자산의 취득원가(또는 직전 결산기말 장부가액)와 공정가치와의 차이는 금융자산평가손익(기타포괄손익)으로 회계처리한다. FVPL 금융자산의 평가손익은 포괄손익계산서의 당기손익으로 인식하지만 FVOCI 선택 금융자산의 평가손익은 당기손익으로 인식하지 않고 재무상태표의 자본항목인 기타포괄손익누계액으로 인식한다. 그 이유는 FVOCI 선택 금융자산은 장기보유목적으로 취득했기 때문에 그 공정가치가 변한다고 해서 이를 즉시 당기손익으로 반영시킬 이유가 없을 뿐만 아니라, 만약 이를 당기손익에 반영시키게 되면 장기간 보유하게 될 해당 지분증권에 대한 평가손익으로 인하여 당기손익이 크게 영향을 받을 수 있기 때문이다.

공정가치로 평가하는 경우 FVOCI 선택 금융자산의 평가손익은 다음과 같이 계산된다.

금융자산평가손익(기타포괄손익) = 공정가치평가액 – 장부가액

금융자산평가이익(기타포괄손익)을 인식한 이후에 공정가치가 하락하여 금융자산평가손실을 인식하여야 하는 경우 전기의 금융자산평가이익(기타포괄손익)을 우선 감소시킨다. 만약 손실액이 전기의 금융자산평가이익(기타포괄손익)을 초과하는 경우 금융자산평가손실(기타포괄손익)로 인식한다. 반대로 금융자산평가손실(기타포괄손익)을 인식한 이후에 공정가치가 상승하여 금융자산평가이익(기타포괄손익)을 인식해야 할 경우 전기의 금융자산평가손실(기타포괄손익)을 우선 감소시키고, 초과액은 금융자산평가이익(기타포

괄손익)으로 인식한다.

예제 9-3 FVOCI 선택 금융자산의 평가

㈜동아의 2×14년 말과 2×15년 말의 FVOCI 선택 금융자산 보유내역은 다음과 같다. 2×14년 중 FVOCI 선택 금융자산의 처분이 없을 경우 2×14년 말과 2×15년 말의 FVOCI 선택 금융자산의 평가손익을 계산하라.

종 목	취득원가	2×14년 말 공정가치	2×15년 말 공정가치
㈜갑주식	₩200,000	₩210,000	₩220,000
㈜을주식	300,000	400,000	320,000
계	₩500,000	₩610,000	₩540,000

| 해설 |

1. 2×14년 말의 FVOCI 선택 금융자산 평가

구 분	2×14년 12월 31일		평가이익
	평가전 장부가액	평가액	
㈜갑주식	₩200,000	₩210,000	₩ 10,000
㈜을주식	300,000	400,000	100,000
계	₩500,000	₩610,000	₩110,000

㈜동아가 보유한 FVOCI 선택 금융자산 포트폴리오의 공정가치가 상승하여 ₩110,000의 평가이익이 발생하였으므로 다음의 분개를 하여야 한다. 다만, FVPL 금융자산과는 달리 FVOCI 선택 금융자산의 평가이익은 기타포괄손익으로 인식된다.

(차) FVOCI 선택 금융자산 110,000 (대) 금융자산평가이익 110,000
(기타포괄손익)

2. 2×15년 말의 FVOCI 선택 금융자산 평가

구 분	2×15년 12월 31일		평가이익(손실)
	평가전 장부가액	평가액	
㈜갑주식	₩210,000	₩220,000	₩10,000
㈜을주식	400,000	320,000	(80,000)
계	₩610,000	₩540,000	₩(70,000)

㈜동아가 보유하고 있는 FVOCI 선택 금융자산 포트폴리오의 공정가치가 ₩70,000 하락하였으므로 다음과 같이 전기에 계상된 FVOCI 선택 금융자산의 평가이익을 감액하여야 한다.

(차) 금융자산평가이익 70,000 (대) FVOCI 선택 금융자산 70,000
(기타포괄손익)

(4) 배당금의 수령

지분증권을 취득하여 보유하고 있으면 발행자로부터 배당을 수령하는 거래가 발생할 수 있다. 이러한 배당은 현금배당 또는 주식배당으로 발생한다. 현금배당을 수령하면 배당금수익을 인식하며 주식배당의 경우에는 회계처리를 하지 않는다.

현금배당은 발행회사가 현금배당을 하겠다고 결의한 시점에 수익을 인식한다. 투자회사는 미수금과 배당금수익을 인식하며 현금을 수령하는 시점에 미수금을 감소시키는 회계처리를 한다. 현금배당을 수령하는 회계처리는 아래와 같다.

〈현금배당금의 지급결의시〉

(차) 미 수 금	×××	(대) 배당금수익(당기손익)	×××

〈현금배당금 수령시〉

(차) 현 금	×××	(대) 미 수 금	×××

주식배당을 하는 회사는 순자산의 변동이 없다. 단지 회사의 이익잉여금이 자본금으로 대체되어 발행회사의 발행주식수, 보유자의 보유주식수만 증가할 뿐 전체 보유주식의 가치는 변동되지 않는다. 따라서 주식배당을 수령하는 입장에서는 회계처리를 필요로 하지 않는다.

4. 지분증권의 처분

(1) FVPL 금융자산의 처분

FVPL 금융자산을 처분하는 경우 장부가액과 처분가액과의 차액은 금융자산처분손익(당기손익)의 과목으로 인식하여야 한다. 이때 장부가액이란 전기 이전에 취득한 FVPL 금융자산의 경우에는 직전 회계연도 말의 공정가치평가액을, 당기에 취득한 FVPL 금융자산의 경우에는 취득원가를 말한다.

〈주식처분시〉

(차) 현 금	×××	(대) FVPL 금융자산	×××
		금융자산처분이익(당기손익)	×××

예제 9-4 FVPL 금융자산의 처분

㈜동아는 단기매매목적으로 취득한 FVPL 금융자산을 다음과 같이 처분하였다. 이와 관련하여 2×14년 말부터 각 일자에 해야 할 회계처리를 하라.

1. ㈜동아는 2×14년에 처음으로 단기매매목적으로 유가증권에 대한 투자를 하였다. 회사가 2×14년 말 보유하고 있는 유가증권과 관련된 자료는 다음과 같다.

구 분	수 량	취득원가	공정가치
A사 주식	1,000주	₩300,000	₩330,000

2. 2×15년 2월 2일, A사는 주식배당 10%를 실시하고 신주를 발행교부하였다.
3. 2×15년 3월 7일, A사 주식 400주를 주당 ₩350에 처분하였다.

| 해설 |

1. 2×14년 12월 31일
(차) FVPL 금융자산 30,000 (대) 금융자산평가이익(당기손익) 30,000

2. 2×15년 2월 2일
분개 없음(보유주식총수만 늘어나고 장부가액은 그대로임)

3. 2×15년 3월 7일
(차) 현 금 140,000*1) (대) FVPL 금융자산 120,000*2)
금융자산처분이익(당기손익) 20,000

*1) 400주×350=140,000
*2) 330,000×400÷(1,000+100)=120,000

(2) FVOCI 선택 금융자산의 처분

FVOCI 선택 금융자산은 처분할 때 FVPL 금융자산처럼 장부금액과 처분금액의 차이를 처분손익으로 인식하지는 않는다. 또한 자본항목인 기타포괄손익누계액에 계상되어 있는(당해 처분주식에 대한) FVOCI 선택 금융자산의 평가이익(또는 평가손실)의 누적잔액은 처분시점에 장부에서 제거하지 않는다. FVOCI 선택 금융자산을 처분할 경우 처분시점 현재 공정가치, 즉 처분금액으로 평가를 먼저하여 금융자산평가손익을 먼저 인식한 후 처분의 회계처리를 하여야 한다.

예제 9-5 FVOCI 선택 금융자산의 처분

㈜동아는 2×14년 5월 1일, 시장성이 있는 A사 주식을 장기투자 목적으로 ₩40,000에 취득하였다. 결산일 현재 A사 주식의 공정가치는 ₩42,000이다. 또한 2×15년 4월 1일, 보유 중인 A사 주식 중 50%를 ₩25,000에 처분하였으며 결산일 현재 보유 중인 A사 주식의 공정가치는 ₩18,000이다. ㈜동아가 각 일자에 해야 할 회계처리를 하시오.

| 해설 |

1. 회계처리

〈2×14년 5월 1일〉

차변	금액	대변	금액
(차) FVOCI 선택 금융자산	40,000	(대) 현 금	40,000

〈2×14년 12월 31일〉

차변	금액	대변	금액
(차) FVOCI 선택 금융자산	2,000	(대) 금융자산평가이익	2,000

〈2×15년 4월 1일〉

차변	금액	대변	금액
(차) FVOCI 선택 금융자산	4,000	(대) 금융자산평가이익	4,000*
현 금	25,000	FVOCI 선택 금융자산	25,000

*금융자산평가이익 : 25,000 − 42,000 × 50% = ₩4,000

〈2×15년 12월 31일〉

차변	금액	대변	금액
(차) 금융자산평가이익 (기타포괄손익)	3,000	(대) FVOCI 선택 금융자산	3,000

EXERCISE

연 | 습 | 문 | 제 ‹‹‹

1 FVPL 금융자산의 취득원가

㈜동아는 2×14년 9월 17일 ㈜부민의 보통주 100주를 증권거래소에서 주당 ₩10,000에 수표를 발행하여 취득하면서 매입수수료로 ₩3,000을 현금으로 지급하였다. ㈜동아는 ㈜부민의 보통주를 2개월 후에 처분할 예정이다. 취득시점에서 ㈜동아의 분개를 하라.

2 FVPL 금융자산의 평가

다음은 ㈜동아가 2×14년도 기말 현재 보유하고 있는 주식내역이다.

종 류	보유목적	취득원가	시 가
㈜구덕 보통주	단기매매차익	₩580,000	600,000
㈜부민 우선주	장기투자	2,470,000	₩2,600,000
㈜하단 보통주	단기매매차익	940,000	700,000

㈜동아가 2×14년도 포괄손익계산서에 당기손익으로 계상할 금융자산평가손익을 계산하라.

3 FVOCI 선택 금융자산의 평가

다음은 ㈜동아의 FVOCI 선택 금융자산의 거래와 관련된 자료이다.

2×14년 7월 1일	㈜동아는 ㈜부민의 시장성 있는 보통주식 50주를 장기투자목적으로 주당 ₩200,000에 현금 취득하였다. 취득 시 부대비용은 ₩40,000이 지출되었다.
2×14년 11월 1일	㈜부민으로부터 배당금 ₩20,000을 현금으로 받다.
2×14년 12월 31일	동 일자의 ㈜부민 발행주식의 시가는 주당 ₩150,000이다.

| 요구사항 |

FVOCI 선택 금융자산 관련거래를 분개하라.

EXERCISE

④ FVOCI 선택 금융자산의 평가손익 회계처리

다음은 ㈜동아의 FVOCI 선택 금융자산 관련거래이다. 필요한 분개를 하라.

2×14년 5월 1일	시장성 있는 ㈜하단의 보통주 50주(지분율 10%)를 장기투자목적으로 주당 ₩7,000에 취득하였다. 취득 시 부대비용 ₩10,000은 현금으로 지급하였다.
2×14년 12월 31일	㈜하단의 보통주 주당 시가는 ₩9,000이다.
2×15년 3월 1일	㈜하단은 총배당금을 ₩500,000 지급하였다.
2×15년 12월 31일	㈜하단의 보통주 주당 시가는 ₩5,000이다.
2×16년 2월 1일	㈜하단의 보통주 25주를 주당 ₩10,000에 처분하다.

연습문제 해답

① FVPL 금융자산의 취득원가

〈취득시점의 분개〉

(차) FVPL 금융자산	1,000,000	(대) 현 금	1,030,000
(차) 매입수수료	3,000		

② FVPL 금융자산의 평가

㈜부민의 우선주는 장기투자목적으로 FVPL 금융자산이 아니다. ㈜구덕과 ㈜하단의 보통주 보유목적이 단기매매차익이므로 FVPL 금융자산으로 분류하며 평가손익을 당기손익으로 인식한다. ㈜구덕의 보통주와 ㈜하단의 보통주의 취득원가는 580,000+940,000=1,520,000, 기말 공정가치는 600,000+700,000=1,300,000으로 기말 공정가치가 취득원가보다 하락하였기 때문에 금융자산평가손실 ₩220,000을 당기손익으로 인식한다.

EXERCISE

③ FVOCI 선택 금융자산의 평가

FVOCI 선택 금융자산의 취득부대비용은 FVOCI 선택 금융자산의 취득원가에 가산한다.

〈2×14년 7월 1일〉

(차) FVOCI 선택 금융자산	10,040,000	(대) 현 금		10,040,000

〈2×14년 11월 1일〉

(차) 현 금	20,000	(대) 배당금수익	20,000
		(배당결의 즉시 배당수령 가정)	

〈2×14년 12월 31일〉

2×14년 12월 31일 FVOCI 선택 금융자산의 공정가치 150,000×50=7,500,000

(차) 금융자산평가손실(기타포괄손익)	2,540,000	(대) FVOCI 선택 금융자산	2,540,000

(금융자산평가손실 2,540,000=7,500,000−10,040,000)

④ FVOCI 선택 금융자산의 평가손익 회계처리

〈2×14년 5월 1일〉

(차) FVOCI 선택 금융자산	360,000	(대) 현 금	360,000

〈2×14년 12월 31일〉

(차) FVOCI 선택 금융자산	90,000	(대) 금융자산평가이익(기타포괄손익)	90,000
		(450,000−360,000)	

〈2×15년 3월 1일(배당결의 즉시 배당수령 가정)〉

(차) 현 금	50,000	(대) 배당금수익	50,000

* 총배당금의 10% 수령

〈2×15년 12월 31일〉

(차) 금융자산평가이익(기타포괄손익)	90,000	(대) FVOCI 선택 금융자산	200,000
금융자산평가손실(기타포괄손익)	110,000		

〈2×16년 2월 1일〉

(차) FVOCI 선택 금융자산	125,000	(대) 금융자산평가손실(기타포괄손익)	110,000
		금융자산평가이익(기타포괄손익)	15,000
(차) 현 금	250,000	(대) FVOCI 선택 금융자산	250,000

10 Chapter
금융자산 – 채무증권

1. 화폐의 시간가치
2. 채무증권

Chapter 10 금융자산 – 채무증권

Accounting Principles

1. 화폐의 시간가치

화폐는 같은 금액이라도 그 시점에 따라 가치가 다르다. 화폐의 이러한 특성에 의해 화폐는 시간가치(time value)를 갖는데 이를 이자라고 부른다. 이자는 시간의 길이에 따라 그 크기가 변한다. 즉, 화폐의 시간가치는 시간의 길이에 따라 변화한다. 지금의 ₩1,000,000과 1년 후의 ₩1,100,000과 비교하여 단순히 절대금액만 비교해서 미래의 ₩1,100,000이 더 크다고 할 수 없다. 비교의 시점이 다르기 때문에 1년간의 이자율을 통해 1년 후의 ₩1,100,000을 현재시점의 가치로 환산하여 현재 ₩1,000,000과 비교해야 한다. 만약 현재 이자율이 10%이면 1년 후의 ₩1,100,000을 1.1로 나누어 계산하면 현재가치는 ₩1,000,000이므로 동등한 가치를 가진다고 할 수 있다.[1)]

방법 1 : 현재시점에 일시불로 ₩2,000,000 수령
방법 2 : 1년 후부터 대년 ₩300,000씩 10년 동안 수령
방법 3 : 10년 후에 ₩3,000,000을 일시불로 수령

---

1) 이를 산식으로 나타내면 '₩1,100,000 $\times \frac{1}{1.1}$ = ₩1,100,000 $\times \frac{1}{(1+0.1)^1}$'로 나타낼 수 있다. 이자율(r)이 10%일 경우 ₩1,100,000은 ₩1,000,000의 1년(n=1) 후 미래가치가 된다. 이러한 점에서 ₩1,100,000이 FV_1(future value)로 정의할 경우 ₩1,000,000은 현재가치(PV, Present Value)가 된다. 이럴 경우 아래와 같은 현재가치 산식을 유도할 수 있다.

$$PV = FV_n \times \frac{1}{(1+r)^n}$$

여기서, PV : 현재가치, r : 이자율, FV_n : n기간 후의 미래가치

현재시점의 시장이자율을 10%라고 가정한다면 당신은 위의 방법 중 어떤 방법을 선택하겠는가? 각 방법에서 보여주고 있는 현금의 흐름은 그 발생시점에 차이가 있기 때문에 직접적인 비교는 불가능하고, 특정 시점에서 이자를 고려한 금액으로 각 현금흐름을 환산한 후 현금흐름이 가장 큰 연금수령방법을 선택하여야 할 것이다. 이때 특정 시점은 어느 시점으로 선택하든지 그 의사결정 결과는 동일하게 나타날 것이므로 특정 시점을 현재시점으로 선택하여 각 방법별로 현금흐름의 가치를 비교해 보자.

방법 1의 경우는 현재시점에서 일시불로 ₩2,000,000을 수령하는 것이므로 방법 1에 의한 현재시점의 가치는 ₩2,000,000 그 자체가 될 것이다.

방법 2의 현금흐름은 다음의 표와 같이 나타난다.

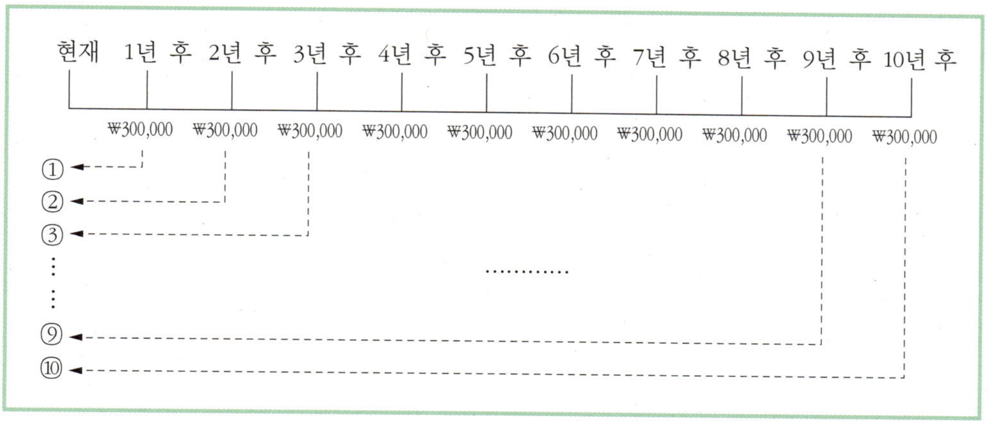

이 그림상의 ①부터 ⑩은 각 시점별 현금흐름을 현재시점의 가치로 환산한 가액이고 그 계산절차는 다음과 같다.

$$① = \frac{₩300,000}{1.1^{1}} = ₩272,727$$

$$② = \frac{₩300,000}{1.1^{2}} = ₩247,934$$

$$③ = \frac{₩300,000}{1.1^{3}} = ₩225,394$$

$$\vdots$$

$$④ = \frac{₩300,000}{1.1^{9}} = ₩127,230$$

$$⑤ = \frac{₩300,000}{1.1^{10}} = ₩115,650$$

결국 방법 2의 현금흐름의 현재시점의 가치는 ①부터 ⑩까지의 합계인 ₩1,843,380이다. 방법 3의 현금흐름과 현금흐름의 현재시점의 가치를 구하면 다음과 같다.

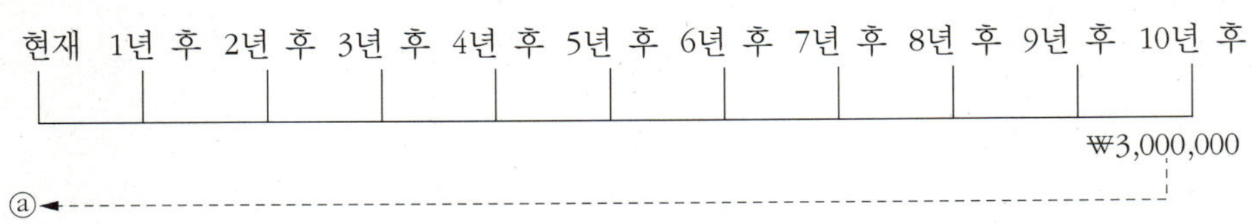

방법 2의 경우와 마찬가지로 10년 후의 ₩3,000,000을 현재시점의 가치로 계산하면 다음과 같다.

$$ⓐ = \frac{₩3,000,000}{1.1^{10}} = ₩1,156,630$$

각 방법별 화폐의 시간가치를 고려하지 않은 명목상의 금액과 화폐의 시간가치를 고려한 현재가치를 비교·요약하면 다음의 표와 같다.

구 분	명목상의 금액 합계	현재가치	의사결정
방법 1 방법 2 방법 3	₩2,000,000 ₩3,000,000 ₩3,000,000	₩2,000,000 ₩1,843,380 ₩1,156,630	채택

결국 위의 방법들 중에서 단순히 명목상의 금액만을 고려하여 의사결정을 하여서는 안 되고 각 방법별 현금흐름의 현재가치를 계산한 후 현재가치에 의하여 의사결정을 하여야 할 것이다.

위에서 살펴본 것처럼 현재가치를 계산하는 방법은 매우 복잡하므로 일반적으로 현재가치요소를 사용하여 현재가치를 계산하기도 하는데 현재가치요소를 이용하여 구하는 방법은 다음과 같다.

우선 방법 2의 경우 1년 후부터 10년 동안 매년 ₩300,000의 현금흐름이 일정하게 발생한다. 이처럼 일정기간 동안 발생하는 일정액의 현금흐름을 연금이라고 표현하고, 본서의 부록으로 제시된 연금의 현재가치표를 이용하여 방법 2의 현금흐름에 대한 현재가치를 계산해 보자. 연금의 현재가치표를 이용하기 위해서는 두 가지 요소를 알아야 하는데 표상의 n은 연금이 발생하는 횟수를 의미한다. 방법 2의 현금흐름은 ₩300,000씩 10번의 현금흐름이 발생하므로 $n=10$이 되고, 표상의 i는 이자율을 의미하는데 현재시점의 시장이자율을 10%로 가정하였으므로 $i=10\%$가 된다. 연금의 현가요소표에서 $n=10$과 $i=10\%$가 만나는 지점의 숫자는 6.1446이다. 이 숫자의 의미는 연간이자율이 10%이고 매년 ₩1의 현금흐름이 10년 동안 일정하게 발생할 경우 이 현금흐름의 현재가치는 ₩6.1446임을 의미하므로 방법 2의 경우처럼 이자율이 10%이고 매년 ₩300,000씩 현금흐름이 10년 동안 일정하게 발생하는 경우 이 현금흐름의 현재가치는 ₩300,000×6.1446 =₩1,843,380이 된다.

방법 3의 경우처럼 10년 후에 ₩3,000,000의 현금흐름이 발생하는 경우는 부록의 단일금액의 현재가치표를 이용하여야 하는데 $i=10\%$와 $n=10$이 교차하는 지점의 숫자는 0.3855이다. 이 숫자는 이자율이 10%일 경우 10년 후의 ₩1은 현재시점의 ₩0.3855과 같다는 것을 의미하므로, 방법 3의 경우 10년 후의 ₩3,000,000은 현재시점의 가치로 계산하면 ₩3,000,000×0.3855=₩1,156,500이다.

2. 채무증권

(1) 채무증권의 의의 및 분류

발행자가 자금을 차입하기 위해 발행하는 증권으로서 국공채, 회사채 등이 있다. 채무증권의 투자자는 미래에 이자와 원금을 회수할 계약상 권리를 가지기 때문에 금융자산에 해당한다. 채무증권은 현금흐름 특성에 따른 조건을 만족하는지를 확인하고, 그 조건을 만족하는 경우 기업의 사업모형(business model)에 따라 채무상품을 분류한다. 현금흐름의 특성에 따른 조건이란 계약에 따라 원금과 원금에 대한 이자를 지급하는 것을 말한다. 채무증권은 이자와 원금의 현금흐름이 발생하므로 현금흐름 특성에 따른 조건을 만족하게 된다. 채무증권 역시 금융자산이기 때문에 금융자산의 분류에 따르며 지분증권은 공정가치측정-당기손익인식 금융자산, 공정가치측정-기타포괄손익인식 선택 금융자산 중 한 가지로 분류되는 데 반해 채무증권은 상각후원가 측정 금융자산(AC 금융자산), 공정가치측정-당기손익인식 금융자산, 공정가치측정-기타포괄손익인식 금융자산 중 한 가지 범주로 분류된다. 채무증권의 3가지 범주별 분류기준을 서술하면 다음과 같다.

현금흐름을 수취하기 위하여 금융자산을 보유하는 것을 목적으로 하는 사업모형을 따르는 경우 상각후원가 측정 금융자산(Amortized Cost, 이하 AC 금융자산)으로 분류한다. 상각후원가(amortized cost)의 의미는 최초인식시 현재가치를 적용하고, 이후 유효이자율법을 적용하여 장부금액을 기록하는 것을 말한다.

현금흐름 수취와 금융자산 매도 모두를 통해 목적을 이루는 사업모형의 경우에는 공정가치측정-기타포괄손익인식 금융자산(FVOCI 금융자산)으로 분류한다. 채무증권의 최초인식시 공정가치로 측정하고 이후의 기간에도 공정가치로 측정하여 기타포괄손익으로 인식한다.

기업의 사업모형이 원금과 이자의 현금흐름 수취를 목적으로 하는 것도 아니고 현금흐름 수취와 매도 모두를 목적으로 하는 것도 아니라면 매도를 위한 사업모형으로 보아야 할 것이다. 이러한 경우 주로 단기매매목적으로 차익을 얻기 위한 목적인 것으로 채무증권을 공정가치측정-당기손익인식 금융자산(FVPL 금융자산)으로 분류하고, 공정가치의 변동을 당기손익으로 인식한다.

앞에서 설명한 바와 같이 채무증권은 기업의 사업모형에 따라 금융자산을 분류하고 있으나, 회계원리 수준에서는 상각후원가 측정 금융자산(AC 금융자산)으로 분류하는 경우만 설명하고 나머지 분류에 대한 회계처리는 재무회계 분야에서 다루기로 한다.

채무증권에 대한 회계처리를 학습하기 위하여는 다음의 용어를 정확하게 이해하고 있어야 한다.

① 발행가액(취득가액)

발행가액이란 발행회사의 입장에서 채무증권의 발행일에 채무증권을 교부하는 대가로 취득자로부터 수령하는 금액을 말한다. 동일한 금액을 취득회사의 입장에서 보면 취득 시에 부담하게 되는 금액이므로 취득원가가 된다.

② 액면가액

액면가액이란 채무증권에 표시되어 있는 금액으로서 만기일에 발행회사가 지급하여야 하는 금액이다. 채무증권을 보유하고 있는 회사의 입장에서는 만기에 동일한 금액을 상환받을 수 있게 된다.

③ 액면이자율(표시이자율)

액면이자율이란 채무증권에 표시되어 있는 이자율로서 표시이자율이라고도 하며, 채무증권의 발행회사가 채무증권에 표시되어 있는 이자지급일에 액면이자금액(액면가액×액면이자율)을 채무증권을 보유하고 있는 투자자에게 지급하여야 할 것이다.

④ 이자지급일

위에서 설명한 것처럼 채무증권의 발행회사가 투자자에게 액면이자율에 해당하는 이자금액을 지급하여야 하는 일자를 말한다. 이는 채무증권 권면에 표시되어 있다.

⑤ 만기일

채무증권에 표시되어 있는 채무증권의 최종상환일을 의미한다. 발행회사는 만기일에 액면금액을 투자자에게 지급하여야 한다.

⑥ 시장이자율

시장이자율이란 자금시장에서 자금의 수요·공급의 법칙에 의하여 결정되어 있는 이자율을 의미한다. 이 시장이자율은 자금의 수요와 공급이 변화할 때마다 수시로 변하게 된다.

(2) 채무증권의 취득원가

채무증권 역시 지분증권과 마찬가지로 최초인식시 공정가치로 측정한다. 즉, 미래현금흐름을 시장이자율로 할인한 현재가치를 공정가치로 하여 측정한다. 채무증권은 권면에 기재된 액면금액, 표시이자율, 이자지급일, 상환일, 상환방법에 따라 채무증권의 기간 동안 이자 및 원금을 지급한다. 그러므로 채무증권의 발행가액(=공정가치)은 미래현금흐름을 할인한 금액으로 인식한다. 현금흐름의 할인은 전술한 화폐의 시간가치를 참고하도록 한다.

채무증권을 상각후원가 측정 금융자산(AC 금융자산)으로 분류하는 경우 취득원가는 공정가치인 상각후 취득원가로 표시한다. 즉, 취득원가와 액면가액과의 차액을 상환기간에 걸쳐 유효이자율법에 의하여 상각하여 이를 이자수익에서 가감한다.

채무증권을 액면가보다 높게 혹은 낮게 구입한 경우를 예를 들어보자.

㈜동아는 채무증권(액면가 ₩1,000,000, 표시이자율 12%, 만기 2×16년 12월 31일, 매년 12월 31일 이자지급)을 2×14년 1월 1일에 ₩931,503(이 금액은 액면가액 ₩1,000,000과 매년 이자지급액 ₩120,000씩 3회분을 현재가치로 계산하는 채무증권 발행가액 계산방식을 적용하였다)에 취득하였다. 이때 ㈜동아의 취득시점 분개는 다음과 같다(시장이자율은 15%로 가정함).

(차) AC 금융자산	931,503	(대) 현　　금	931,503

여기에서 취득가액과 액면가액과의 차액 ₩68,497은 무엇 때문에 발생하는가? 취득가액과 액면가액과의 차이는 채무증권에 표시되어 있는 표시이자율과 시장에서 형성되어 있는 시장이자율과의 차이 때문에 발생하게 된다.

합리적인 경제적 사고를 갖고 있는 사람이라면 ₩1,000,000의 금액을 이자율이 낮은 채무증권에 투자하기보다는 이자율 15%인 예금에 투자하여 더 많은 이자수익을 얻으려고 할 것이다. 따라서 채무증권 발행자의 입장에서는 최소한 시장이자율과 표시이자율의 차이만큼은 할인해 주어야 채무증권을 매각할 수 있을 것이다. 결국 시장이자율과 표시이자율과의 차이로 발생하는 금액 ₩68,497은 ㈜동아가 채무증권의 취득일부터 만기일까지 나누어서 이자수익으로 인식해야 할 부분이다.

예제 10-1 채무상품의 취득원가 계산

시장이자율이 12%일 경우 다음 각각의 현금흐름을 가지는 채무상품의 취득원가를 구하라(단, 현가요소는 다음과 같다).

5년, 12% 연금의 현가요소	3.6048
5년, 12% 단일금액의 현가요소	0.56743
3년, 12% 단일금액의 현가요소	0.71178
1년, 12% 단일금액의 현가요소	0.89286

| 요구사항 |

1. 5년 동안 매년 ₩100,000의 현금흐름 발생
2. 5년 후 ₩500,000의 현금흐름 발생
3. 1년 후 ₩200,000의 현금흐름 발생
   3년 후 ₩200,000의 현금흐름 발생
   5년 후 ₩100,000의 현금흐름 발생

| 해설 |

1. 현재가치 = ₩100,000×3.6048(기간 3, 12%, 연금의 현가계수) = ₩360,480
2. 현재가치 = ₩500,000×0.56743(기간 5, 12%, 단일금액의 현가요소) = ₩283,715
3. 현재가치 = ₩200,000×0.89286(기간 1, 12%, 단일금액의 현가요소) + ₩200,000×0.71178 (기간 3, 12%, 단일금액의 현가요소) + ₩100,000×0.56743(기간 5, 12%, 단일금액의 현가요소)
   = ₩377,671

(3) 채무증권의 이자수익 인식

채무증권은 매 회계연도의 시장이자율에 따라 유효이자율법으로 이자수익을 인식해야 한다. 이때 액면금액으로 취득한 채무증권의 이자수익은 표시이자와 동일하며 할인취득, 할증취득한 채무증권의 이자수익은 표시이자에 현재가치할인(할증)차감을 가감한 금액과 같다.

유효이자율법을 통한 이자수익을 다음의 예를 통해 이해해 보자.

㈜동아는 채무증권(액면 ₩1,000,000, 표시이자율 12%, 만기 2×16년 12월 31일, 매년 12월 31일 이자지급)을 현금 ₩931,503을 주고 2×14년 1월 1일에 취득하였다. 채무증권의 취득시점의 시장이자율은 15%였다. 유효이자율법에 의한 채무상품의 회계처리를 위해 다음의 절차를 따라야 한다.

1단계	유효이자금액(기초장부가액×유효이자율)의 계산
2단계	액면이자금액(액면가액×액면이자율)의 계산
3단계	연도별 상각금액(유효이자금액과 액면이자금액의 차액)의 결정

유효이자율법에 의하여 연도별 상각금액을 계산하면 다음과 같다.

1단계 : 유효이자액의 계산

유효이자액 = 기초장부가액 × 유효이자율

= ₩931,503 × 15% = ₩139,725

2단계 : 표시이자액의 계산

표시이자액 = 액면가액 × 표시이자율

= ₩1,000,000 × 12%

= ₩120,000

3단계 : 연도별 상각금액의 결정

상각액 = 유효이자액 − 표시이자액

= ₩139,725 − ₩120,000

= ₩19,725

위에서 구한 금액으로 회계처리를 하면 다음과 같다.

〈2×14년 12월 31일의 이자수익 인식 분개〉

(차) 현 금	120,000	(대) 이자수익	139,725
AC 금융자산	19,725		

유효이자율법을 사용하여 매연도말 회계처리를 위한 금액을 구하기 위해서는 매연도마다 위에서 설명한 절차를 따라 이자금액을 계산하여야 하나 계산의 편리성을 위해 다

음과 같은 상각표를 작성하면 AC 금융자산 장부가액의 변화과정 및 이자금액을 구할 수 있다.

일 자	기초장부가액 ⓐ	유효이자액[*1)] ⓑ=ⓐ×유효이자율	표시이자액[*2)] ⓒ=액면가×표시이자율	할인액 상각 ⓓ=ⓑ−ⓒ	기말장부가액 ⓔ=ⓐ+ⓓ
2×14.12.31	₩931,503	₩139,725	₩120,000	₩19,725	₩951,228
2×15.12.31	951,228	142,684	120,000	22,684	973,912
2×16.12.31	973,912	146,088[*3)]	120,000	26,088	1,000,000
합 계		₩428,497	₩360,000	₩68,497	

*1) 연간총이자수익
*2) 현금이자 수취액
*3) 기말채무증권의 장부가액이 액면가액이 되도록 단수차이를 조정하였다.

이 상각표를 이용하여 매연도말 분개를 표시하면 다음과 같다.

〈2×15년 12월 31일의 이자수익 인식 분개〉

(차) 현 금	120,000	(대) 이자수익	142,684
AC 금융자산	22,684		

〈2×16년 12월 31일의 이자수익 인식 분개〉

(차) 현 금	120,000	(대) 이자수익	146,088
AC 금융자산	26,088		

이상의 유효이자율법을 통한 채무증권의 상각을 보면 채무증권의 장부가액에 시장이자율을 곱한 금액이 이자수익이 됨을 알 수 있으며 이자수익은 표시이자와 상각액으로 구성된다. 채무증권의 만기까지 보유기간 동안 총이자수익은 표시이자의 3년간 합계액에 3년 동안의 상각액의 합(혹은 유효이자액)으로 나타난다는 것 또한 알 수 있다.

예제 10-2 유효이자율법을 통한 채무증권의 이자수익(할인발행)

㈜동아는 다음과 같은 채무상품을 2×14년 1월 1일에 취득하여 상각후원가 측정 금융자산으로 분류하였다. 유효이자율법에 의해 ㈜동아가 매년 인식해야 할 이자수익을 결정하라.

액면가액	₩5,000,000
표시이자율	10%
발행일	2×14년 1월 1일
이자지급일	매년 12월 31일
만기일	2×16년 12월 31일
시장이자율	12%
취득원가	₩4,759,817

| 해설 |

〈유효이자율법을 통한 상각표〉

일 자	기초장부가액 ⓐ	유효이자액[*1] ⓑ=ⓐ×유효이자율	표시이자액[*2] ⓒ=액면가×표시이자율	할인액 상각 ⓓ=ⓑ−ⓒ	기말장부가액 ⓔ=ⓐ+ⓓ
2×14.12.31	₩4,759,817	₩ 571,178	₩ 500,000	₩71,178	₩4,830,995
2×15.12.31	4,830,995	579,719	500,000	79,719	4,910,714
2×16.12.31	4,910,714	589,286[*3]	500,000	89,286	5,000,000
합 계		₩1,740,183	₩1,500,000	₩240,183	

*1) 연간총이자수익
*2) 현금이자 수취액
*3) 기말채무증권의 장부가액이 액면가액과 일치하도록 단수차이를 조정하였다.

〈2×14년 초 분개〉

(차)	AC 금융자산	4,759,817	(대) 현 금	4,759,817

〈2×14년 말 분개〉

(차)	현 금	500,000	(대) 이자수익	571,178
	AC 금융자산	71,178		

〈2×15년 말 분개〉

(차)	현 금	500,000	(대) 이자수익	579,719
	AC 금융자산	79,719		

〈2×16년 말 분개〉

(차)	현 금	500,000	(대) 이자수익	589,286
	AC 금융자산	89,286		
(차)	현 금	5,000,000	(대) AC 금융자산	5,000,000

예제 10-3 유효이자율법을 통한 채무증권의 이자수익(할증발행)

㈜동아는 다음과 같은 채무상품을 2×14년 1월 1일에 취득하여 상각후원가 측정 금융자산으로 분류하였다. 유효이자율법에 의해 ㈜동아가 매년 인식해야 할 이자수익을 결정하라.

액면가액	₩5,000,000
표시이자율	10%
발행일	2×14년 1월 1일
이자지급일	매년 12월 31일
만기일	2×16년 12월 31일
시장이자율	8%
취득원가	₩5,257,709

| 해설 |

〈유효이자율법을 통한 상각표〉

일 자	기초장부가액 ⓐ	유효이자액[*1)] ⓑ=ⓐ×유효이자율	표시이자액[*2)] ⓒ=액면가×표시이자율	할인액 상각 ⓓ=ⓑ−ⓒ	기말장부가액 ⓔ=ⓐ+ⓓ
2×14.12.31	₩5,257,709	₩ 420,617	₩500,000	₩79,383	₩5,178,326
2×15.12.31	5,178,326	414,266	500,000	85,734	5,092,592
2×16.12.31	5,092,592	407,408[*3)]	500,000	92,592	5,000,000
합 계		₩1,242,291	₩1,500,000	₩257,709	

*1) 연간총이자수익
*2) 현금이자 수취액
*3) 기말채무증권의 장부가액이 액면가액과 일치하도록 단수차이를 조정하였다.

〈2×14년 초 분개〉

(차) AC 금융자산	5,257,709	(대) 현 금	5,257,709

〈2×14년 말 분개〉

(차) 현 금	500,000	(대) 이자수익	420,617
		AC 금융자산	79,383

〈2×15년 말 분개〉

(차) 현 금	500,000	(대) 이자수익	414,266
		AC 금융자산	85,734

〈2×16년 말 분개〉

(차) 현 금	500,000	(대) 이자수익	407,408
		AC 금융자산	92,592
(차) 현 금	5,000,000	(대) AC 금융자산	5,000,000

상각후원가 측정 금융자산은 취득원가와 만기액면가액의 차액에 대하여 유효이자율법을 적용하여 매기상각액을 계산하고, 이를 당해 상각후원가 측정 금융자산의 장부가액과 이자수익에 가감하여 표시한다.

상각후원가 측정 금융자산은 당해 채권 만기일까지 보유할 것이므로 상환기간 동안 정기적으로 약정이자를 지급받고 만기일에는 액면가액을 수령하게 된다. 따라서 상환기간 동안의 공정가액은 만기일에 실제로 회수할 금액이 아니므로 별 의미가 없다. 그러므로 상각후원가 측정 금융자산의 평가는 공정가액보다 상각후원가를 근거로 하여 평가하는 것이 더 적절하다.

(4) 채무증권의 처분

상각후원가 측정 금융자산으로 분류하더라도 반드시 이를 만기까지 보유해야 하는 것은 아니다. 현금흐름 수취가 필수적이고 매각이 부수적인 사업모형이라면 채무증권을 상각후원가 측정 금융자산으로 분류할 수 있다. 상각후원가 측정 금융자산을 처분할 경우 처분시점의 장부금액과 처분가액의 차이를 금융자산처분손익(당기손익)으로 인식한다.

〈단기매매증권의 처분시〉

(차) 현 금	×××	(대) AC 금융자산	×××
		AC 금융자산처분이익	×××

(차) 현 금	×××	(대) AC 금융자산	×××
AC 금융자산처분손실	×××		

채무증권을 만기일에 발행인에게 제시하고 액면금액을 수령할 경우 투자회사는 이미 할인액 또는 할증액을 보유기간 동안 상각하여 채무증권의 장부가액을 액면가액과 일치

시켰으므로 대변에 장부가액(=액면가액)을 기록하고 현금계정 차변에 현금수령액(=액면가액)을 기록하는 분개를 하면 된다.

〈만기시점 상환시〉

(차) 현　　금	×××	(대) AC 금융자산	×××

예제 10-4 AC 금융자산으로 분류된 채무증권의 처분

[예제 10-2]에서 ㈜동아는 유효이자율법에 의해 AC 금융자산을 평가하며 2×16년 1월 1일에 ₩5,000,000을 받고 보유 중인 채권을 처분하였다고 할 때 분개를 하라.

| 해설 |

2×16년 1월 1일 현재 ㈜동아의 보유 중인 AC 금융자산 장부가액은 ₩4,910,714이고 처분대가는 ₩5,000,000이므로 상각후원가 측정 금융자산의 처분으로 인하여 처분이익 ₩89,286이 발생하게 된다.

(차) 현　　금	5,000,000	(대) AC 금융자산	4,910,714
		AC 금융자산처분이익	89,286

EXERCISE

연 | 습 | 문 | 제 <<<

1 상각후원가 측정 금융자산의 취득원가(액면취득)

㈜동아는 2×14년 1월 1일 채무증권을 구입하였다. 다음은 구입한 채무증권과 관련된 자료이다.

액면가액	₩1,000,000
액면이자율	5%
채무증권발행일	2×14년 1월 1일
이자지급일	매년 12월 31일
채무증권기간	3년
시장이자율	5%

| 요구사항 |

1. 취득한 채무증권은 상각후원가 측정 금융자산(AC 금융자산)으로 분류된다. 2×14년 1월 1일 상각후원가 측정 금융자산의 취득원가를 결정하라.
2. 취득시점부터 만기까지의 상각표를 작성하라.
3. 취득시점부터 만기까지의 분개를 하라.

2 상각후원가 측정 금융자산의 취득원가(할인취득)

㈜동아는 2×14년 1월 1일 채무증권을 구입하였다. 다음은 구입한 채무증권과 관련된 자료이다.

액면가액	₩1,000,000
액면이자율	5%
채무증권발행일	2×14년 1월 1일
이자지급일	매년 12월 31일
채무증권기간	3년
시장이자율	7%

| 요구사항 |

1. 취득한 채무증권은 상각후원가 측정 금융자산(AC 금융자산)으로 분류된다. 2×14년 1월 1일 상각후원가 측정 금융자산의 취득원가를 결정하라.
2. 취득시점부터 만기까지의 상각표를 작성하라.
3. 취득시점부터 만기까지의 분개를 하라.

3 상각후원가 측정 금융자산의 취득원가(할증취득)

㈜동아는 2×14년 1월 1일 채무증권을 구입하였다. 다음은 구입한 채무증권과 관련된 자료이다.

액면가액	₩1,000,000
액면이자율	5%
채무증권발행일	2×14년 1월 1일
이자지급일	매년 12월 31일
채무증권기간	3년
시장이자율	3%

| 요구사항 |

1. 취득한 채무증권은 상각후원가 측정 금융자산(AC 금융자산)으로 분류된다. 2×14년 1월 1일 상각후원가 측정 금융자산의 취득원가를 결정하라.
2. 취득시점부터 만기까지의 상각표를 작성하라.
3. 취득시점부터 만기까지의 분개를 하라.

연습문제 해답

1 상각후원가 측정 금융자산의 취득원가(액면취득)

1. 2×14년 1월 1일 취득 시 취득원가 : 1,000,000×0.8638+50,000×2.7232=999,960 ≒1,000,000

2. 채무증권의 상각표

일 자	기초장부가액 ⓐ	유효이자액[*1] ⓑ=ⓐ×유효이자율	표시이자액[*2] ⓒ=액면가×표시이자율	할인액 상각 ⓓ=ⓑ−ⓒ	기말장부가액 ⓔ=ⓐ+ⓓ
2×14.12.31	₩1,000,000	₩50,000	₩50,000	₩0	₩1,000,000
2×15.12.31	1,000,000	50,000	50,000	0	1,000,000
2×16.12.31	1,000,000	50,000	50,000	0	1,000,000
합 계		₩150,000	₩150,000	₩0	

EXERCISE

3. 분개

〈2×14년 1월 1일의 분개〉

(차) AC 금융자산 1,000,000 (대) 현 금 1,000,000

〈2×14년 12월 31일의 분개〉

(차) 현 금 50,000 (대) 이자수익 50,000

〈2×15년 12월 31일의 분개〉

(차) 현 금 50,000 (대) 이자수익 50,000

〈2×16년 12월 31일의 분개〉

(차) 현 금 50,000 (대) 이자수익 50,000

(차) 현 금 1,000,000 (대) AC 금융자산 1,000,000

2 상각후원가 측정 금융자산의 취득원가(할인취득)

1. 2×14년 1월 1일 취득 시 취득원가 : 1,000,000×0.8163+50,000×2.6243=947,515

2. 채무증권의 상각표

일 자	기초장부가액 ⓐ	유효이자액[*1)] ⓑ=ⓐ×유효이자율	표시이자액[*2)] ⓒ=액면가×표시이자율	할인액 상각 ⓓ=ⓑ−ⓒ	기말장부가액 ⓔ=ⓐ+ⓓ
2×14.12.31	₩947,515	₩66,326	₩50,000	₩16,326	₩963,841
2×15.12.31	963,841	67,469	50,000	17,469	981,310
2×16.12.31	981,310	68,690	50,000	18,690	1,000,000
합 계		₩202,485	₩150,000	₩49,485	

3. 분개

〈2×14년 1월 1일의 분개〉

(차) AC 금융자산 947,515 (대) 현 금 947,515

〈2×14년 12월 31일의 분개〉

(차) 현 금 50,000 (대) 이자수익 66,326
AC 금융자산 16,326

〈2×15년 12월 31일의 분개〉

(차) 현 금 50,000 (대) 이자수익 67,469
AC 금융자산 17,469

〈2×16년 12월 31일의 분개〉

(차) 현 금 50,000 (대) 이자수익 68,690
AC 금융자산 18,690

(차) 현 금 1,000,000 (대) AC 금융자산 1,000,000

③ 상각후원가 측정 금융자산의 취득원가(할증취득)

1. 2×14년 1월 1일 취득 시 취득원가 : 1,000,000×0.9151+50,000×2.8286
=1,056,530

2. 채무증권의 상각표

일 자	기초장부가액 ⓐ	유효이자액[*1)] ⓑ=ⓐ×유효이자율	표시이자액[*2)] ⓒ=액면가×표시이자율	할인액 상각 ⓓ=ⓑ−ⓒ	기말장부가액 ⓔ=ⓐ+ⓓ
2×14.12.31	₩1,056,530	₩31,696	₩50,000	₩18,304	₩1,038,226
2×15.12.31	1,038,226	31,147	50,000	18,853	1,019,373
2×16.12.31	1,019,373	30,627	50,000	19,373	1,000,000
합 계		₩93,470	₩150,000	₩56,530	

3. 분개

〈2×14년 1월 1일의 분개〉

(차) AC 금융자산	1,038,226	(대) 현 금	1,038,226

〈2×14년 12월 31일의 분개〉

(차) 현 금	50,000	(대) 이자수익	31,696
		AC 금융자산	18,304

〈2×15년 12월 31일의 분개〉

(차) 현 금	50,000	(대) 이자수익	31,147
		AC 금융자산	18,853

〈2×16년 12월 31일의 분개〉

(차) 현 금	50,000	(대) 이자수익	30,627
		AC 금융자산	19,373
(차) 현 금	1,000,000	(대) AC 금융자산	1,000,000

Accounting Principles

Chapter 11 유형자산과 무형자산

Chapter 11 유형자산과 무형자산

Accounting Principles

1. 유형자산이란?

기업은 영업활동을 하는 과정에서 여러 가지 자산을 사용한다. 이 중에는 컴퓨터나 책상과 같은 사무용 비품, 업무용 차량, 생산설비 및 사옥으로 사용하는 건물과 같은 물리적 형체가 있는 자산이 있다. 국제회계기준에서는 기업의 재화나 용역의 생산이나 제공, 타인에 대한 임대 또는 관리활동에 사용할 목적으로 보유하는 물리적 형체가 있는 자산으로서 한 회계기간을 초과하여 사용할 것이 예상되는 자산을 유형자산(property, plant and equipment)으로 정의하고 있다.

다음의 몇 가지 예를 살펴봄으로써 유형자산의 개념을 명확히 할 수 있다. 첫 번째로 시세차익을 얻을 목적으로 취득한 토지의 경우를 생각해 보자. 투자목적으로 취득한 토지는 정상적인 영업활동을 위하여 사용되는 자산이 아니므로 유형자산이 될 수 없고, 투자부동산에 해당하므로 재무상태표에는 투자자산으로 분류되어야 한다.

두 번째로 토지나 건물의 판매를 주된 사업목적으로 하는 회사(부동산매매업)가 판매를 목적으로 취득한 건물의 경우를 생각해 보자. 유형자산이란 영업활동에 사용할 것을 목적으로 취득한 자산이므로 판매를 목적으로 취득한 자산은 그 자산이 비록 토지나 건물 같은 부동산이라고 하여도 재고자산으로 분류하여야 할 것이다.

세 번째로 어느 기업이 다른 기업으로부터 상표를 유상으로 취득하였다고 가정해 보자. 유상으로 취득한 상표는 장기간 기업의 정상적인 영업활동과정에서 사용될 것이지만 물리적 실체를 가지고 있지 않은 자산이므로 유형자산으로 분류될 수 없고 무형자산으로 분류되어 재무상태표에 표시되어야 한다.

결국, 자산의 실물형태는 동일하다고 하더라도 그 자산의 보유목적과 기업의 영업형태

등의 요인에 따라 재고자산, 투자자산, 유형자산 등으로 구분될 수 있으므로 이 점에 유의해야 할 것이다.

예제 11-1 유형자산의 정의

부동산 매매업을 영위하고 있는 ㈜충무의 자산내역 중 일부는 다음과 같다. 재무상태표에 유형자산으로 분류될 금액을 구하라.

영업을 위하여 사용 중인 비품	1,000,000
투자목적으로 취득한 토지	10,000,000
매매목적으로 취득하여 보유하고 있는 건물	5,500,000
㈜충무의 본사 사옥	6,000,000
㈜충무라는 상표의 취득원가	3,000,000
임직원의 통근용으로 사용하고 있는 버스	1,500,000

| 해설 |

유형자산으로 분류될 수 있는 자산은 회사의 영업활동에 사용될 목적으로 보유하고 있는 물리적 실체를 가지고 있는 자산이다. 따라서 다음의 세 가지만이 유형자산으로 분류될 것이다.

영업을 위하여 사용 중인 비품	1,000,000
㈜충무의 본사 사옥	6,000,000
임직원의 통근용으로 사용하고 있는 버스	1,500,000
유형자산 합계	8,500,000

투자목적으로 취득한 토지 ₩10,000,000은 투자자산으로 분류되고, 매매목적으로 보유하고 있는 건물은 재고자산으로 분류될 것이며, ㈜충무라는 상표의 취득원가는 물리적 실체를 가지고 있지 못하므로 무형자산으로 계상되어야 할 것이다.

2. 유형자산의 취득

(1) 유형자산의 인식

유형자산을 인식하기 위해서는 전술한 유형자산의 정의를 충족하며, 다음의 인식기준을 모두 충족해야 한다.

① 자산으로부터 발생하는 미래경제적효익이 기업에 유입될 가능성이 높다.
② 자산의 원가를 신뢰성 있게 측정할 수 있다.

위의 ①의 조건에서 '높다'는 것은 발생할 확률이 발생하지 않을 확률보다 더 높음을 의미한다. 그리고 ②의 조건도 충족될 경우 인식기준이 충족된 것으로 볼 수 있다.

(2) 매입에 의한 취득

유형자산을 최초로 인식할 때에는 원가(cost)로 측정한다. 원가는 ① 구입가격, ② 직접원가, ③ 추정복구원가로 구성된다. 구입가격에는 유형자산의 취득과 관련된 세금이 있으면 이를 포함하고, 매입할인 등을 차감한다. 직접관련원가는 경영진이 의도하는 방식으로 관련 자산을 가동하는 데 필요한 장소와 상태에 이르게 하는 데 직접 관련되는 원가이다.[1)]

일부 유형자산의 경우에는 그 사용종료 후에 환경보존을 위해 원상을 복구해야 한다. 원자력발전소, 쓰레기매립장 등이 이런 자산에 해당한다. 이와 같이 원상복구를 위하여 시설물을 제거, 해체하거나 또는 부지를 복구할 의무가 있는 경우에는 유형자산 복구원가추정액을 유형자산 취득원가에 포함한다. 복구원가는 관련 유형자산을 사용하기 위해서 반드시 부담해야 할 원가이기 때문에 이를 유형자산의 취득원가에 포함시키는 것이다.

한편, 경영진이 의도한 방식으로 유형자산을 가동할 수 있는 장소와 상태에 이르게 하는 동안에 재화(예: 자산이 정상적으로 작동되는지를 시험할 때 생산되는 시제품)가 생산될 수 있다. 그러한 재화를 판매하여 얻은 매각금액과 그 재화의 원가는 적용가능한 기준서에 따라 당기손익으로 인식한다(기업회계기준서 제1002호).

㈜동아는 서울에 소재하는 토지를 영업활동에 사용할 목적으로 취득하였는데 이 토지

---

1) 경영진이 의도하는 방식으로 자산을 가동하는 데 필요한 장소와 상태에 이르게 하는 데 직접 관련되는 원가의 예는 다음과 같다.
① 유형자산의 매입 또는 건설과 직접적으로 관련되어 발생한 종업원급여
② 설치장소 준비원가
③ 최초의 운송 및 취급관련원가
④ 설치원가 및 조립원가
⑤ 유형자산이 정상적으로 작동되는지 여부를 시험하는 과정에서 발생하는 원가
⑥ 전문가에게 지급하는 수수료

위에 기존 건물이 있다. ㈜동아는 기존 건물을 헐고 새로 사옥을 세우고자 한다. ㈜동아는 토지의 매입대금으로 ₩90,000,000을 지급하고 부동산 중개수수료와 취득세 등의 비용으로 ₩5,000,000을 지급하였다. 기존 건물의 철거비용으로 ₩2,000,000이 소요되었으며 건물철거 후 폐건축자재를 매각하여 ₩500,000을 받았다. 이때 당해 토지의 취득원가는 매입가액에 부대비용을 가산한 후 폐자재 매각대금 ₩500,000을 차감하여 계산된다.

구 분	금 액
토지의 매입가액	90,000,000
중개수수료 등 매입부대비용	5,000,000
기존 건물 철거비용	2,000,000
폐자재 매각대금	(500,000)
토지의 취득원가	96,500,000

이처럼 토지를 취득하였는데 토지 위에 철거해야 할 건물이 있는 경우 구건물의 철거 후 폐자재매각대금은 토지의 취득원가를 계산할 때 차감하여야 한다.

유형자산을 장기할부로 취득하거나 장기어음을 주고 취득한 경우에 취득원가는 어떻게 결정되는가? 다음의 예를 통하여 살펴보도록 하자.

㈜동아는 2×13년 1월 1일에 기계장치를 취득하였는데 구입대금은 3년 후에 일시불로 ₩1,000,000을 지급하기로 하였다. 3년 후의 현금 ₩1,000,000의 현재가치는 시장이자율이 10%일 때 ₩751,315(할인율 10% 적용 : ₩1,000,000×0.751315)이다. 이때 기계장치의 취득원가는 ₩1,000,000인가, 아니면 ₩751,315인가?

㈜동아의 입장에서는 이 기계장치를 일시불의 현금으로 구입할 경우 ₩751,315보다 많이 지급하면서 이 기계장치를 구입하려고 하지 않을 것이다. 왜냐하면 기계장치의 현금구입액이 ₩751,315보다 높은 ₩800,000이라면 ₩800,000을 3년 만기 정기예금에 가입하고 3년 후에 정기예금을 찾으면 만기금액은 ₩1,000,000보다 많을 것이므로 기계장치대금 ₩1,000,000을 지급하고 나면 일정액의 이자를 남길 수 있기 때문이다. 따라서 기계장치의 현금구입액은 ₩751,315으로 결정될 것이고 이 금액이 바로 기계장치의 취득원가가 되어야 한다.

2×13년 1월 1일 기계장치를 취득하였을 때의 분개는 다음과 같다.

(차) 기계장치	751,315	(대) 장기미지급금	1,000,000
현재가치할인차금	248,685		

장기연불조건에 의하여 자산을 취득하였을 경우에는 미래에 지급할 총현금액을 적정한 이자율로 할인하여 현재가치를 구한 후 이 현재가치에 의하여 취득원가를 계상하여야 한다

이때 현재가치인 자산의 취득원가와 부채로 계상되는 명목상의 가액과의 차이는 현재가치할인차금계정으로 하여, 재무상태표의 장기미지급금계정에서 차감하는 형식으로 보고한다. 이 현재가치할인차금은 대금상환기간 동안 유효이자율법을 적용하여 상각하고 이를 이자비용으로 계상한다.

부분재무상태표

비유동부채		
장기미지급금	1,000,000	
현재가치할인차금	(248,685)	751,315

유효이자율법으로 현재가치할인차금을 상각하면 1차년도 말 현재가치할인차금 상각액은 다음과 같이 결정된다.

매연도별 상각액 = 매년 말 장기성미지급금 장부금액 × 유효이자율(시장이자율)

1차년도 :	₩751,315 × 0.1 =	₩75,132
2차년도 :	₩826,447 × 0.1 =	₩82,648
3차년도 :	₩1,000,000 −₩ 909,095 =	₩90,905
	총액	₩248,685

결국 ㈜동아는 매연도 말에 위의 상각액을 이자비용으로 인식하기 위한 다음의 분개를 하여야 하며, 관련 계정과목을 재무상태표에 표시하면 다음과 같다(1차년도 분개만 표시함).

(차) 이 자 비 용	75,132	(대) 현재가치할인차금	75,132

부분재무상태표

	2×13년 12월 31일 현재		2×14년 12월 31일 현재		2×15년 12월 31일 현재	
비유동부채						
장기성미지급금	1,000,000		1,000,000		1,000,000	
현재가치할인차금	(173,553)	826,447	(90,905)	909,095	–	1,000,000

예제 11-2 장기연불조건에 의한 유형자산의 취득

㈜고창은 2×13년 1월 1일 기계장치를 3년 장기연불조건으로 취득하였다. 취득시점의 시장이자율이 10%이고, 대금지급조건이 다음과 같을 때 기계장치의 취득원가를 구하고, 취득시점 및 2×13년 12월 31일의 분개를 하라(단, 현재가치할인차금은 유효이자율법으로 상각한다).

대금지급일과 지급액 :

2×13년 12월 31일	₩1,000,000
2×14년 12월 31일	₩1,000,000
2×15년 12월 31일	₩1,000,000

현재가치요소(이자율 10%) :

1년	0.90909
2년	0.82645
3년	0.75131

연금현재가치요소(이자율 10%, 3년) : 2.48685

| 해설 |

장기연불조건에 의하여 자산을 취득하였을 경우 자산의 취득원가는 미래에 지급하기로 한 금액의 현재가치에 의하므로 문제에서 주어진 현금흐름의 현재가치를 구하면 다음과 같다.

1. 현가율을 이용한 계산

대금지급일	대금지급액	현재가치요소	현재가치
2×13년 12월 31일	1,000,000	0.90909	909,090
2×14년 12월 31일	1,000,000	0.82645	826,450
2×15년 12월 31일	1,000,000	0.75131	751,310
		합 계	2,486,850

2. 연금현가율을 이용한 계산

1회 지급액		연금현가율		
₩1,000,000	×	2.48685	=	₩2,486,850

(기간 3년, i=10%일 때)

따라서 취득시점에서의 분개는 다음과 같다.

(차) 기 계 장 치	2,486,850	(대) 장기미지급금	3,000,000
현재가치할인차금	513,150		

현재가치할인차금을 유효이자율법으로 상각할 경우 1차년도 상각액은 다음과 같다.
1차년도 상각액 : ₩2,486,850×10%=₩248,685

2×13년 12월 31일 : 원금상환의 회계처리

(차) 장기미지급금	1,000,000	(대) 현 금	1,000,000

2×13년 12월 31일 : 현재가치할인차금의 상각

(차) 이 자 비 용	248,685	(대) 현재가치할인차금	248,685

(3) 자가건설

자가건설한 유형자산의 원가는 외부에서 구입한 유형자산에 적용하는 것과 동일한 기준을 적용하여 결정한다. 즉 유형자산의 제작 또는 건설을 위해 투입된 직접재료원가, 직접노무원가 및 변동제조간접원가뿐만 아니라 고정제조간접원가까지도 유형자산의 취득원가에 산입되어야 한다. 자가건설에 따른 내부이익과 자가건설 과정에서 원재료, 인력 및 기타 자원의 낭비로 인한 비정상적인 원가는 자산의 원가에 포함하지 않는다.

자가제작의 경우에는 한 가지 유의할 점이 있다. 한 기업이 기업외부에서 자금을 차입하게 되면 차입금에 대한 이자비용을 부담하게 된다. 일반적으로 이 이자비용은 발생하였을 때 기간비용으로 처리되나 자가제작의 경우에는 기간비용으로 처리되지 않고 자산의 원가에 가산되는 예외의 경우가 있다. 기업회계기준은 유형자산의 제작·매입·건설에 사용된 차입금에 대한 이자비용 등을 당해 자산의 취득원가에 산입하도록 규정하고 있다. 이처럼 자산의 취득원가에 산입되는 이자비용을 건설자금이자라고 한다.

㈜동아는 생산에 사용할 목적으로 기계장치를 2×15년 3월 1일부터 제작을 시작하여 2×15년 9월 1일에 제작을 완료하였다. 기계장치 제작을 위한 필요자금 ₩5,000,000은 다음의 차입금을 통하여 조달하였다. 기타 발생비용은 다음과 같다.

차입금의 차입일 및 상환일 : 2×15년 1월 1일, 2×15년 12월 31일
차입금의 이자율 : 12%

제작원가 :	직접재료원가	2,000,000
	직접노무원가	1,000,000
	변동제조간접원가	700,000
	고정제조간접원가	1,300,000

이 경우 ㈜동아는 차입금 ₩5,000,000에 대하여 연간 12%의 이자로 ₩600,000을 부담할 것이다. 그러나 차입금 중 기계장치의 제작에 사용된 기간은 3월 1일부터 9월 1일까지의 6개월간이므로 ₩600,000의 이자 중 기계장치의 제작에 사용된 차입금에 대한 이자 ₩300,000은 건설자금이자로서 기계장치의 취득원가에 산입되어야 하고 나머지 ₩300,000은 기간비용으로 처리되어야 할 것이다.

국제회계기준에서는 자산의 취득, 건설 또는 제조와 직접 관련된 차입원가는 당해 자산 원가의 일부로 자본화하여야 하지만, 관련이 없는 기타 차입원가는 발생기간에 비용으로 인식하여야 한다고 규정하고 있다. 한편, 자가건설 중 발생된 원가는 '건설중인자산'계정으로 인식하고, 자가건설이 완료되면 '유형자산'계정으로 대체한다.

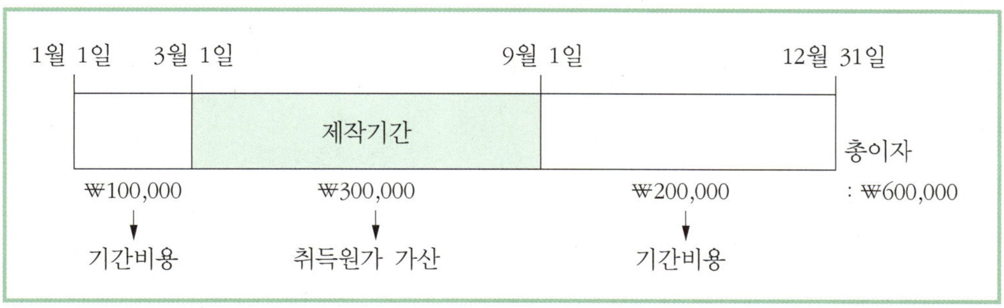

예제 11-3 자가건설

다음은 ㈜부천의 공장건물 건설과 관련된 자료이다.

- 3월 1일 공장을 자가건설하기로 하고 공사비 현금 ₩1,000,000을 지출하였다.
- 8월 3일 공사비 현금 ₩1,500,000을 추가로 지출하였다.
- 9월 1일 공사를 완료하고 공장건물을 사용하기 시작하였다.

일자별로 거래를 분개하라.

| 해설 |

3월 1일	(차) 건설중인자산	1,000,000	(대) 현　　금	1,000,000
8월 3일	(차) 건설중인자산	1,500,000	(대) 현　　금	1,500,000
9월 1일	(차) 건　　물	2,500,000	(대) 건설중인자산	2,500,000

(4) 현물출자와 무상취득

유형자산을 취득하면서 그 대가로 회사의 주식을 발행·교부하는 것을 현물출자라고 한다. 이 경우 유형자산의 취득원가는 당해 유형자산의 공정가치가 아니라 발행·교부하는 주식의 공정가치로 인식해야 한다. 왜냐하면 전술한 바와 같이 원가로 유형자산의 취득원가를 결정하되, 원가란 자산을 취득하기 위하여 자산의 취득시점이나 건설시점에서 지급한 현금 또는 현금성자산이나 제공한 기타 대가의 공정가치로 정의하기 때문이다.

현물출자시 발행하는 주식의 공정가치와 액면금액의 차이는 주식발행초과금(또는 주식할인발행차금)으로 인식한다. 현물출자로 토지를 취득하는 경우의 회계처리(주식발행초과금 발생 가정)는 다음과 같다.

(차) 토　　지	×××	(대) 자 본 금	×××
		주식발행초과금	×××

그렇다면 유형자산을 무상으로 증여받은 경우 당해 유형자산의 취득원가는 얼마로 인식해야 하는가? 유형자산을 무상으로 증여받는 경우에는 지급한 대가가 없기 때문에 유형자산의 취득원가는 없으며, 회사는 자산을 인식하지 않는다. 이러한 회계처리는 원가의 정의에 부합될 뿐만 아니라, 자산의 취득과정은 수익창출과정이 아니므로 이익을 인식하는 것이 불합리하다는 관점에서도 타당한 회계처리이다.

예제 11-4 현물출자에 의한 유형자산 취득

㈜분포는 ㈜우리로부터 토지를 현물출자받고 주식 1,500주를 발행하여 교부하였다. 현물출자에 의하여 취득한 토지의 공정시장가치는 ₩10,000,000이고, 발행주식의 액면금액은 주당 ₩5,000이다. 현물출자에 의한 (주)분포의 토지 취득에 대해 분개하라.

| 해설 |

현물출자에 의하여 취득한 토지의 공정시장가치 ₩10,000,000이 취득원가가 되고, 발행한 주식의 액면금액 합계 ₩7,500,000(₩5,000×1,500주)이 자본금의 증가액이 된다. 토지의 취득원가와 자본금 증가액의 차이는 주식발행초과금으로 회계처리해야 한다.

(차) 토 지	10,000,000	(대) 자 본 금	7,500,000
		주식발행초과금 (자 본 잉 여 금)	2,500,000

3. 유형자산의 후속원가

유형자산을 취득하여 사용하는 과정 중에도 당해 자산과 관련하여 여러 가지 원가가 발생할 수 있다. 이때 증설이나 대체, 수선유지 등과 관련하여 발생하는 원가를 당해 유형자산의 장부금액에 가산할 것인지 아니면 발생연도의 비용으로 회계처리할 것인지를 판단하여야 한다.

일상적인 수선·유지와 관련하여 발생하는 원가는 해당 유형자산의 장부금액에 포함하여 인식하지 아니한다. 이러한 원가는 발생시점에 당기손익으로 인식한다. 일상적인 수선·유지과정에서 발생하는 원가는 주로 노무비와 소모품비로 구성되며 사소한 부품원가가 포함될 수도 있다. 즉, 유형자산에 대한 일상적인 수선과 유지 활동은 미래경제적 효익의 증가로 기대되기 어려우므로 발생한 기간에 비용으로 처리한다.

일부 유형자산의 경우 주요 부품이나 구성요소의 정기적 교체가 필요할 수 있다. 예를 들면, 용광로의 경우 일정시간 사용 후에 내화벽돌의 교체가 필요할 수 있으며, 항공기의 경우에도 좌석과 취사실 등의 내부설비를 항공기 동체의 내용연수 동안 여러 번 교체할 필요가 있을 수 있다.

또한 유형자산이 취득된 후 반복적이지만 비교적 적은 빈도로 대체되거나 비반복적으로 대체되는 경우도 있다. 유형자산의 일부를 대체할 때 발생하는 원가가 인식기준을 충족하는 경우에는 이를 해당 유형자산의 장부금액에 포함하여 인식한다. 즉, 건물의 냉난

방 시설 설치 혹은 기계장치의 성능의 향상시키기 활동은 미래경제적효익의 증가를 기대할 수 있으므로 이로 인하여 발생하는 원가는 유형자산의 장부금액에 가산한다.

예제 11-5 후속원가

다음은 ㈜동아의 유형자산과 관련된 거래이다. 다음의 거래를 분개하라.

① ㈜동아는 사용 중인 용광로의 내화벽돌을 교체하기 위하여 현금 ₩500,000을 지급하였다. 내화벽돌은 5년 주기로 교체되고, 내화벽돌의 교체를 위한 지출액은 자산의 인식기준을 충족한다.

② ㈜동아는 기계장치의 성능을 향상시키기 위한 방법으로 일부 부품을 교체하였다. 일부 부품의 교체를 위하여 ㈜동아는 현금 ₩300,000을 지급하였으며, 이로 인하여 ㈜동아는 제품 생산량이 종전보다 20% 증가할 것으로 기대하고 있다.

③ ㈜동아는 기계장치의 소모품 교체를 위하여 현금 ₩1,000을 지급하였다.

| 해설 |

	차변	금액	대변	금액
①	(차) 구 축 물	500,000	(대) 현 금	500,000
②	(차) 기계장치	300,000	(대) 현 금	100,000
③	(차) 소모품비	1,000	(대) 현 금	1,000

4. 감가상각

(1) 감가상각의 의의

토지를 제외한 유형자산은 회사의 영업할동에 사용되면서 미래경제적 효익이 점점 감소할 것이다. 미래경제적 효익의 감소 요인으로는 물리적 요인과 경제적 요인이 있다. 물리적 요인이란 유형자산의 사용 및 시간의 경과에 따른 자산의 마멸이나 화재와 같은 우발적 사고 등으로 인한 파괴 등을 말한다. 일반적으로 토지를 제외한 대부분의 유형자산은 수익획득과정에 이용됨에 따라 미래경제적 효익이 감소한다. 그러나 각 회사가 채택하는 수선 및 유지정책이 다양하므로 동일한 자산이라 할지라도 물리적 내용연수는 동일하지 않을 수 있다.

경제적 요인이란 진부화, 부적합화 및 경제적 여건의 변동 등을 말한다. 진부화란 보다 효율적이고 개선된 대체품이 나타남에 따라 현존하는 유형자산이 구식화되는 것을 의미한다. 예를 들면, 컴퓨터의 경우 새로운 세대의 컴퓨터가 개발됨에 따라 전 세대의 컴퓨터는 경제적으로 진부화된다. 부적합화란 회사가 급격히 성장하여 현재 보유 중인 자산으로서는 업무를 수행할 수 없는 상태에 이르게 되는 것을 말한다. 경제적 여건의 변동에 따라 특정 자산의 미래경제적 효익이 소멸하는 경우도 있다. 경제적 여건의 변동에는 물가상승, 에너지 위기, 소비자의 기호변동 등이 포함된다.

이와 같이 유형자산의 미래경제적 효익의 감소 원인은 다양하고 복잡하며, 실제로 미래경제적 효익이 감소되었다고 하더라도 얼마나 감소되었는지 관찰하는 것은 불가능하다. 따라서 유형자산의 미래경제적 효익의 감소분을 합리적이고 체계적인 방법으로 배분하여 매 회계기간마다 비용으로 배분하는 절차가 필요한데, 이를 감가상각(depreciation)이라고 한다. 즉 감가상각이란 수익과 비용의 적절한 대응을 위하여 당해 자산의 취득원가를 경제적 내용연수 동안 합리적이고 체계적인 방법으로 배분하여 비용으로 인식하는 과정을 말한다. 따라서 감가상각은 원가배분과정이지 자산의 평가과정이 아님에 유의하여야 한다.

다음의 경우를 가정해 보자.

㈜동아는 2×14년 1월 1일에 기계장치를 ₩2,000,000에 취득하였다. 이 기계장치를 취득하여 생산활동에 사용함으로 인하여 3년 동안 매년 다음과 같이 매출이 증가하였다.

2×14년	5,000,000
2×15년	3,000,000
2×16년	2,000,000

3년간의 매출수익 증가가 오로지 새로운 기계장치의 사용에 의한 것이라면 기계장치의 취득에 소요된 ₩2,000,000은 다음과 같이 각 기간별로 배분될 것이다.

연 도	연도별 매출수익	비 율	기계장치 취득원가의 배분
2×14년	5,000,000	50%	1,000,000
2×15년	3,000,000	30%	600,000
2×16년	2,000,000	20%	400,000
합 계	10,000,000	100%	2,000,000

기계장치의 취득으로 인한 매출수익의 증가가 정확하게 구분이 가능하다면 위의 경우처럼 매출수익과 감가상각비의 직접대응이 가능할 것이다. 그러나 일반적인 기업의 상황을 생각해 보면 특정 유형자산의 취득이 매출수익에 공헌하는 바는 확실하지만 정확한

공헌금액을 알 수 없을 뿐만 아니라 매출수익의 증가에 영향을 미치는 요인도 유형자산의 사용 이외에 다른 여러 가지 요인들이 있을 수 있다.

복잡한 모든 요인들을 고려하여 정확한 직접대응금액을 구하기 위해서 상당한 노력과 비용을 투입하기보다는 체계적이고 합리적인 대응방법에 따라 유형자산의 취득원가를 기간배분하는 것이 경제적인 회계처리방법이 될 것이다. 이처럼 유형자산의 취득원가를 그 자산의 경제적 효익이 발생하는 기간(내용연수) 동안 체계적이고 합리적으로 배분하는 과정을 감가상각이라 하고, 연도별 배분금액을 감가상각비라고 한다.

감가상각의 의의를 살펴보는 과정에서 한 가지 주의하여야 할 점은 감가상각이 사용에 따른 유형자산의 가치감소를 측정하기 위한 평가과정이 아니라 단지 수익에 대응될 적절한 비용을 산정하기 위한 유형자산 취득원가의 인위적인 배분과정이라는 점이다.

(2) 감가상각의 결정요인

취득원가의 연도별 배분금액을 감가상각비라고 하였는데 이 감가상각비를 결정하기 위해서는 취득원가, 잔존가치, 내용연수의 세 가지 요소를 알아야 한다.

1) 취득원가

취득원가는 앞에서 설명한 바와 같이 유형자산의 매입가액에 본래의 용도에 사용할 수 있을 때까지 소요된 모든 부대비용을 가산한 금액이 된다. 취득원가는 감가상각의 기초대상금액이 되며, 앞절에서 설명한 자본적 지출금액도 포함된다.

2) 내용연수

유형자산을 취득하면 취득시점부터 감가상각을 해 나가야 하고, 취득시점부터 감가상각을 하기 위해서는 감가상각의 대상기간을 확정해야 한다. 자산의 취득시점에서부터 폐기할 때까지의 기간을 내용연수라 하고 이 내용연수는 실제로 폐기시점이 되어야만 정확하게 알 수 있다. 그러나 감가상각은 폐기 이전에 이루어져야 하므로 감가상각비를 계산하기 위한 내용연수는 추정에 의할 수밖에 없다. 뒤에서 설명하겠지만 추정내용연수는 반드시 기간만을 의미하는 것은 아니고, 생산량이나 활동능력 등으로 측정될 수도 있다.

3) 잔존가치

잔존가치는 유형자산의 폐기시점에서 회수할 수 있는 금액으로, 내용연수와 마찬가지로 폐기시점 이전에는 추정에 의하여 측정하여야 한다. 잔존가치가 추정되면 감가상각대상금액이 계산되는데, 감가상각대상금액이란 취득원가에서 추정잔존가치를 차감한 금액으로서 추정내용연수 동안 인식될 총감가상각비 금액의 합계를 의미한다.

감가상각대상금액 = 취득원가 − 잔존가치
= 내용연수 동안의 감가상각비 총계

(3) 감가상각비의 보고

기업회계기준에서는 연도별 감가상각비를 당해자산의 취득원가에서 직접 차감하는 것이 아니고 감가상각누계액이라는 계정과목을 사용하여 유형자산의 취득원가에서 차감하는 형식으로 보고하는 것이 원칙이다.

〈감가상각시의 분개〉

(차) 감가상각비	×××	(대) 감가상각누계액	×××

※ 공장 및 생산설비와 관련하여 발생하는 감가상각비는 매출원가의 일부로서 포괄손익계산서의 제조원가에 포함되며, 일반관리 및 판매활동과 관련하여 발생하는 감가상각비는 판매비와관리비로 보고된다.

〈재무상태표의 표시〉

〈부분재무상태표〉	2×15년 12월 31일 현재	
유형자산		
건 물	6,000,000	
감가상각누계액	(1,500,000)	4,500,000
기 계 장 치	2,000,000	
감가상각누계액	(800,000)	1,200,000

〈포괄손익계산서의 표시〉

〈부분포괄손익계산서〉	2×15년 12월 31일까지
판매비와관리비	
감가상각비	1,500,000

위의 재무상태표에서 건물의 취득원가 ₩6,000,000에서 현재시점까지의 감가상각누계액 ₩1,500,000을 차감한 잔액 ₩4,500,000을 건물의 장부금액이라고 한다.

(4) 감가상각비의 계산

유형자산의 감가상각대상금액을 추정내용연수 동안 체계적으로 배분해 주는 방법 중 가장 많이 사용되는 방법은 다음과 같다.

① 정액법

② 정률법

③ 연수합계법

④ 생산량비례법

다음 사항을 공통으로 가정하여 각 방법을 구체적으로 알아보도록 한다.

㈜동아는 2×11년 1월 1일에 기계장치를 ₩10,000,000에 구입하였다. 이 기계장치의 내용연수는 5년으로 추정되었고, 내용연수 종료 후 잔존가치는 ₩1,000,000으로 추정되었다. 또한 이 기계장치의 총생산량은 10,000개로 추정된다. 내용연수 동안 실제 생산량은 다음과 같다.

2×11년	3,000개	2×12년	2,500개
2×13년	2,500개	2×14년	1,500개
2×15년	500개		

---

1) 정액법

정액법(定額法, straight-line method)은 유형자산의 감가상각이 시간의 경과에 정비례하여 발생하는 것으로 가정하여 매년 동일한 금액을 감가상각비로 인식하는 방법이다. 정액법에 의한 연간 감가상각비 금액은 다음의 공식에 의해 계산된다.

> 연도별 감가상각비 = (취득원가 − 잔존가치) ÷ 내용연수
> = 감가상각대상금액 ÷ 내용연수

㈜동아의 경우 정액법을 적용하여 연도별 감가상각비를 계산해 보자.

연도별 감가상각비 = (₩10,000,000 − ₩1,000,000) ÷ 5년 = ₩1,800,000

따라서 매년 12월 31일에 다음의 분개를 하여야 한다.

(차) 감가상각비	1,800,000	(대) 감가상각누계액	1,800,000

연도별 감가상각비, 감가상각누계액 및 장부금액의 변화과정은 다음의 표에서 보는 바

와 같다.

연 도	기초장부금액	감가상각비	감가상각누계액	기말장부금액
2×11년	10,000,000	1,800,000	1,800,000	8,200,000
2×12년	8,200,000	1,800,000	3,600,000	6,400,000
2×13년	6,400,000	1,800,000	5,400,000	4,600,000
2×14년	4,600,000	1,800,000	7,200,000	2,800,000
2×15년	2,800,000	1,800,000	9,000,000	1,000,000
합 계		9,000,000		

위에서 살펴본 것처럼 정액법은 계산이 매우 간단하다는 장점이 있다. 그러나 실제적으로 감가상각에 영향을 미치는 요인은 시간뿐만이 아니라 여러 가지 요인이 복합적으로 작용되어 결정되는 것이므로 연도별 감가상각비를 단순히 시간에 대한 정비례함수로 파악함에 문제점이 있다.

예제 11-6 정액법

2×15년 4월 1일 ㈜청도는 기계장치를 ₩5,000,000에 취득하였다. 이 기계의 추정내용연수는 5년이고 추정잔존가치는 ₩500,000이다. ㈜청도의 감가상각방법이 정액법일 경우 2×15도 감가상각비를 구하고 연도 말 감가상각비를 인식하기 위한 분개를 하라.

| 해설 |

연도별 감가상각비 = (₩5,000,000 − ₩500,000) ÷ 5 = ₩900,000

2×15년의 보유기간은 9개월간이므로 9개월분의 감가상각만 하여야 한다.

$$2\times15\text{년도 감가상각비} = ₩900{,}000 \times \frac{9\text{월}}{12\text{월}} = ₩675{,}000$$

(차) 감가상각비	675,000	(대) 감가상각누계액	675,000

이처럼 연도 중 취득하였거나 연도 중 처분하였을 경우에는 당해연도 보유기간 동안만 감가상각을 하여야 한다.

2) 정률법

정률법(定率法, fixed percentage method)은 유형자산의 취득원가에서 감가상각누계액을 차감한 미상각잔액에 상각률을 곱하여 연도별 감가상각비를 구하는 방법이다.

연도별 감가상각비 = (취득원가 − 기초감가상각누계액) × 상각률
= 기초장부금액 × 상각률
단, 상각률은 다음의 산식에 의하여 계산된다.

$$상각률 = 1 - \sqrt[내용연수]{\frac{잔존가치}{취득원가}}$$

㈜동아의 경우 정률법을 적용하여 연도별 감가상각비를 계산해 보자.

$$상각률 = 1 - \sqrt[5]{\frac{₩1,000,000}{₩10,000,000}} = 0.369043$$

2×11년 감가상각비 : ₩10,000,000×0.369043=₩3,690,430
2×12년 감가상각비 : (₩10,000,000−₩3,690,430)×0.369043=₩2,328,503
2×13년 감가상각비 : (₩10,000,000−₩6,018,933)×0.369043=₩1,469,185
2×14년 감가상각비 : (₩10,000,000−₩7,488,118)×0.369043=₩926,993
2×15년 감가상각비 : (₩10,000,000−₩8,415,110)×0.369043=₩584,892

따라서 2×11년 12월 31일에 다음의 분개를 하여야 한다.

(차) 감가상각비	3,690,430	(대) 감가상각누계액	3,690,430

예제 11-7 정률법

㈜하남은 2×11년 초에 기계장치를 ₩5,000,000에 취득하였다. 잔존가치는 ₩500,000이고 내용연수는 5년으로 추정하였다(단, 상각률은 0.37).
정률법에 따라 연도별 감가상각비와 기말장부금액을 계산하라.

| 해설 |

연도	계산과정	감가상각비	감가상각누계액	기말장부금액
2×11년	₩5,000,000×0.37	1,850,000	1,850,000	3,150,000
2×12년	(₩5,000,000−₩1,850,000)×0.37	1,165,500	3,015,500	1,984,500
2×13년	(₩5,000,000−₩3,015,500)×0.37	734,265	3,749,765	1,250,235
2×14년	(₩5,000,000−₩3,749,765)×0.37	462,587	4,212,352	787,648
2×15년	(₩5,000,000−₩4,212,352)×0.37	287,648	4,500,000	500,000

3) 연수합계법

연수합계법(年數合計法, sum-of-the-year's-digits method)은 감가상각대상금액에 내용연수의 합계를 분모로 하고 미상각내용연수를 분자로 하는 상각률을 곱하여 연도별 감가상각비를 구하는 방법이다.

$$\text{연도별 감가상각비} = \text{감가상각대상금액} \times \text{상각률}$$
$$= (\text{취득원가} - \text{잔존가치}) \times \frac{\text{내용연수}}{\text{내용연수합계}}$$

㈜동아의 경우 연수합계법에 의하여 연도별 감가상각비를 구하면 다음과 같다.

2×11년 감가상각비 : (₩10,000,000－₩1,000,000)×5년/15년＝₩3,000,000
2×12년 감가상각비 : (₩10,000,000－₩1,000,000)×4년/15년＝₩2,400,000
2×13년 감가상각비 : (₩10,000,000－₩1,000,000)×3년/15년＝₩1,800,000
2×14년 감가상각비 : (₩10,000,000－₩1,000,000)×2년/15년＝₩1,200,000
2×15년 감가상각비 : (₩10,000,000－₩1,000,000)×1년/15년＝₩600,000

따라서 2×11년 12월 31일에 다음의 분개를 하여야 한다.

(차) 감가상각비	3,000,000	(대) 감가상각누계액	3,000,000

연도별 감가상각비, 감가상각누계액 및 장부금액의 변화과정은 다음의 표에서 보는 바와 같다.

연 도	기초장부금액	감가상각비	감가상각누계액	기말장부금액
2×11년	10,000,000	3,000,000	3,000,000	7,000,000
2×12년	7,000,000	2,400,000	5,400,000	4,600,000
2×13년	4,600,000	1,800,000	7,200,000	2,800,000
2×14년	2,800,000	1,200,000	8,400,000	1,600,000
2×15년	1,600,000	600,000	9,000,000	1,000,000
합 계		9,000,000		

예제 11-8 연수합계법

㈜하북은 2×11년 1월 1일 차량을 ₩5,000,000에 취득하였다. 차량의 내용연수는 5년이며, 추정잔존가치가 ₩500,000일 경우 연수합계법에 의한 연도별 감가상각비를 구하라.

| 해설 |

2×11년 감가상각비 : (₩5,000,000－₩500,000)×5년/15년＝₩1,500,000
2×12년 감가상각비 : (₩5,000,000－₩500,000)×4년/15년＝₩1,200,000
2×13년 감가상각비 : (₩5,000,000－₩500,000)×3년/15년＝₩900,000
2×14년 감가상각비 : (₩5,000,000－₩500,000)×2년/15년＝₩600,000
2×15년 감가상각비 : (₩5,000,000－₩500,000)×1년/15년＝₩300,000

4) 생산량비례법

생산량비례법(生産量比例法, percentage of production method)은 유형자산의 내용연수 동안 감가상각비가 생산량에 정비례해서 발생한다는 가정하에 생산량이 많은 연도에는 감가상각비를 많이 계상하고 생산량이 적은 연도에는 감가상각비를 작게 계상하는 방법이다.

$$\text{연도별 감가상각비} = (\text{취득원가} - \text{잔존가치}) \times \frac{\text{실제생산량}}{\text{예상총생산량}}$$

감가상각비 산출공식에서 보는 바와 같이 생산량비례법은 총생산량을 합리적으로 추정할 수 있어야 적용이 가능하다. 총생산량의 합리적 추정이 가능하다면 유형자산의 감가상각에 가장 큰 영향을 미치는 요인이 생산량이므로 이 생산량에 정비례하게 감가상각을 인식하는 것이 수익·비용대응의 원칙에 가장 부합하는 방법이 된다.

㈜동아의 경우 생산량비례법에 의하여 연도별 감가상각비를 계산해 보자.
2×11년 감가상각비 : (₩10,000,000－₩1,000,000)×3,000개/10,000개＝₩2,700,000
2×12년 감가상각비 : (₩10,000,000－₩1,000,000)×2,500개/10,000개＝₩2,250,000
2×13년 감가상각비 : (₩10,000,000－₩1,000,000)×2,500개/10,000개＝₩2,250,000
2×14년 감가상각비 : (₩10,000,000－₩1,000,000)×1,500개/10,000개＝₩1,350,000
2×15년 감가상각비 : (₩10,000,000－₩1,000,000)×500개/10,000개＝₩450,000

따라서 2×11년 12월 31일에 다음의 분개를 하여야 한다.

(차) 감가상각비	2,700,000	(대) 감가상각누계액	2,700,000

연도별 감가상각비, 감가상각누계액 및 장부금액의 변화과정은 다음 표에서 보는 바와 같다.

연 도	기초장부금액	감가상각비	감가상각누계액	기말장부금액
2×11년	10,000,000	2,700,000	2,700,000	7,300,000
2×12년	7,300,000	2,250,000	4,950,000	5,050,000
2×13년	5,050,000	2,250,000	7,200,000	2,800,000
2×14년	2,800,000	1,350,000	8,550,000	1,500,000
2×15년	1,500,000	450,000	9,000,000	1,000,000
합 계		9,000,000		

예제 11-9 생산량비례법

㈜영동은 공구와기구를 2×11년 7월 1일 ₩5,000,000에 취득하였는데, 이 공구와기구를 사용한 제품의 총추정생산량은 1,000개이며 잔존가치는 ₩500,000으로 추정된다. 연도별 실제생산량이 다음과 같을 때 생산량비례법에 의하여 공구와기구의 연도별 감가상각비를 구하라.

2×11년	300개
2×12년	500개
2×13년	200개

| 해설 |

생산량비례법은 감가상각비가 제품생산량에 비례하여 발생하므로 유형자산의 취득시기가 연도 중이라도 월할상각의 문제는 발생하지 않는다.

2×11년 감가상각비 : (₩5,000,000−₩500,000)×300개/1,000개=₩1,350,000

2×12년 감가상각비 : (₩5,000,000−₩500,000)×500개/1,000개=₩2,250,000

2×13년 감가상각비 : (₩5,000,000−₩500,000)×200개/1,000개=₩900,000

5) 이중체감법

이중체감법(doule-declining balance method)은 정률법에 의한 상각률 측정이 너무 복잡함으로 인하여 고안된 방법이다. 즉, 이중체감법은 상각률을 복잡한 산식에 의지하지 않고, 정액법에 의한 상각률의 2배(2/내용연수)로 한다. 이러한 점에서 이중체감법은 정률법보다 상각률 측정이 간편하다는 장점이 있으나, 내용연수가 종료되는 마지막 회계연도에는 잔존가치만 남도록 감가상각비를 역산해야 한다는 단점이 있다.

> 연도별 감가상각비 = 기초장부금액 × 상각률
>
> $상각률 = \frac{1}{내용연수}$
>
> 단, 내용연수 마지막 회계연도의 감가상각비 = 내용연수 마지막 연도의 기초장부금액 − 잔존가치

㈜동아의 경우 이중체감법을 적용하여 연도별 감가상각비를 계산해 보자.

2×11년 감가상각비 : ₩10,000,000 × 2/5 = ₩4,000,000
2×12년 감가상각비 : (₩10,000,000 − ₩4,000,000) × 2/5 = ₩2,400,000
2×13년 감가상각비 : (₩10,000,000 − ₩6,400,000) × 2/5 = ₩1,440,000
2×14년 감가상각비 : (₩10,000,000 − ₩7,840,000) × 2/5 = ₩864,000
2×15년 감가상각비 : (₩10,000,000 − ₩8,704,000)-₩1,000,000(잔존가치) = ₩296,000*

* 내용연수 마지막 회계연도의 감가상각비 = 내용연수 마지막 회계연도의 기초장부금액 − 잔존가치

따라서 2×11년 12월 31일에 다음의 분개를 수행하여야 한다.

(차) 감가상각비	₩4,000,000	(대) 감가상각누계액	₩4,000,000

연도별 감가상각비, 감가상각누계액 및 장부금액의 변화과정은 다음의 표에서 보는 바와 같다.

연 도	기초장부금액	감가상각비	감가상각누계액	기말장부금액
2×11년	₩10,000,000	₩4,000,000	₩4,000,000	₩6,000,000
2×12년	₩6,000,000	₩2,400,000	₩6,400,000	₩3,600,000
2×13년	₩3,600,000	₩1,440,000	₩7,840,000	₩2,160,000
2×14년	₩2,160,000	₩864,000	₩8,704,000	₩1,296,000
2×15년	₩1,296,000	₩296,000*	₩9,000,000	₩1,000,000
합 계		9,000,000		

* ₩296,000 = ₩1,296,000 − ₩1,000,000

예제 11-10 이중체감법

㈜동아(결산일 12월)는 2×11년 1월 1일에 기계장치를 현금 ₩5,000,000을 지급하여 취득하였다. 기계장치의 잔존가치는 ₩300,000이며, 내용연수는 4년으로 추정된다. 이중체감법에 따른 연도별 감가상각비를 구하라.

| 해설 |

연 도	기초장부금액	감가상각비	감가상각누계액	기말장부금액
2×11년	5,000,000	2,500,000	2,500,000	2,500,000
2×12년	2,500,000	1,250,000	3,750,000	1,250,000
2×13년	1,250,000	625,000	4,375,000	625,000
2×14년	625,000	325,000*	4,700,000	300,000

* ₩325,000 = ₩625,000(내용연수 마지막 회계연도의 기초장부금액) − ₩300,000(잔존가치)

5. 유형자산의 평가

유형자산을 취득한 이후에는 감가상각을 통해서 내용연수 동안 비용으로 인식하게 되며, 이에 따라 유형자산의 장부금액은 점차 감소하게 된다. 그러나 이렇게 감가상각을 적용한 유형자산의 장부금액은 실제 유형자산의 가치를 제대로 반영하지 못하는 경우가 많다. 즉, 유형자산의 실체가치가 장부금액보다 매우 높거나 낮은 경우가 흔히 발생한다. 유형자산의 취득 후 가치의 증감을 처리하는 접근방법으로는 원가모형과 재평가모형이 있으며, 기업은 이 중 하나를 선택하여 적용한다. 이때 선택한 방법은 유형자산 분류별로 동일하게 적용해야 한다.

예를 들어, 한 회사가 보유하고 있는 기계장치의 일부에 대해서 원가모형을 적용하고,

나머지 기계장치에 대해서는 재평가모형을 사용하는 것은 허용되지 않는다. 반면 토지에 대해서는 재평가모형을 적용하고, 나머지 유형자산에는 원가모형을 적용하는 것은 허용된다. 유형자산의 재평가와 관련된 자세한 논의는 중급회계 분야에서 다루도록 한다.

6. 유형자산의 처분

사용하던 유형자산이나 내용연수가 종료된 유형자산을 처분하는 경우에는 당해 유형자산과 유형자산의 감가상각누계액을 장부에서 제거하는 회계처리를 해야 한다. 이때 유형자산의 장부금액(취득원가－감가상각누계액)과 처분금액과의 차액은 유형자산처분손익(有形資産處分損益)으로 계상하여야 한다.

1단계 : 처분시점까지의 감가상각비 계상
2단계 : 취득원가 및 감가상각누계액의 파악
3단계 : 처분금액과 장부금액(취득원가 － 감가상각누계액)을 비교하여 유형자산처분손익으로 계상

예제 11-11 유형자산의 처분

㈜서산은 2×14년 1월 1일 ₩8,000,000에 건물을 취득하였다. 잔존가치와 내용연수는 각각 ₩1,000,000과 10년으로 추정되었다. 정액법을 사용하여 감가상각을 하여 오던 ㈜서산은 2×15년 4월 1일 동 건물을 ₩10,000,000에 처분하였는데 처분과 관련하여 부동산중개수수료로 ₩100,000을 지급하였을 경우 처분손익을 계산하고 처분시의 분개를 하라.

| 해설 |

본문 중에서 설명한 절차에 의하여 처분손익을 계산해 보기로 한다.

1단계 : 처분시점까지의 감가상각비 계상

2×14년 감가상각비＝(₩8,000,000－₩1,000,000)÷10년＝₩700,000

2×15년 감가상각비＝(₩8,000,000－₩1,000,000)÷10년×3월/12월＝₩175,000

2×15년 감가상각비를 계상하기 위하여 2×15년 4월 1일에 다음의 분개를 하여야 한다.

(차) 감가상각비	175,000	(대) 감가상각누계액	175,000

2단계 : 취득원가 및 감가상각누계액의 파악

취득원가＝₩8,000,000

감가상각누계액＝₩700,000＋₩175,000＝₩875,000

3단계 : 처분금액과 장부금액(취득원가 – 감가상각누계액)을 비교하여 유형자산처분손익으로 계상

처분금액 = ₩10,000,000
장부금액 = ₩8,000,000 − ₩875,000 = ₩7,125,000
처분이익 = ₩10,000,000 − ₩7,125,000 = ₩2,875,000

따라서 처분시의 분개는 다음과 같다.

(차)	감가상각누계액	875,000	(대) 건　　물	8,000,000
	현　　금	10,000,000	유형자산처분이익	2,875,000
(차)	지 급 수 수 료	100,000	(대) 현　　금	100,000

7. 무형자산이란?

무형자산(intangible assets)은 물리적 실체는 없지만 식별할 수 있는 비화폐성자산이다. 무형자산은 물리적 실체가 없기 때문에 자산으로 인식하기 위한 엄격한 기준이 필요하다. 이러한 점에서 국제회계기준에서는 무형자산으로 분류하기 위해서는 아래의 요건을 모두 충족해야 된다고 규정하고 있다.

(1) 식별가능성
(2) 자원에 대한 통제
(3) 미래경제적효익의 존재

유형자산의 감가상각과 마찬가지로 무형자산도 상각의 과정을 거쳐서 취득원가가 내용연수 동안의 수익에 대응되어 비용화된다. 무형자산의 상각은 유형자산의 감가상각과는 세 가지 측면에서 차이점을 나타내게 되는데 그 첫째가 내용연수이다. 무형자산의 경우는 물리적 실체가 없기 때문에 그 내용연수의 추정이 매우 어렵다. 따라서 무형자산의 상각은 주로 법률에서 정하여진 유효기간을 그 내용연수로 하여 상각하는 것이 일반적이다.

두 번째 차이점은 무형자산은 자산의 구체적인 형체가 없고 유효기간이 경과하면 그 권리의 가치가 없기 때문에 잔존가치가 0이 된다는 점이다. 세 번째 차이점은 일반적으로 유형자산의 경우는 감가상각누계액이라는 유형자산에 대한 차감적 평가계정을 사용하여 감가상각을 하나, 무형자산은 당해 무형자산의 과목에서 직접 차감하여 상각한다는

점이다. 이처럼 유형자산의 상각과는 다른 점이 있기 때문에 유형자산의 상각을 감가상각이라고 표현하는 데 비해 무형자산의 상각은 단순히 상각(amortization)이라고 표현한다.

무형자산의 종류에는 다음의 것들이 있다.

① 산업재산권(특허권, 실용신안권, 의장권, 상표권, 상호권 및 상품명 포함)
② 라이선스와 프랜차이즈
③ 저작권
④ 컴퓨터소프트웨어
⑤ 개발비(제조비법, 공식, 모델, 디자인 및 시작품 등의 개발)
⑥ 임차권리금
⑦ 광업권, 어업권 등

영업권(營業權, goodwill)은 특정 기업이 동종산업에 종사하는 타기업과 비교하여 정상적인 수익률 이상의 이윤을 획득할 수 있는 능력(초과이윤창출능력)을 화폐액으로 표시한 것이다. 이런 초과이윤창출능력은 기업의 명성이나 좋은 평판, 경영자의 우수한 경영능력, 독점적 위치 등에서 얻어지게 된다.

이런 초과이윤창출능력은 추상적이고 주관적인 개념이기 때문에 화폐액으로 표시하는 데 곤란함이 따른다. 따라서 기업회계기준에서는 자가창출한 영업권은 자산으로 인정하지 않고, 단지 기업외부로부터 유상으로 취득한 영업권에 대해서만 무형자산으로 계상하도록 규정하고 있다. 즉 기업이 전세권을 취득하는 등의 경우, 실제 그 대가를 지급하고 유상으로 취득하는 부분으로서 식별가능한 경우에 한하여 영업권으로 계상하도록 규정하고 있다.

영업권은 상각하지 않고 기업회계기준서 제1036호(자산손상)에 따라 매 회계연도마다 손상검사를 하여 손상차손을 인식한다.

예제 11-12 회계거래

㈜충무는 ㈜하단을 합병하고자 한다. 합병시점의 ㈜하단의 재무상태는 다음과 같다.

재무상태표

㈜하단 합병일 현재 (단위 : 원)

예 금	3,000,000	매 입 채 무	6,000,000
매출채권	5,000,000	단기차입금	8,000,000
토 지	7,000,000	자 본 금	4,000,000
건 물	6,000,000	이익잉여금	3,000,000
자산총계	21,000,000	부채와자본총계	21,000,000

㈜충무가 현금 ₩9,000,000을 지급하고 ㈜하단을 합병하였을 경우 영업권으로 계상될 금액을 계산하고, 합병시의 분개를 하라(단, 영업권으로 인식할 금액이 식별가능하다고 가정한다).

| 해설 |

㈜하단의 순자산가액은 ₩7,000,000인데 ㈜충무는 이를 인수하기 위하여 ₩9,000,000을 지급하였다. 영업권으로 계상될 금액은 순자산가액을 초과하여 지급한 ₩2,000,000이 된다.

(차) 예 금	3,000,000	(대) 매 입 채 무	6,000,000
매출채권	5,000,000	단기차입금	8,000,000
토 지	7,000,000	현 금	9,000,000
건 물	6,000,000		
영 업 권	2,000,000		

8. 무형자산의 취득원가

무형자산을 취득하였을 경우 취득원가는 일반적인 자산의 취득원가 결정원칙과 마찬가지로 무형자산의 매입가액에 취득을 위하여 지출된 부대비용(등록비용, 제세공과 및 수수료 등)의 합계로 한다.

예제 11-13 무형자산의 취득원가

㈜평택은 2×15년 5월 1일 ㈜우신이 개발한 특허권을 ₩100,000,000을 주고 취득하였다. 이 특허권을 취득하면서 명의개서비용으로 ₩10,000,000과 변리사 수수료로 ₩7,000,000

을 지출하였다. 이 특허권의 취득원가를 구하고 2×15년 5월 1일 특허권 취득에 대해 분개를 하라.

| 해설 |

자산의 취득원가는 당해자산의 매입가액에 취득을 위하여 지출된 부대비용의 합계로 산정되므로 당해 특허권의 취득원가는 매입가액 ₩100,000,000에 명의개서비용 ₩10,000,000과 변리사수수료 ₩7,000,000을 가산한 ₩117,000,000이 된다. 취득시의 분개는 다음과 같다.

(차) 산업재산권	117,000,000	(대) 현　　금	117,000,000

9. 무형자산의 상각

앞에서 살펴본 것처럼 무형자산을 상각할 경우에는 다음의 세 가지를 유의하여야 한다.

(1) 무형자산의 상각

유형자산처럼 감가상각누계액이라는 계정과목을 사용하여 상각하는 것이 아니고 당해 무형자산의 과목에서 직접 차감하는 방식으로 상각을 하여야 한다. 따라서 무형자산의 상각의 경우는 다음의 형식으로 분개를 하여야 할 것이다.

(차) 무형자산상각비	×××	(대) 무 형 자 산	×××

(2) 내용연수가 유한한 무형자산

내용연수가 유한한 무형자산의 경우 시간이 경과함에 따라 그 가치가 사라지기 때문에 특별한 경우를 제외하고는 잔존가치를 영(0)으로 본다. 그리고 무형자산의 상각방법은 자산이 소비되는 형태를 반영하여 정액법, 체감잔액법 및 생산량비례법 중에서 선택할 수 있다. 자산이 소비되는 형태를 신뢰성 있게 결정하지 못할 경우에는 정액법으로 무형자산을 상각한다.

(3) 비한정 내용연수를 갖는 무형자산

내용연수가 불확실하거나 유한하게 추정되지 않으면 이를 비한정 내용연수를 갖는 무형자산으로 분류하고 상각하지 않는다. 이러한 무형자산은 상각하지 않는 대신, 무형자산의 손상을 시사하는 징후가 있을 때 혹은 매 보고기간 말에 자산손상검사를 실시하고, 자산이 손상되었으면 손상차손을 인식하여야 한다.

또한 무형자산을 재무상태표에 최초로 인식한 이후에는 유형자산과 같이 원가모형이나 재평가모형을 선택적용하여 자산을 평가할 수 있다. 그러나 무형자산은 유형자산과 달리 활성화된 시장이 없는 경우가 많기 때문에 공정가치를 파악하기 어려워서 대부분 원가모형을 채택한다. 일단 선택한 평가모형은 계속 일관성 있게 적용해야 한다.

예제 11-14 무형자산의 상각

다음 각각의 경우 무형자산을 상각하기 위한 분개를 하라.

1. ㈜충무는 2×15년 3월 1일 ㈜수정광산의 광업권을 ₩50,000,000에 구입하였다. ㈜수정광산의 매굴량은 100,000톤인 것으로 추정되고 2×15년의 채굴량은 20,000톤이었다. ㈜충무는 광업권을 생산량비례법에 의하여 상각한다.
2. ㈜충무는 2×15년 5월 1일 ㈜서면이 개발한 특허권을 ₩12,000,000을 주고 취득하였다. ㈜충무는 특허권을 정액법에 의하여 상각하며 특허권의 유효기간은 10년이다.

| 해설 |

1. 생산량비례법에 의할 경우 2×15년의 광업권상각비는 다음과 같이 계산된다.

$$2\times15\text{년도 상각비} = \text{광업권취득원가} \times \frac{2\times15\text{년 채굴량}}{\text{총매장량}}$$

$$= ₩50{,}000{,}000 \times \frac{20{,}000\text{톤}}{100{,}000\text{톤}} = ₩10{,}000{,}000$$

(차) 광업권상각비	10,000,000	(대) 광 업 권	10,000,000

2. 정액법에 의하여 무형자산을 상각할 경우에는 취득일이 회계연도 중일 경우 월할 상각하여야 하는 점을 주의하여야 한다. ㈜충무는 5월 1일에 특허권을 취득하였으므로 취득연도에는 8개월분만 상각하여야 할 것이다.

$$2\times15\text{년도 상각비} = \frac{\text{특허권취득원가}}{\text{유효기간}} \times \frac{\text{취득 후 당해연도 월수}}{12\text{월}}$$

$$= \frac{₩12{,}000{,}000}{10\text{년}} \times \frac{8\text{월}}{12\text{월}} = ₩800{,}000$$

(차) 산업재산권상각비	800,000	(대) 산업재산권	800,000

EXERCISE

연 | 습 | 문 | 제 <<<

① 취득원가

2×15년 1월 1일 ㈜구포는 공장부지로 사용하기 위해 ₩300,000,000을 주고 토지를 구입하였는데, 토지를 정상적으로 사용하기 위하여 구입 직후 그 토지 위에 있던 구건물을 철거하였으며, 2×15년 10월 7일 새 건물을 완성하였다. 이 기간 동안 발생한 원가는 다음과 같다.

구건물 철거비용	3,000,000
건축기사 수수료	1,000,000
토지구입계약과 관련된 소유권 조사비용	100,000
건설원가	100,000,000
구건물의 철거시 수거된 폐자재의 처분대가	400,000

토지와 건물의 취득원가를 계산하라.

② 후속원가

다음에 열거된 거래가 당기비용으로 처리해야 되는지 혹은 유형자산의 장부금액에 가산해야 되는지를 결정하시오.

① ₩10,000에 청소용 비품을 구입하다.
② 사용하던 건물에 ₩900,000을 들여서 새로 페인트칠을 하다.
③ 사용하던 건물에 ₩200,000,000을 들여서 엘리베이터를 설치하다.
④ 사용하던 기계장치에 ₩30,000,000을 투입하여 대수선을 한 결과 기계장치의 내용연수가 4년 더 연장되었다.
⑤ 상품운반용 트럭을 ₩20,000,000에 구입한 직후 ₩800,000을 들여서 회사의 광고문안을 인쇄하기 위한 페인트칠을 하다.
⑥ 사용하던 트럭에 ₩500,000을 투입하여 새로 페인트칠을 하다.
⑦ 사용하던 3층짜리 건물에 ₩100,000,000을 투입하여 5층으로 증축하다.

③ 감가상각방법

2×15년 10월 1일 ㈜해운은 ₩7,000,000에 기계장치를 취득하였다. 이 기계장치의 추정내용연수는 5년, 추정잔존가치는 ₩1,000,000이다. 연도별 추정생산량은 다음과 같다.

2×15년	3,000개	2×18년	1,000개
2×16년	4,000개	2×19년	500개
2×17년	1,500개		

EXERCISE

다음 각각의 감가상각방법에 의하여 연도별 감가상각비를 구하라.

1. 정액법
2. 연수합계법
3. 생산량비례법

4 감가상각방법

㈜인천은 2×15년 초에 기계 1대(내용연수 5년, 잔존가치 10%)를 ₩2,000,000에 구입하였다. 이 기계를 사용하여 초년도에는 제품을 10,000개를 생산할 수 있으며, 그 후에는 매년 1,000개씩 생산량이 감소한다.

1. 정액법, 2. 정률법(상각률은 0.369), 3. 생산량비례법, 4. 연수합계법 중 2×15년도의 감가상각비를 가장 작게 하는 방법이 무엇인지 계산하라.

5 감가상각비의 계산 – 후속원가 지출 후

㈜강원은 취득원가 ₩5,000,000, 내용연수 8년, 잔존가치 ₩200,000인 기계를 4년 사용한 후 ₩1,800,000을 들여 대수선을 한 결과 내용연수가 2년 증가되었다. ㈜강원이 정액법을 적용하고 있을 때 향후 상각할 연간 감가상각비를 구하라.

6 유형자산처분손익

㈜진하(결산일 12월 31일)는 2×13년 7월 1일 ₩5,000,000에 취득한 기계장치를 2×15년 6월 1일 ₩2,000,000에 처분하였다. 정률법으로 상각할 때 처분손익을 구하라. 내용연수는 5년, 잔존가치는 장부금액의 10%, 상각률은 0.369이다.

7 유형자산처분손익

㈜창원은 2×14년 1월 1일 장부금액 ₩288,000인 비품을 매각하고 2×17년 1월 1일 만기가 도래하는 액면금액 ₩360,000인 무이자부어음을 수령하였다. 어음 수령 당시 시장이자율은 10%이며, 기간이 3년인 ₩1에 대한 현재가치요소가 0.75일 때 2×14년 1월 1일에 인식해야 할 유형자산처분손익과 유효이자율법에 의한 이자금액을 각각 구하라.

8 광업권의 취득과 상각

㈜목포는 2×14년 1월 1일 추정매장량 300,000배럴의 유전을 ₩700,000에 현금 구입하였다. 2×14년 1년간의 채유량은 3,000배럴이었다. 2×14년 1월 1일과 12월 31일에 필요한 분개를 하라(단, 광업권은 생산량비례법에 의하여 상각한다).

EXERCISE

9 산업재산권의 취득과 상각

㈜청주는 2×14년 1월 1일 특허권자로부터 특허권을 구입하고 대금 ₩500,000을 현금 지급하였다. 특허권을 구입하면서 ㈜청주는 중개인수수료 ₩10,000과 공증료 ₩35,000을 현금 지급하였다. 특허권의 상각기간이 10년이라고 할 때 2×14년 1월 1일과 12월 31일에 필요한 분개를 하라.

10 무형자산의 내용연수

㈜대전은 2×14년 1월 1일에 현금 ₩480,000을 지급하고 특허권을 취득하였다. 특허권법상 특허권의 내용연수는 12년이기 때문에 ㈜대전은 특허권을 12년 동안 상각하기로 하였다. 2×18년 초에 경쟁기업인 ㈜포천이 ㈜대전의 제품보다 품질이 우수하고 가격도 저렴한 신제품을 개발하여 시장에 출시하였다. ㈜대전의 경영자는 더 이상 특허권으로부터 효익을 얻을 수 없을 것으로 판단하였다. 2×18년도에 특허권을 상각하기 위한 분개를 하라.

11 영업권

㈜삼척은 2×14년 2월 5일 ₩400,000을 지급하고 ㈜영월을 취득하였다. 동 일자의 ㈜영월의 자산 및 부채의 장부금액과 공정가치가 다음과 같을 때 ㈜삼척의 영업권으로 계상하여야 할 금액을 계산하라(단, 영업권으로 계상할 금액이 식별가능한 것으로 가정한다).

	장부가액	공정가치
유동자산(재고자산 제외)	85,000	85,000
재고자산	72,500	67,500
비유동자산	217,500	240,000
부 채	(87,500)	(87,500)
순 자 산	287,500	305,000

EXERCISE

연습문제 해답

1 취득원가

토지의 취득원가 :

토지구입대금	300,000,000
구건물 철거비용	3,000,000
토지구입계약과 관련된 소유권 조사비용	100,000
구건물의 철거시 수거된 폐자재의 처분대가	(400,000)
합계	302,700,000

건물의 취득원가 :

건축기사 수수료	1,000,000
건설원가	100,000,000
합계	101,000,000

2 후속원가

① 중요성 측면에서 ₩10,000의 비품구입은 당기의 비용으로 처리하여야 한다.

② 기존 건물의 유지·보수와 관련된 ₩900,000도 당기비용처리한다.

③ ₩200,000,000의 원가투입으로 인하여 건물의 가치가 현저하게 증가하였으므로 ₩200,000,000은 건물의 장부금액에 가산한다.

④ 특정 지출로 인하여 유형자산의 내용연수가 현저하게 증가하면 유형자산의 장부금액에 가산한다.

⑤ 트럭을 구입한 후 정상적으로 트럭을 사용하기 전까지 투입된 비용은 취득부대비용으로서 트럭의 취득원가에 가산하여야 한다.

⑥ 기존에 사용하던 트럭에 투입된 소액의 수선·유지비용은 당기비용으로 처리한다.

⑦ 건물증축을 위하여 투입된 ₩100,000,000으로 인하여 건물의 가치가 현저하게 증가하였기 때문에 투입된 ₩100,000,000을 건물의 장부금액에 가산하여 처리하여야 한다.

3 감가상각방법

1. 정액법

$$2\times15\text{년} : \frac{₩7,000,000-₩1,000,000}{5\text{년}}\times\frac{3\text{월}}{12\text{월}} = ₩300,000$$

$$2\times16\text{년} : \frac{₩7,000,000-₩1,000,000}{5\text{년}} = ₩1,200,000$$

$$2\times17년 : \frac{₩7,000,000-₩1,000,000}{5년} = ₩1,200,000$$

$$2\times18년 : \frac{₩7,000,000-₩1,000,000}{5년} = ₩1,200,000$$

$$2\times19년 : \frac{₩7,000,000-₩1,000,000}{5년} = ₩1,200,000$$

2. 연수합계법

내용연수별 감가상각비 :

$$1차년도 : (₩7,000,000-₩1,000,000)\times\frac{5}{15} = ₩2,000,000$$

$$2차년도 : (₩7,000,000-₩1,000,000)\times\frac{4}{15} = ₩1,600,000$$

$$3차년도 : (₩7,000,000-₩1,000,000)\times\frac{3}{15} = ₩1,200,000$$

$$4차년도 : (₩7,000,000-₩1,000,000)\times\frac{2}{15} = ₩800,000$$

$$5차년도 : (₩7,000,000-₩1,000,000)\times\frac{1}{15} = ₩400,000$$

연도별 감가상각비 :

$$2\times15년 : ₩2,000,000\times\frac{3월}{12월} = ₩500,000$$

$$2\times16년 : ₩2,000,000\times\frac{9월}{12월}+₩1,600,000\times\frac{3월}{12월} = ₩1,900,000$$

$$2\times17년 : ₩1,600,000\times\frac{9월}{12월}+₩1,200,000\times\frac{3월}{12월} = ₩1,500,000$$

$$2\times18년 : ₩1,200,000\times\frac{9월}{12월}+₩800,000\times\frac{3월}{12월} = ₩1,100,000$$

$$2\times19년 : ₩800,000\times\frac{9월}{12월}+₩400,000\times\frac{3월}{12월} = ₩700,000$$

3. 생산량비례법

$$2\times15년 : (₩7,000,000-₩1,000,000)\times\frac{3,000개}{10,000개} = ₩1,800,000$$

$$2\times16년 : (₩7,000,000-₩1,000,000)\times\frac{4,000개}{10,000개} = ₩2,400,000$$

EXERCISE

$$2\times 17년 : (₩7,000,000 - ₩1,000,000) \times \frac{1,500개}{10,000개} = ₩900,000$$

$$2\times 18년 : (₩7,000,000 - ₩1,000,000) \times \frac{1,000개}{10,000개} = ₩600,000$$

$$2\times 19년 : (₩7,000,000 - ₩1,000,000) \times \frac{500개}{10,000개} = ₩300,000$$

④ 감가상각방법

각 방법별로 2×15년도의 감가상각비를 구하면 다음과 같다.

1. 정액법

$$연도별\ 감가상각비 = \frac{₩2,000,000 - ₩200,000}{5년} = ₩360,000$$

정액법에서의 연도별 감가상각비는 매년 동일하므로 2×15년도 감가상각비는 ₩360,000이 된다.

2. 정률법

2×15년 감가상각비=₩2,000,000×0.369 = ₩738,000

3. 생산량비례법

생산량비례법을 적용하기 위해서는 총추정생산량을 먼저 알아야 한다. 2×15년도에 10,000개 생산가능하고 매년 1,000개씩 감소하므로 총생산량은 40,000개(10,000개+9,000개+8,000개+7,000개+6,000개)가 된다.

$$2\times 15년\ 감가상각비 = (₩2,000,000 - ₩200,000) \times \frac{10,000개}{40,000개} = ₩450,000$$

4. 연수합계법

연수합계=1년+2년+3년+4년+5년=15년

$$2\times 15년\ 감가상각비 = (₩2,000,000 - ₩200,000) \times \frac{5년}{15년} = ₩600,000$$

결국 2×15년도 감가상각비는 정액법의 경우가 가장 작다.

⑤ 자본적 지출과 감가상각

후속지출 전까지의 감가상각누계액은 다음과 같다.

$$감가상각누계액 = \frac{₩4,800,000}{8년} \times 4년 = ₩2,400,000$$

장부금액 ₩2,600,000(₩5,000,000−₩2,400,000)에 ₩1,800,000의 후속지출이 발생하

EXERCISE

였으므로 새로운 취득원가는 ₩4,400,000이 되고 후속지출로 인하여 내용연수가 2년 증가하였으므로 잔여내용연수는 6년이 된다. 따라서

연간 감가상각비는 $\frac{₩2,600,000+₩1,800,000+₩200,000}{6년}$ = ₩700,000이 된다.

6 유형자산처분손익

2×13년 감가상각비 : ₩5,000,000×0.369×$\frac{6월}{12월}$= ₩922,500

2×14년 감가상각비 : (₩5,000,000－₩922,500)×0.369 = ₩1,504,598

2×15년 감가상각비 : (₩5,000,000－₩2,427,098)×0.369×$\frac{5월}{12월}$= ₩395,584

처분시점의 감가상각누계액은 ₩2,822,682이므로 장부금액은 ₩2,177,318이 되고 이 기계장치를 ₩2,000,000에 처분하였으므로 처분손실은 ₩177,318이 된다. 이를 분개로 나타내면 다음과 같다.

(차)	현 금	2,000,000	(대)	기계장치	5,000,000
	감가상각누계액	2,822,682			
	유형자산처분손실	177,318			

7 유형자산처분손익

비품의 매각대금으로 수령한 어음의 현재가치를 계산하면 다음과 같다.

어음의 현재가치=₩360,000×0.75=₩270,000

따라서 어음의 명목금액(₩360,000)과 현재가치(₩270,000)의 차이 ₩90,000은 현재가치할인차금으로 계상되어야 하며 어음의 만기까지 유효이자율법 등을 사용하여 상각하여야 한다.

2×14년 말의 현재가치할인차금 상각액은 장기미수금의 기초장부금액인 ₩270,000에 유효이자율 10%를 곱한 ₩27,000이 된다.

이상의 설명을 분개로 요약하면 다음과 같다.

〈처분시의 분개〉

(차)	장기미수금	360,000	(대)	비 품	288,000
	유형자산처분손실	18,000		현재가치할인차금	90,000

〈결산시의 분개〉

(차)	현재가치할인차금	27,000	(대)	이자수익	27,000

8 광업권의 취득과 상각

〈2×14년 1월 1일〉

(차) 광 업 권	700,000	(대) 현 금	700,000

〈2×14년 12월 31일〉

(차) 광업권상각비	7,000*	(대) 광 업 권	7,000

* 2×14년 광업권상각비 = ₩700,000 × $\frac{3{,}000\text{배럴}}{300{,}000\text{배럴}}$ = ₩7,000

9 산업재산권의 취득과 상각

2×14년 1월 1일 : 무형자산의 취득원가는 매입가액에 매입부대비용을 가산하여 결정된다.

(차) 산업재산권	545,000	(대) 현 금	545,000

〈2×14년 12월 31일〉

(차) 산업재산권상각비	54,500	(대) 산업재산권	54,500

10 무형자산의 내용연수

특허권 취득시점인 2×14년에 추정한 특허권의 내용연수는 12년으로 2×14년부터 2×17년 말까지는 정액법으로 다음과 같이 상각하여야 한다.

(차) 산업재산권상각비	40,000	(대) 산업재산권	40,000

2×18년에 영업환경의 변화로 인하여 특허권의 내용연수가 종료되었다고 추정을 변경하였으면 기업회계기준에 의하여 전진법으로 상각하여야 하므로 특허권의 미상각잔액을 전액 2×18년에 상각하여야 한다.

2×18년 초 특허권의 장부금액 = ₩480,000 − ₩40,000 × 4년 = ₩320,000

(차) 산업재산권상각비	320,000	(대) 산업재산권	320,000

11 영업권

㈜삼척이 ㈜영월의 자산과 부채를 개별적으로 취득하면 공정가치에 해당하는 금액인 ₩400,000을 지급하고 취득할 수 있다. 그러나 ㈜삼척이 ㈜영월을 취득하면서 개별 순자산의 공정가치보다 ₩95,000을 초과하여 지급하였으므로 이를 영업권으로 계상하여야 한다.

Accounting Principles

12 금융부채

Chapter

Chapter 12 금융부채

Accounting Principles

1. 금융부채의 의의와 분류

금융부채(financial liabilities)란 거래상대방에게 현금 등 금융자산을 인도하기로 한 계약상 의무 또는 잠재적으로 불리한 조건으로 거래상대방과 금융자산이나 금융부채를 교환하기로 한 계약상 의무이다. 금융부채를 예로 들면 사채, 단기차입금, 장기차입금, 매입채무, 미지급금 등이 있다. 금융부채는 현금 등 금융자산을 인도하는 것이기 때문에 재화나 용역을 인도해야 할 의무가 있는 선수금, 선수수익 등은 금융부채가 아니다. 계약에 기초하지 않은 미지급법인세 또한 비금융부채이다.

2. 사채

(1) 사채의 의의

기업이 장기거액의 자금을 조달하는 방법으로는 주식의 발행을 통한 방법과 사채의 발행을 통한 방법이 있다. 사채(社債, bonds, debenture)란 회사가 일반대중으로부터 장기간에 걸쳐 거액의 자금을 조달하기 위하여 확정채무임을 표시한 증권을 발행하고, 계약에 따라 일정액의 이자를 지급함과 동시에 일정기간 후에 원금을 상환할 것을 계약하고 차입한 채무를 말한다. 사채의 액면금액, 액면이자율, 이자지급일, 상환일, 상환방법 등은 사채의 권면에 기재되어 기재된 조건에 따라 이자와 원금을 지급한다.

사채와 관련된 회계처리를 위해서 다음의 용어를 우선적으로 정리하여 이해하여야 한다.

① **액면금액(face value)** : 만기일에 사채권자에게 지급하여야 할 사채의 원금으로 사채권에 표시되어 있는 금액이다.

② **발행금액** : 사채를 발행할 경우 사채의 취득자로부터 수령하는 금액이다.

③ **액면이자율(표시이자율, stated interest rate)** : 사채권자에게 매년 일정한 이자지급일에 지급하기로 한 이자금액을 액면이자 또는 표시이자라고 하고 액면이자의 액면금액에 대한 비율을 액면이자율(額面利子率)이라고 한다. 액면이자율은 사채권에 표시되어 있기 때문에 표시이자율(表示利子率)이라고 하기도 한다. 예를 들어, 액면금액 ₩1,000,000, 만기 3년, 액면이자율 12% 사채의 경우 매년 ₩120,000의 액면이자를 이자지급일에 사채권자에게 지급하여야 한다.

④ **시장이자율(市場利子率, market interest rate)** : 특정 시점의 자금시장에서 형성되어 있는 이자율을 의미한다.

⑤ **액면발행(額面發行, at par issue)** : 액면금액으로 사채를 발행할 경우를 액면발행이라고 한다(액면금액＝발행금액).

⑥ **할인발행(割引發行, discount issue)** : 액면금액보다 낮은 금액으로 사채를 발행할 경우를 할인발행이라고 한다(액면금액＞발행금액).

⑦ **할증발행(割增發行, premium issue)** : 액면금액보다 높은 금액으로 사채를 발행할 경우를 할증발행이라고 한다(액면금액＜발행금액).

(2) 사채의 발행

금융부채는 최초인식시 공정가치로 인식한다. 그렇기 때문에 사채를 최초인식시 사채의 미래현금을 시장이자율로 할인한 사채의 공정가치로 인식하여야 한다. 사채의 미래현금흐름은 액면이자율을 통해 나타나지만 시장이자율로 할인해야 하기 때문에 사채권에 표시된 액면이자율과 사채발행시점에서의 시장이자율의 차이가 발생하면 발행금액과 액면금액의 차이가 발생한다. 사채의 발행 시 발행금액과 액면금액의 차이에 의하여 사채는 액면발행, 할인발행, 할증발행으로 구분된다. 액면이자율과 시장이자율이 사채의 발행금액 결정에 어떠한 영향을 미치는지 자세히 알아보자.

㈜동아는 2×15년 1월 1일에 액면금액 ₩1,000,000의 사채를 발행하기로 하였다. 사채의 만기는 3년, 액면이자율은 연 10%, 이자지급일은 매년 12월 31일이다. 시장이자율이 10%인 경우, 10%보다 높은 경우(12%), 10%보다 낮은 경우(8%)로 나누어서 사채의 발행금액이 어떻게 결정되는지 알아보도록 한다.

첫 번째로 사채의 발행시점에서의 시장이자율이 10%로서 액면이자율과 같은 경우를 가정해 보자. 당신이 2×15년 1월 1일 시점에서 현금 ₩1,000,000을 보유하고 있을 경우 이 금액을 ㈜동아의 사채에 투자하겠는가? 사채에 투자할 경우 연간 투자수익 및 3년간의 투자수익률은 다음과 같을 것이다.

연 도	투자수익	투자수익률
2×15년	100,000	10%
2×16년	100,000	10%
2×17년	100,000	10%
합 계	300,000	30%

㈜동아의 사채에 투자한 투자자는 3년 동안 총 ₩300,000의 사채이자를 획득하게 되는데, 만약 ㈜동아의 사채에 투자하지 않고 시장이자율 10%인 다른 투자안(적금 등)에 투자한다면 역시 3년간 총 ₩300,000의 투자수익을 얻을 수 있을 것이다. 투자자의 입장에서 ㈜동아의 사채에 투자하든지 아니면 다른 투자안에 투자하든지 투자수익이 동일하다면 투자안에 대한 선호도는 무차별하게 될 것이고 사채의 발행금액은 액면금액인 ₩1,000,000으로 결정될 것이다.

두 번째로 사채의 발행시점에서의 시장이자율이 액면이자율보다 높은 12%라고 하면 위와 다른 현상이 나타날 것이다. 즉 연간 투자수익률 10%인 ㈜동아의 사채를 구입하려는 사람은 없고 투자수익률이 12%인 다른 투자안에 투자하려는 사람들이 증가할 것이므로, ㈜동아의 사채에 대한 수요는 줄어들게 되어 사채의 발행금액은 ₩1,000,000보다 낮은 금액(사채에 대한 투자수익률과 시장이자율이 일치되는 점)에서 결정될 것이다.

마지막으로 사채의 발행시점에서의 시장이자율이 액면이자율보다 낮은 8%라고 가정해 보자. 투자자의 입장에서 ₩1,000,000을 ㈜동아가 발행한 사채에 투자하는 것이 유리한가 혹은 8%의 수익률을 가진 다른 투자안에 투자하는 것이 유리한가? 8%의 다른 투자안에 투자할 경우 3년간의 총투자수익은 ₩240,000으로 사채에 투자하였을 경우보다 ₩60,000이 작게 되므로 ㈜동아의 사채를 구입하려는 투자자가 몰려들 것이다. 경제학의 기초적인 원칙의 하나인 수요공급의 원리에 의하여 ㈜동아의 사채를 구입하려는 투자수요가 증가하여 ㈜동아의 사채 구입가격은 올라갈 것이다. 따라서 사채의 발행금액은 ₩1,000,000보다 높은 금액(실제 투자수익률이 시장이자율인 8%와 같아지는 점)에서 결정될 것이다.

우리는 액면이자율과 시장이자율이 사채의 발행금액에 직접적인 영향을 미친다는 사실을 확인할 수 있고, 그 결과를 요약하면 다음과 같다. 참고로 아래 사채발행 회계처리의 경우 유입되는 현금은 사채의 미래현금을 시장이자율로 할인한 현재가치(=공정가치)이다.

표 12-1 | 사채발행과 이자율의 관계

구 분	액면이자율과 시장이자율의 관계
액면발행	액면이자율＝시장이자율
할인발행	액면이자율＜시장이자율
할증발행	액면이자율＞시장이자율

1) 액면발행

사채를 액면금액으로 발행할 경우 사채의 발행시점에 기업으로 유입되는 현금은 바로 사채의 액면금액이 된다. 이 경우 기업이 해야 할 회계처리는 현금계정 차변에 발행시 수령한 현금을 기입해야 하고, 만기에 사채의 액면금액에 해당하는 금액을 사채권자에게 지급하여야 할 부채로서 사채계정 대변에 액면금액으로 기입해야 한다. 액면발행의 경우에는 사채의 발행금액과 액면금액이 같으므로 결국 다음의 분개만 나타내면 될 것이다.

(차) 현 금	×××(발행금액)	(대) 사 채	×××(액면금액)

2) 할인발행

사채의 발행금액이 사채의 액면금액보다 작은 할인발행의 경우 할인발행으로 인한 발행금액과 액면금액의 차이가 나타난다. 이 금액을 사채할인발행차금(社債割引發行差金, discount on bonds payable)이라 하고 사채할인발행차금은 재무상태표에 사채의 액면금액에서 차감하는 형식으로 표시되고, 상환기간 동안 유효이자율법 등에 의해 상각되어 간다. 할인발행의 경우 발행시점의 분개는 다음과 같다.

(차) 현 금	×××(발행금액)	(대) 사 채	×××(액면금액)
사채할인발행차금	×××		

3) 할증발행

사채의 발행금액이 사채의 액면금액보다 높은 할증발행의 경우 역시 할증발행으로 인한 액면금액과 발행금액의 차이가 나타난다. 이 금액을 사채할증발행차금(社債割增發行差金, premium on bonds payable)이라 하고, 사채할증발행차금은 사채계정에 부가하는 형식으로 재무상태표에 표시된다. 사채할인발행차금과 마찬가지로 사채할증발행차금도 상환기간 동안 유효이자율법 등에 의하여 상각되어 간다. 할증발행의 경우 발행시점의 분개는 다음과 같다.

(차) 현 금	×××(발행금액)	(대) 사 채	×××(액면금액)
		사채할증발행차금	×××

예제 12-1 사채의 발행

2×15년 1월 1일 ㈜동서가 액면금액 ₩1,000,000, 만기 3년, 액면이자율 10%의 사채를 다음의 금액으로 발행한 경우 회계처리를 하고 재무상태표에 표시하라.

1. 발행금액이 ₩1,000,000인 경우(액면발행)
2. 발행금액이 ₩951,960인 경우(할인발행)
3. 발행금액이 ₩1,051,540인 경우(할증발행)

| 해설 |

1. 발행금액과 액면금액이 같으므로 액면발행된 경우이다.

(차) 현 금	1,000,000	(대) 사 채	1,000,000

2×15년 1월 1일 재무상태표에 관련 계정을 표시하면 다음과 같다.

2×15년 1월 1일 부분재무상태표

사 채	₩1,000,000

2. 발행금액이 액면금액보다 ₩48,040 낮으므로 할인발행된 경우이다.

(차) 현 금	951,960	(대) 사 채	1,000,000
사채할인발행차금	48,040		

2×15년 1월 1일 재무상태표에 관련 계정을 표시하면 다음과 같다.

2×15년 1월 1일 부분재무상태표

사 채	₩1,000,000	
사채할인발행차금	(48,040)	₩951,960

3. 발행금액이 액면금액보다 ₩51,540 높으므로 할증발행된 경우이다.

(차) 현 금	1,051,540	(대) 사 채	1,000,000
		사채할증발행차금	51,540

2×15년 1월 1일 재무상태표에 관련 계정을 표시하면 다음과 같다.

2×15년 1월 1일 부분재무상태표

사 채	₩1,000,000	
사채할증발행차금	51,540	₩1,051,540

4) 발행금액의 결정

사채를 발행할 경우 발행금액의 결정은 앞에서 설명한 것처럼 사채의 구입으로부터 얻을 수 있는 투자수익률이 시장이자율과 일치하게 되는 점에서 이루어진다. 즉 사채의 발행금액은 다음의 공식에 의하여 계산된다.

사채의 발행금액 = 사채로부터 발생하는 미래현금흐름의 현가
= 액면이자액의 현가 + 만기 사채원금의 현가

다음의 예를 살펴보자.

㈜동아는 2×15년 1월 1일 사채를 발행하였는데 사채의 만기, 액면금액, 액면이자율 및 발행시점의 시장이자율은 다음과 같다.

액면금액	₩1,000,000
만기	2×17년 12월 31일
액면이자율	연 8%(매년 12월 31일 지급)
발행시점의 시장이자율	연 10%

위의 사채와 관련되어 나타나는 현금흐름은 다음과 같다.

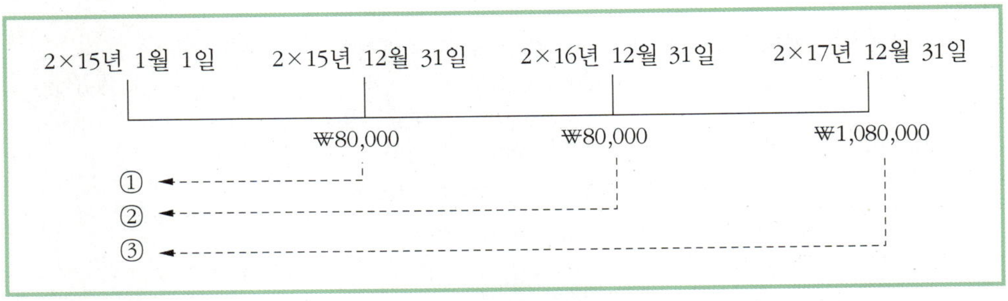

발행시점인 2×15년 1월 1일 사채의 발행금액은 사채로부터 발생하는 현금흐름의 현재가치로 다음과 같이 계산될 것이다.

사채의 발행금액 = 사채로부터 발생하는 미래현금흐름의 현가
= 액면이자액의 현가 + 만기 사채원금의 현가

$$= \left(\frac{₩80,000}{1.1^1} + \frac{₩80,000}{1.1^2} + \frac{₩80,000}{1.1^3}\right) + \frac{₩1,000,000}{1.1^3}$$

= ₩950,258

또는 현가요소표를 이용하여 다음과 같이 구할 수도 있을 것이다.

사채의 발행금액 = 사채로부터 발생하는 미래현금흐름의 현가
= 액면이자액의 현가+만기사채원금의 현가
= ₩80,000×2.48685(기간 3, 10% 연금의 현가요소)+₩1,000,000 ×0.75131(기간 3, 10% 단일금액의 현가요소)=₩950,258

예제 12-2 사채발행금액의 결정

2×15년 1월 1일 시장이자율이 다음과 같을 경우 ㈜동서가 발행한 액면금액 ₩1,000,000, 만기 3년, 액면이자율 10%인 사채의 발행금액을 결정하라(단, 현재가치요소는 다음과 같다).

시장이자율	정상연금 ₩1의 3년 현재가치요소	단일금액 ₩1의 3년 현재가치요소
8%	2.5771	0.79383
10%	2.4869	0.75131
12%	2.4018	0.71178

1. 시장이자율이 10%인 경우
2. 시장이자율이 12%인 경우
3. 시장이자율이 8%인 경우

| 해설 |

1. 발행금액 : ₩100,000 × 2.4869 + ₩1,000,000 × 0.75131 = ₩1,000,000(액면발행)
2. 발행금액 : ₩100,000 × 2.4018 + ₩1,000,000 × 0.71178 = ₩951,960(할인발행)
3. 발행금액 : ₩100,000 × 2.5771 + ₩1,000,000 × 0.79383 = ₩1,051,540(할증발행)

(3) 상환기간의 회계처리

사채가 할인 또는 할증발행된 경우 매 결산기마다 비용으로 인식되는 이자액(이자비용)과 실제로 사채권자에게 지급되는 이자액과는 차이를 보이게 된다. 다음 산식을 통하여 현금으로 지급하는 이자액과 비용으로 인식되는 이자액(이자비용)의 차이를 이해해 보자.

표 12-2 | 사채이자비용의 내용

구 분	상환기간의 총이자비용	연간 총이자비용*2)
할인발행	액면이자액*1)의 합계 + 사채할인발행차금	액면이자액 + 사채할인발행차금상각액
액면발행	액면이자액의 합계	액면이자액
할증발행	액면이자액의 합계 − 사채할증발행차금	액면이자액 − 사채할증발행차금상각액

*1) 현금지급이자액을 의미함.
*2) 유효이자액과 일치함.

㈜동아가 할인발행한 다음의 사채를 예로 살펴보자(모든 예의 시장이자율은 10%이다).

사채의 액면금액	₩1,000,000
사채의 발행일	2×15년 1월 1일
사채의 만기	2×17년 12월 31일
사채의 액면이자율	8%
이자지급일	매년 12월 31일
사채의 발행금액	₩950,258

이 경우 ㈜동아가 상환기간 3년 동안 인식해야 할 이자비용은 매년 현금으로 지급하는

액면이자액 ₩80,000(₩1,000,000×8%)의 3년간 합계 ₩240,000과 사채할인발행차금 ₩49,742을 합친 ₩289,742이 된다.

반면에 ㈜동아가 할증발행한 다음 사채의 경우 이자비용의 금액이 달라지게 된다.

사채의 액면금액	₩1,000,000
사채의 발행일	2×15년 1월 1일
사채의 만기	2×17년 12월 31일
사채의 액면이자율	12%
이자지급일	매년 12월 31일
사채의 발행금액	₩1,049,732

이 경우 ㈜동아가 3년 동안 인식해야 할 이자비용은 매년 현금으로 지급하는 액면이자액 ₩120,000(₩1,000,000×12%)의 3년간 합계 ₩360,000에서 사채할증발행차금 ₩49,732을 차감한 ₩310,268이 된다.

사채의 할인발행 또는 할증발행의 경우 발행차금을 상환기간 동안 일정한 방법에 의하여 이자비용에 가산하거나 차감해 주어야 하는데 이를 사채발행차금의 상각이라고 표현하며 상환기간 동안 유효이자율법으로 상각한다.

유효이자율법(有效利子率法, effective interest method)에 의하면 매기의 이자비용은 기초의 사채장부금액(사채의 액면금액±사채발행차금)에 유효이자율을 곱하여 계산되고, 사채발행차금상각액은 이자비용에서 현금으로 지급되는 액면이자액을 가감하여 계산된다. 즉, 다음의 산식이 성립된다.

표 12-3 | 사채이자비용의 내용(유효이자율법)

구 분	총이자비용*1)	사채발행차금상각액
액면발행	기초사채장부금액×유효이자율	
할인발행	기초사채장부금액×유효이자율	사채할인발행차금상각액=이자비용−액면이자액*2)
할증발행	기초사채장부금액×유효이자율	사채할증발행차금상각액=액면이자액−이자비용

*1) 유효이자액과 일치함.

*2) 현금지급이자액을 의미함.

㈜동아가 발행한 사채의 경우 발행금액에 따른 이자비용을 유효이자율법에 의하여 인식해 보자. ㈜동아가 2×15년도에 인식해야 할 이자비용 및 사채할인발행차금상각액을 위의 산식에 따라 구하기 위해서는 유효이자율을 계산하여야 한다. 유효이자율은 사채의 발행금액과 사채로부터 발생하는 미래현금흐름을 유효이자율에 의하여 할인한 현재가치를 일치시키도록 시행착오법에 의하여 구한다.

사채를 할인발행함으로써 발행금액이 ₩950,258인 경우 유효이자율은 다음의 산식을 통하여 계산된다.

$$\textbf{사채의 발행금액}(₩950,258) = \frac{₩80,000}{(1+r)^1} + \frac{₩80,000}{(1+r)^2} + \frac{₩1,080,000}{(1+r)^3}$$

여기서 유효이자율 r은 10%로 계산되고 유효이자율 10%에 의하여 연간 총이자비용과 사채할인발행차금상각액을 구해 보자. 먼저 사채발행시점의 장부금액은 사채계정금액에서 사채할인발행차금계정금액을 차감하여 ₩950,258(₩1,000,000−₩49,742)을 구할 수 있을 것이고 이 금액에 유효이자율 10%를 곱하여 2×15년도에 인식해야 할 총이자비용 ₩95,026을 구한다. 이렇게 구한 연간 총이자비용에서 액면이자액 ₩80,000을 차감하여 사채할인발행차금상각액 ₩15,026을 구하면 된다.

할인발행의 경우 이자비용과 사채할인발행차금상각액의 계산절차

① 유효이자율의 계산(발행금액과 미래현금흐름의 현가를 일치시키는 이자율)
② 기초시점의 사채장부금액 계산
장부금액 = 사채의 액면금액 − 사채할인발행차금
③ 연간 총이자비용(유효이자액)의 계산
연간 총이자비용 = 사채의 기초장부금액 × 유효이자율
④ 사채할인발행차금상각액의 계산
사채할인발행차금상각액 = 연간 총이자비용(유효이자액) − 액면이자액(현금지급이자액)

상기한 절차에 의하여 사채와 관련된 이자비용과 사채할인발행차금상각액을 구하는데 있어서 상각표를 작성하면 보다 쉽게 이자비용과 사채할인발행차금상각액을 구할 수 있다. 사채를 할인발행한 경우 위의 절차에 의하여 상각표를 작성하면 다음과 같다.

일 자	기초장부금액 ⓐ	유효이자액[*1)] ⓑ=ⓐ×유효이자율	액면이자액[*2)] ⓒ=액면금액×액면이자율	할인발행차금상각액 ⓓ=ⓑ−ⓒ	기말장부금액 ⓔ=ⓐ+ⓓ
2×15.12.31	950,258	95,026	80,000	15,026	965,284
2×16.12.31	965,284	96,528	80,000	16,528	981,812
2×17.12.31	981,812	98,188[*3)]	80,000	18,188	1,000,000
합 계		289,742	240,000	49,742	

*1) 연간 총이자비용
*2) 현금지급이자액
*3) 기말 사채의 장부금액을 액면금액이 되도록 단수차이를 조정하였다.

상각표가 작성되었으면 이 상각표에 의하여 매연도 말 이자비용의 인식과 사채할인발행차금을 상각하는 다음의 분개를 해야 한다.

〈2×15년 12월 31일〉

(차) 이자비용	95,026	(대) 현 금	80,000
		사채할인발행차금	15,026

〈2×16년 12월 31일〉

(차) 이자비용	96,528	(대) 현 금	80,000
		사채할인발행차금	16,528

〈2×17년 12월 31일〉

(차) 이자비용	98,188	(대) 현 금	80,000
		사채할인발행차금	18,188

사채를 할증발행함으로써 발행금액이 ₩1,049,732인 경우 유효이자율은 다음의 산식을 통하여 계산된다.

$$\text{사채의 발행금액(₩1,049,732)} = \frac{₩120,000}{(1+r)^1} + \frac{₩120,000}{(1+r)^2} + \frac{₩1,120,000}{(1+r)^3}$$

여기서 유효이자율 r은 10%로 계산되고 유효이자율 10%에 대하여 연간 총이자비용과 사채할증발행차금상각액을 구해 보자. 먼저 사채발행시점의 장부금액은 사채계정금액에서 사채할증발행차금계정금액을 더하여 ₩1,049,732(₩1,000,000+₩49,732)을 구할 수 있을 것이고 이 금액에 유효이자율 10%를 곱하여 2×15년도에 인식해야 할 총이자비용 ₩104,973을 구한다. 이렇게 구한 연간 총이자비용을 액면이자액 ₩120,000에서 차감하여 사채할증발행차금상각액 ₩15,027을 구한다.

할증발행의 경우 이자비용과 사채할증발행차금상각액의 계산절차

① 유효이자율의 계산(발행금액과 미래현금흐름의 현가를 일치시키는 이자율)
② 기초시점의 사채의 장부금액의 계산
   장부금액=사채의 액면금액+사채할증발행차금
③ 연간 총이자비용(유효이자액)의 계산
   연간 총이자비용=사채의 기초장부금액×유효이자율
④ 사채할증발행차금상각액의 계산
   사채할증발행차금상각액=액면이자액(현금지급이자액)−연간 총이자비용(유효이자액)

사채를 할증발행한 경우 위의 절차에 의하여 상각표를 작성하면 다음과 같다.

일 자	기초장부금액 ⓐ	유효이자액*1) ⓑ=ⓐ×유효이자율	액면이자액*2) ⓒ=액면금액×액면이자율	할증발행차금상각액 ⓓ=ⓒ−ⓑ	기말장부금액 ⓔ=ⓐ+ⓓ
2×15.12.31	1,049,732	104,973	120,000	15,027	1,034,705
2×16.12.31	1,034,705	103,471	120,000	16,529	1,018,176
2×17.12.31	1,018,176	101,824*3)	120,000	18,176	1,000,000
합 계		310,268	360,000	49,732	

*1) 연간 총이자비용
*2) 현금지급이자액
*3) 기말 사채의 장부금액을 액면금액이 되도록 단수차이를 조정하였다.

상각표가 작성되었으면 이 상각표에 의하여 매연도 말 이자비용의 인식과 사채할증발행차금을 상각하는 다음의 분개를 해야 한다.

〈2×15년 12월 31일〉

(차) 이 자 비 용	104,973	(대) 현	금	120,000
사채할증발행차금	15,027			

〈2×16년 12월 31일〉

(차) 이 자 비 용	103,471	(대) 현 금	120,000
사채할증발행차금	16,529		

〈2×17년 12월 31일〉

(차) 이 자 비 용	101,824	(대) 현 금	120,000
사채할증발행차금	18,176		

예제 12-3 유효이자율법

[예제 12-2]에서 ㈜동서가 사채발행차금을 유효이자율법으로 상각한다고 할 경우 상각표를 작성하고 2×15년 12월 31일에 필요한 분개를 하라.

| 해설 |

1. 액면발행의 경우(발행금액＝₩1,000,000)

〈2×15년 12월 31일의 분개〉

(차) 이 자 비 용	100,000	(대) 현 금	100,000

2. 할인발행의 경우(발행금액＝₩951,960)

일 자	기초장부금액ⓐ	유효이자액 ⓑ=ⓐ×유효이자율	액면이자액 ⓒ=액면금액× 액면이자율	할인발행차금상각액 ⓓ=ⓑ−ⓒ	기말장부금액 ⓔ=ⓐ+ⓓ
2×15.12.31	951,960	114,235	100,000	14,235	966,195
2×16.12.31	966,195	115,943	100,000	15,943	982,138
2×17.12.31	982,138	117,862	100,000	17,862	1,000,000
합 계		348,040	300,000	48,040	

〈2×15년 12월 31일의 분개〉

(차) 이 자 비 용	114,235	(대) 현 금	100,000
		사채할인발행차금	14,235

3. 할증발행의 경우(발행금액 = ₩1,051,540)

일 자	기초장부금액ⓐ	유효이자액 ⓑ=ⓐ×유효이자율	액면이자액 ⓒ=액면금액× 액면이자율	할증발행차금상각액 ⓓ=ⓒ-ⓑ	기말장부금액 ⓔ=ⓐ-ⓓ
2×15.12.31	1,051,540	84,123	100,000	15,877	1,035,663
2×16.12.31	1,035,663	82,853	100,000	17,147	1,018,516
2×17.12.31	1,018,516	81,484	100,000	18,516	1,000,000
합 계		248,460	300,000	51,540	

〈2×15년 12월 31일의 분개〉

(차) 이 자 비 용	84,123	(대) 현 금	100,000
사채할증발행차금	15,877		

(4) 사채의 상환

사채의 상환은 만기상환과 만기 전 상환의 두 가지로 나누어 볼 수 있다. 각각의 경우 회계처리는 어떻게 달라지는지 알아보도록 하자.

1) 만기상환

만기상환의 회계처리를 살펴보자. 사채의 만기인 2×17년 12월 31일이 되었다면 사채 관련 계정과 금액은 다음과 같이 요약될 것이다.

사 채	1,000,000
사채할인발행차금	0
장 부 금 액	1,000,000

만기가 되면 사채의 발행시에 발생한 사채발행차금은 상환기간 동안 계속하여 상각을 하였으므로 잔액은 0이 될 것이고, 사채계정에는 액면금액이 남아 있을 것이다. 따라서 상환시점에서는 사채계정에 남아 있는 액면금액을 제거하고 동 금액을 현금으로 지급하는 분개만 하면 사채의 만기상환의 회계처리는 완료된다.

(차) 사 채	1,000,000	(대) 현 금	1,000,000

예제 12-4 사채의 만기상환

2×15년 1월 1일 ㈜동서가 액면금액 ₩1,000,000, 만기 3년, 이자지급일 매년 12월 31일, 액면이자율 10%의 사채를 발행금액 ₩951,960(시장이자율 12%)으로 발행한 경우 2×17년 12월 31일의 사채상환을 위한 분개를 하라.

| 해설 |

(차) 사 채	1,000,000	(대) 현 금	1,000,000

2) 만기 전 상환

만기 전 상환의 경우 회계처리에 대한 논리는 만기상환의 경우와 동일하다. 즉, 사채의 상환시점에서 사채와 관련된 계정금액(사채계정과 사채발행차금계정)을 장부에서 제거하고, 상환시 지급하는 금액을 현금계정 대변에 기장하면 될 뿐이다. 유효이자율법에 의하여 사채할인발행차금을 상각하는 ㈜동아가 2×16년 12월 31일 ₩990,000을 지급하여 사채를 상환한다고 가정하자. 2×16년 12월 31일 ㈜동아의 사채 관련 계정과 금액은 다음과 같다고 가정한다.

사 채	1,000,000
사채할인발행차금	(31,554)
장 부 금 액	968,446

사채의 상환시점에서 현금지급액 ₩990,000을 현금계정 대변에 기입하고, 사채계정금액 ₩1,000,000과 사채할인발행차금계정 금액 ₩31,554을 장부에서 제거하는 분개를 한 후 차액이 발생하면 동 차액은 사채상환손익으로 회계처리하면 된다.

(차) 사 채	1,000,000	(대) 현 금	990,000
사채상환손실	21,554	사채할인발행차금	31,554

예제 12-5 사채의 조기상환

2×15년 1월 1일 ㈜동서가 액면금액 ₩1,000,000, 만기 3년, 이자지급일 매년 12월 31일, 액면이자율 8%, 발행금액 ₩950,258(시장이자율 10%)으로 발행한 사채를 2×15년 12월 31일 ₩970,000으로 상환한 경우 2×15년 12월 31일 사채상환을 위한 분개를 하라(단, ㈜동서는 유효이자율법에 의하여 사채할인발행차금을 상각한다).

| 해설 |

먼저 2×15년 12월 31일의 이자지급 및 사채할인발행차금 상각 분개를 한다.

(차)	이 자 비 용	95,026	(대) 현 금	80,000
			사채할인발행차금	15,026

사채상환의 분개를 하기 위해서 사채할인발행차금계정 잔액과 사채계정 잔액을 구한다.

2×15년 12월 31일의 사채할인발행차금계정 잔액＝₩49,742 － ₩15,026＝₩34,716

2×15년 12월 31일의 사채계정 잔액＝1,000,000－₩34,716＝₩965,284

(차)	사 채	1,000,000	(대) 현 금	970,000
	사 채 상 환 손 실	4,716	사채할인발행차금	34,716

3. 기타의 금융부채

(1) 단기차입금과 장기차입금

차입금은 거래상대방에게 현금을 인도해야 할 계약상 의무이므로 금융부채에 해당한다. 차입금이란 금융기관이나 다른 기업 등으로부터 자금을 차입하고 일정기간 후에 상환하기로 한 채무이다. 차입금은 상환하기로 한 일정기간에 따라 단기차입금과 장기차입금으로 구분된다.

단기차입금과 장기차입금의 구분은 정상영업주기 혹은 1년을 기준으로 차입기간이 정상영업주기 혹은 1년 이내일 경우 단기차입금, 정상영업주기 혹은 1년을 초과할 경우 장기차입금으로 회계처리한다. 유동·비유동성 구분법에 따르면 단기차입금은 유동부채, 장기차입금은 비유동부채로 분류한다.

단기차입금과 장기차입금 관련 회계처리를 요약하면 다음과 같다.

〈단기차입금 차입〉

(차) 현 금	1,000,000	(대) 단기차입금	1,000,000

〈장기차입금 차입〉

(차) 현 금	1,000,000	(대) 장기차입금	1,000,000

〈장기차입금의 이자 지급〉

(차) 이 자 비 용	1,000,000	(대) 현 금	1,000,000

(2) 매입채무와 미지급금

매입채무와 미지급금도 거래상대방에게 현금을 인도해야 할 계약상 의무이므로 금융부채에 해당한다. 매입채무는 영업활동 과정에서 재화나 용역을 외상으로 매입하고 대금지급을 이연할 때 발생하는 부채인 반면, 미지급금은 그 이외의 활동에서 발생한 외상채무라는 점에서 구분된다. 매입채무는 매입환출, 매입에누리 등이 발생하면 감소시켜야 한다.

매입채무나 미지급금은 유동・비유동성 구분법에 따라 재무상태표를 작성할 경우 유동부채 또는 비유동부채로 구분하여 표시한다. 결산일을 기준으로 상환일이 1년 또는 정상영업주기 내에 도래하는 경우 매입채무나 미지급금은 유동부채로 구분하며, 1년 또는 정상영업주기를 초과하는 매입채무나 미지급금은 비유동부채로 구분한다.

EXERCISE

연 | 습 | 문 | 제 <<<

① 사채의 발행과 유효이자율법

㈜동림은 2×15년 1월 1일 액면금액 ₩100,000의 사채를 발행하였다. 사채의 액면이자율은 연 12%였으며 만기는 5년이고, 이자지급일은 매년 6월 30일과 12월 31일이다. 시장이자율이 연 10%라고 할 때 다음의 요구사항에 답하라.

기간 10, 5% 단일금액의 현가요소 = 0.6139
기간 5, 10% 단일금액의 현가요소 = 0.6209
기간 10, 5% (정상)연금의 현가요소 = 7.7217
기간 5, 10% (정상)연금의 현가요소 = 3.7907

1. 사채의 발행금액을 계산하라.
2. 발행시점에 필요한 분개를 하라.
3. 최초 2년간의 사채발행차금상각표를 유효이자율법에 의하여 작성하고 2×15년에 필요한 분개를 하라.
4. 2×19년 12월 31일 사채상환시 필요한 분개를 하라.

② 사채의 이자비용

㈜임실은 2×15년 1월 1일에 다음과 같이 사채를 발행하고 현금 ₩690,000을 조달하였다.

액 면 금 액	₩500,000
만 기	5년(2×19년 12월 31일)
액면이자율	연 20%
이자지급일	매년 6월 30일과 12월 31일

이 날짜의 시장이자율은 연 10%였다. ㈜임실은 사채할증발행차금의 상각에 유효이자율법을 사용한다. 이 사채의 발행으로 인하여 ㈜임실이 앞으로 5년간 포괄손익계산서에 기록하게 될 이자비용의 합계액은 얼마인가?

③ 사채상환손익

㈜동신은 2×15년 1월 1일 액면이자율 10%, 만기 3년, 액면금액 ₩100,000의 사채를 ₩95,083에 할인발행하였다. 시장이자율은 12%이고, 이 사채의 이자지급일은 매년 6월 30일과 12월 31일이다. 2×15년 12월 31일에 액면금액 ₩20,000에 해당하는 금액을 ₩19,800(이자는 별도계산)에 상환할 경우 사채상환손익을 계산하라(단, 사채할인발행차금은 유효이자율법으로 함).

E X E R C I S E

4 단기차입금과 장기차입금

㈜신창은 부산은행에서 ₩2,000,000을 2×15년에 차입하였다. 차입기간이 6개월일 경우와 3년인 경우를 구분하여 회계처리하라. 시장이자율은 10%이며 액면이자율은 0%, 단기차입금의 경우 현재가치를 계산하지 않는다. 장기차입금의 이자지급일은 매년 12월 31일이다.

연습문제 해답

1 사채의 발행과 유효이자율법

1. 사채의 발행금액

액면금액의 현재가치+연금형태로 수령하는 이자의 현재가치

₩100,000×0.6139+₩6,000×7.7217=₩107,720

2. 발행시점의 분개

(차) 현　　금	107,720	(대) 사　　채	100,000
		사채할증발행차금	7,720

사채할증발행차금상각표

기간	유효이자액	액면이자액	상각액	장부금액
2×15.1.1.				107,720
2×15.6.30.	5,386	6,000	614	107,106
2×15.12.31.	5,355	6,000	645	106,461
2×16.6.30.	5,323	6,000	677	105,784
2×16.12.31.	5,289	6,000	711	105,163

3. 2×15년에 필요한 분개

〈2×15년 1월 1일〉

(차) 현　　금	107,720	(대) 사　　채	100,000
		사채할증발행차금	7,720

〈2×15년 6월 30일〉

(차) 이 자 비 용	5,386	(대) 현　　금	6,000
사채할증발행차금	614		

〈2×15년 12월 31일〉

(차) 이 자 비 용	5,355	(대) 현　　금	6,000
사채할증발행차금	645		

〈2×16년 6월 30일〉

(차) 이 자 비 용 5,323 (대) 현 금 6,000
사채할증발행차금 677

〈2×16년 12월 31일〉

(차) 이 자 비 용 5,289 (대) 현 금 6,000
사채할증발행차금 711

4. 사채상환시 필요한 분개(2×19.12.31)

(차) 사 채 100,000 (대) 현 금 100,000

2 사채의 이자비용

할증발행사채의 이자비용＝액면이자액의 합계－할증발행차금상각액
사채발행시 사채할증발행차금＝₩690,000－₩500,000＝₩190,000
액면이자 합계액＝₩500,000
이자비용＝₩500,000－₩190,000＝₩310,000

3 사채상환손익

일 자	유효이자(6%)	액면이자(5%)	할인발행차금상각액	장부금액
2×15.1.1				₩95,083
2×15.6.30	₩5,705	₩5,000	₩705	₩95,788
2×15.12.31	₩5,747	₩5,000	₩747	₩96,535

2×15년 12월 31일 사채의 장부금액
2×15년 6월 30일 상각액 ₩95,083×0.06－₩5,000＝₩705
2×15년 6월 30일 사채금액 ₩95,788
2×15년 12월 31일 상각액 ₩95,788×0.06－₩5,000＝₩747
2×15년 12월 31일 사채금액 ₩96,535
2×15년 12월 31일 사채할인발행차금계정잔액 ₩4,917－₩705－₩747＝₩3,465

(차) 사 채 20,000*1) (대) 사채할인발행차금 693*2)
사채상환손실 493 현 금 19,800

*1) ₩100,000×20%＝₩20,000
*2) (₩100,000－96,535)×20%＝₩693

EXERCISE

④ 단기차입금과 장기차입금

〈단기차입금의 회계처리〉

(차) 현 금	2,000,000	(대) 단기차입금	2,000,000

〈장기차입금의 회계처리〉

(차) 현 금	1,502,620	(대) 장기차입금	2,000,000
현재가치할인차금	497,380		

Accounting Principles

13 충당부채 및 기타부채

Chapter

1. 충당부채란?
2. 기타의 부채

Chapter 13 충당부채 및 기타부채

Accounting Principles

1. 충당부채란?

(1) 충당부채와 우발부채

1) 충당부채

부채란 과거사건의 결과로 기업이 경제적자원을 이전해야 하는 현재의무를 말한다. 그런데 미래에 의무를 이행하기 위하여 유출되는 자원이 얼마인지 신뢰성 있게 측정하기 어려운 경우도 있고, 아예 자원의 유출가능성이 불확실한 경우도 있다. 예를 들면, 기업이 제품을 판매하면서 소비자에게 일정기간 동안 품질보증서비스를 제공한다고 할 때, 미래에 얼마나 많은 소비자가 품질보증서비스를 요구할지, 또한 품질보증서비스를 이행함으로써 얼마나 많은 비용이 발생할지 확실하게 추정하는 것이 불가능하다. 이처럼 현재의무가 있는 것은 확실하나 금액이 지출될 것인지 불확실한 경우에도 일정한 조건을 충족하면 이를 추정하여 재무상태표에 부채로 인식할 수 있는데 이러한 부채를 충당부채라고 한다.

즉, 충당부채는 과거사건이나 거래의 결과에 의한 현재의 의무로서 지출의 시기 또는 금액이 불확실하지만 그 의무를 이행하기 위하여 자원이 유출될 가능성이 매우 높고(발생확률이 50%를 초과하는 경우) 또한 당해금액을 신뢰성 있게 추정할 수 있는 의무를 말한다.

국제회계기준에서는 다음의 3가지 조건을 모두 충족하는 경우에 충당부채를 인식하도록 규정하고 있다.

① 과거사건의 결과로 현재의무(법적의무나 의제의무)가 존재한다.

② 당해의무를 이행하기 위하여 경제적효익이 내재된 자원이 유출될 가능성이 높다.
③ 당해의무의 이행에 소요되는 금액을 신뢰성 있게 추정할 수 있다.

2) 우발부채

충당부채도 그 지출의 시기나 금액이 불확실한 잠재적 부채이므로 일반적인 의미로는 우발적이라고 할 수 있다. 그러나 부채의 인식기준을 충족하지 못하여 재무상태표에 부채로 인식하지 아니하는 경우에 한하여 우발부채라는 용어를 사용한다.

즉, 미래에 지출을 초래할 현재의무의 존재 여부가 아직 확인되지 않거나, 현재의무가 존재하지만 의무이행을 위한 자원유출가능성이 매우 높지 않거나, 또는 자원유출가능성이 매우 높더라도 그 금액을 신뢰성 있게 추정할 수 없는 경우에 이를 우발부채로 분류하며, 재무제표에 부채로 계상하지 않고 단지 주석으로만 공시한다. 그러므로 자원유출가능성이 아주 낮은 경우에는 주석으로도 공시하지 않는다.

국제회계기준에서는 다음의 ① 또는 ②에 해당하는 의무를 우발부채로 정의하고 있다.

① 과거사건에 의하여 발생하였으나, 기업이 전적으로 통제할 수 없는 하나 이상의 불확실한 미래사건의 발생 여부에 의하여서만 그 존재가 확인되는 잠재적 의무
② 과거사건에 의하여 발생하였으나 다음 ㉠ 또는 ㉡의 경우에 해당하여 인식하지 않는 현재의무
  ㉠ 당해의무를 이행하기 위하여 경제적효익이 내재된 자원이 유출될 가능성이 높지 않은 경우
  ㉡ 당해의무를 이행하여야 할 금액을 신뢰성 있게 측정할 수 없는 경우

표 13-1 | 충당부채와 우발부채의 비교

구 분	재무회계	관리회계
의무의 형태	현재의무	잠재적 의무
경제적효익이 내재된 자원의 유출가능성	높음	높지 않음
금액의 신뢰성 있는 추정	추정 가능	추정 불가능
회계처리 및 재무제표 표시	부채와 관련된 비용 인식	주석 공시 (자원의 유출가능성이 아주 낮은 경우 주석 공시 불필요)

예제 13-1 충당부채와 우발부채의 회계처리

다음 각 상황별로 충당부채와 우발부채에 대해 설명하라.

〈상황 1〉

㈜명지는 의류도소매업을 운영하는데, 법적의무가 없음에도 불구하고 판매상품에 대해 만족하지 못하는 고객에게 환불을 해주는 정책을 펴고 있으며, 이러한 사실은 고객에게 널리 알려져 있다. 과거 경험에 의하면 고객의 환불이 있을 가능성이 높다.

〈상황 2〉

㈜구미는 화재나 폭발 또는 기타 재해에 의한 재산상의 손실에 대비하기 위하여 보험에 가입하고 있지 않다.

〈상황 3〉

2×14년 ㈜동아는 다른 회사의 차입금에 대해서 보증을 제공하였는데, 그 당시 다른 회사의 재무상태는 건전하였다. 그러나 2×15년 중에 다른 회사의 재무상태가 악화되어 2×15년 중 법원에 법정관리를 신청하였다.

〈상황 4〉

㈜광양이 사용하는 용광로는 법적 요구사항은 아니지만, 기술적인 이유로 인하여 매 3년마다 용광로의 내벽을 교체해야 한다. 2×15년 중에 새로운 용광로를 설치하였다.

〈상황 5〉

㈜사천은 운행 중인 항공기에 대해 매 3년마다 기계를 정비하도록 법적으로 강제화되어 있으며, 3년마다 대규모 수선 및 부품교체를 하고 있다.

| 해설 |

〈상황 1〉

상품판매가 의무발생사건이며, 기업이 환불해 줄 것이라는 정당한 기대를 고객이 가지게 되었으므로 의제의무가 있다. 이러한 의제의무의 이행을 위한 자원의 유출가능성이 높으므로 환불비용을 신뢰성 있게 추정할 수 있으면 충당부채를 인식한다.

〈상황 2〉

화재, 폭발 등의 사건은 재산상 손실의 원인이 되지만 그 발생가능성을 예측할 수 없으며, 보험에 가입하지 않았다는 사실 자체가 보고기간 말의 현재의 의무를 발생시키지 않는다. 따라서 보험미가입에 따라 인식해야 할 충당부채는 없으며, 화재나 폭발 등의 사건이 발생할 가능성이 아주 낮다면 공시할 필요도 없다.

〈상황 3〉

보증을 제공한 사건은 의무발생사건이며, ㈜동아는 법적의무가 있다. 그러나 2×14년 보고기간 말 현재 다른 회사가 차입금을 상환하지 못하여 ㈜동아가 이를 대신 변제할 가능성은 아주 낮기 때문에 충당부채를 인식하지 않으며, 우발부채로 공시할 필요도 없다. 그러나 2×15년 보고기간 말에는 의무이행을 위한 경제적효익의 유출가능성이 높기 때문에 금액을 신뢰성 있게 추정할 수 있으면 충당부채를 인식해야 한다.

〈상황 4〉
용광로 내벽교체로 인한 지출 여부는 회사의 의사결정에 달려 있기 때문에, 회사의 미래 행위와 독립적이지 않다. 왜냐하면 내벽교체를 하지 않고 용광로를 매각하거나 폐기할 수 있기 때문이다. 따라서 2×15년 말 현재 충당부채를 인식해야 할 의무는 없다.

〈상황 5〉
항공기 기체 정비로 인한 지출 여부는 회사의 의사결정에 달려 있기 때문에, 회사의 미래 행위와 독립적이지 않다. 왜냐하면 기체 정비의 의무를 이행하지 않고 항공기를 매각처분할 수 있기 때문이다. 따라서 2×15년 말 현재 충당부채를 인식해야 할 의무는 없다.

(2) 충당부채의 사례(제품보증 충당부채)

상품 또는 제품의 판매업자가 상품을 판매한 후 일정한 보증기간 동안 판매상품으로부터 발생하는 하자를 무상 또는 저렴한 가격으로 수리해 주기로 약정한 경우에 발생하는 제품보증비용은 지출시에 비용으로 계상할 것이 아니라 판매활동으로부터 획득된 수익에 대응시켜서 수익이 인식된 기간의 비용으로 계상하는 것이 합리적일 것이다. 즉, 당기에 판매된 상품의 보증기간 동안에 발생할 보증비용을 추정하여 제품보증비라는 당기비용으로 인식하고 동액을 제품보증충당부채로 계상하여야 한다.

예제 13-2 제품보증충당부채

전자제품 판매업체인 ㈜해남은 제품판매 후 2년간 무상 수리보증을 해주기로 하였다. 과거경험에 의하면 매출액 중 3%의 제품보증수리비가 발생하는 것으로 추정하였다. ㈜해남의 2×14년 매출액은 ₩100,000,000이다. 한편 2×15년에는 보증서비스 제공에 따른 비용 ₩300,000을 지출하였다.

1. 2×14년 판매보증충당부채를 설정하는 회계처리를 하라.
2. 2×15년 보증서비스비용 지출시 회계처리를 하라.

| 해설 |

1. 2×14년 말 분개

(차) 제품보증비	3,000,000*	(대) 제품보증충당부채	3,000,000

* 100,000,000×3%=3,000,000

2. 2×15년 보증서비스비용 지출분개

(차) 제품보증충당부채	300,000	(대) 현　　금	300,000

2. 기타의 부채

(1) 선수금

선수금은 기업이 거래상대방에게 재화나 용역을 제공하기 전에 미리 받은 현금(대금)을 말한다. 즉, 선수금은 거래상대방에게 재화나 용역을 제공해야 할 의무이다. 선수금과 관련된 회계처리는 다음의 예를 통해 살펴보자.

㈜동아는 2×14년 1월 1일 ㈜부민에게 판매가격 ₩10,000,000인 상품을 판매하기 전에 ₩1,000,000의 현금을 미리 지급받았다. 2×14년 4월 1일 ㈜동아는 ㈜부민에게 상품을 판매(인도)하고, 나머지 금액 ₩9,000,000을 현금으로 지급받았다.

〈상품판매 전에 미리 수령한 현금〉

(차) 현 금	₩1,000,000	(대) 선수금	₩1,000,000

〈상품판매시〉

(차) 현 금	₩9,000,000	(대) 매 출	₩10,000,000
선수금	₩1,000,000		

(2) 선수수익

선수수익은 용역의 제공 등과 관련하여 미리 대금을 받았으나 당해연도 이후에 귀속될 수익으로서 기간이 경과되지 않았기 때문에 당해연도 수익으로 인식하지 않고 당해연도 이후에 수익으로 인식하기 위하여 부채로 계상한 부분이다.

2×14년 4월 1일 ㈜동아가 사무실을 임대하여 주고 1년치 임대료 ₩1,200,000을 미리 받았다고 하자. 4월 1일에 ㈜동아는 다음의 분개를 하여야 할 것이다.

(차) 현 금	1,200,000	(대) 선수임대료	1,200,000

12월 31일 결산을 할 때 1년분 임대료에 대하여 다음과 같이 기간계산을 하여야 한다.

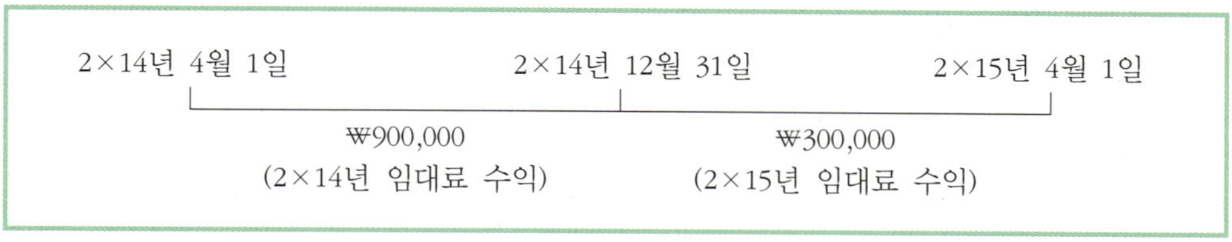

따라서 ₩1,200,000의 임대료 중 2×14년 해당분인 ₩900,000만 수익으로 인식하는 다음의 분개를 하게 된다.

(차) 선수임대료	900,000	(대) 임 대 료	900,000

이렇게 되면 2×14년 12월 31일의 재무상태표에는 선수임대료가 ₩300,000만 계상되게 되는데 이는 2×15년도에 기간이 경과함에 따라서 임대료수익으로 대체될 것이다.

(3) 예수금

예수금이란 일반적 상거래 이외에서 발생한 일시적 제예수액을 말한다. 예를 들어, 기업이 종업원에게 급여를 지급할 때에는 소득세법에 의하여 근로소득세를 원천징수하고 원천징수한 후의 순액을 지급하게 된다. 기업은 원천징수한 소득세를 익월 10일까지 세무서에 납부하게 되는데 이처럼 일시적으로 보관중인 제반 예수금을 예수금계정으로 처리하게 된다.

예수금의 예로는 부가가치세예수금, 신원보증예수금, 대리점보증예수금 등을 들 수 있다. 종업원에 대한 급여총액이 ₩1,000,000이고 이에 대한 소득세 원천징수총액이 ₩50,000이라고 할 경우 급여지급시와 원천징수세액의 납부시 다음과 같은 분개를 하여야 한다.

〈급여지급시〉

(차) 급 여	1,000,000	(대) 현 금	950,000
		예 수 금	50,000

〈원천징수소득세 납부시〉

(차) 예 수 금	50,000	(대) 현 금	50,000

(4) 미지급법인세와 미지급배당금

미지급법인세는 법인세비용 등의 미지급액으로 한다. 즉, 미지급법인세는 세무조정에 의하여 실제로 납부할 법인세 중 회계연도 말 현재 납부하지 않은 금액으로 계상된다.

2×14년 12월 31일 ㈜동아는 2×14년 한 해 동안 발생할 이익에 대한 법인세비용을 ₩500,000으로 계산하였다.

2×15년 3월 10일 ㈜동아는 새무서에 법인세비용 ₩500,000을 현금으로 납부하였다.

〈2×14.12.31〉

(차) 법인세비용	500,000	(대) 미지급법인세	500,000

〈2×15.3.10〉

(차) 미지급법인세	500,000	(대) 현 금	500,000

EXERCISE

연 | 습 | 문 | 제 <<<

1 충당부채 및 우발부채의 회계처리

다음 표를 보고 빈칸을 채우라.

구 분	충당부채	우발부채
현재의무 존재 여부	(①)	현재의무의 존재 여부가 확인되지 않은 잠재적 의무
경제적 효익이 내재된 자원의 유출가능성	높음	높지 않음
금액의 신뢰성 있는 추정	(②)	추정불가능
	부채와 관련된 비용인식	(③)

2 우발부채

다음은 ㈜미포에서 2×15년 1월 중 발생한 경제적 사건들이다. 2×14년 12월 31일 종료되는 회계연도의 장부는 아직 마감되지 아니하였으며, 아래의 어떤 후속사건도 2×14년 회계연도에는 반영되지 않았다. 2×14년 12월 31일 종료되는 회계연도의 재무제표가 2×15년 2월 28일 확정·공시되었다면, 다음의 사실은 2×14 회계연도의 재무제표 본문에 어떻게 수정반영되어야 하는가?

1. 2×14년 1월 상표사용권과 관련하여 ㈜미포는 ㈜기장에 소송을 제기한 바 있다. 2×15년 1월 25일 ㈜미포는 승소하여 ㈜기장은 10일 이내에 ₩10,000,000을 지급하라는 확정판결을 받았다. ㈜미포는 동 우발사건에 대해 2×14년 말 현재 어떤 기록도 하지 않았다.
2. 2×14년 2월 소비자에 의해 제기된 손해배상청구소송에 대해 2×15년 1월 30일 법원으로부터 ㈜미포는 손해배상액 ₩7,000,000을 원고에게 지급하라는 확정판결을 받았다. 동 우발사건에 대한 회사의 2×14년 말 손실추정액은 ₩10,000,000이었으며, 장부에 동액을 적절히 반영하였다.

3 제품보증충당부채

㈜성남의 다음 거래를 분개하라.

1. 2×13년 12월 31일 품질보증조건으로 매출한 상품 ₩1,000,000에 대해 5%의 제품보증충당부채를 설정하다.
2. 2×14년 중 제품보증비로 현금 ₩80,000을 지출하다.
3. 2×14년 12월 31일 품질보증조건으로 매출한 상품 ₩500,000에 대해 3%의 제품보증충당부채를 설정하다.

EXERCISE

4. 2×15년 중 제품보증비로 현금 ₩10,000을 지출하다.
5. 2×15년 12월 31일 제품보증기간이 종료되다.

4 예수금 거래

충당부채의 인식과 관련된 설명으로 옳지 않은 것은?

① 과거사건의 결과로 현재의무가 존재한다.
② 당해의무를 이행하기 위하여 경제적효익을 갖는 자원이 유출될 가능성이 높아야 한다.
③ 신뢰성 있는 금액의 추정이 불가능한 경우에도 부채로 인식해 재무상태표의 본문에 표시한다.
④ 법적의무뿐만 아니라 의제의무도 포함한다.

연습문제 해답

1 충당부채 및 우발부채의 회계처리

① 현재의무존재
② 추정가능
③ 주석공시, 단 자원의 유출가능성이 아주 낮다면 주석으로 공시 불필요

2 우발부채

1. 우발이익은 실현되기 전에는 인식하지 않는다. 따라서 재무제표에 수정·반영할 사항은 없다.
2. 추정손실액이 변동되었으므로 2×14년도 충당부채를 각각 ₩3,000,000 차감하도록 재무제표에 수정·반영한다.

3 제품보증충당부채

1.	(차) 제품보증비	50,000*	(대) 제품보증충당부채	50,000
	* ₩1,000,000×5%=₩50,000			
2.	(차) 제품보증충당부채	50,000	(대) 현 금	80,000
	제품보증비	30,000		
3.	(차) 제품보증비	15,000*	(대) 제품보증충당부채	15,000
	* ₩500,000×3%=₩15,000			
4.	(차) 제품보증충당부채	10,000	(대) 현 금	10,000

5. (차) 제품보증충당부채 5,000 (대) 제품보증충당부채환입* 5,000

* 제품보증충당부채환입은 기타수익으로 당기손익에 반영됨

4 예수금 거래

③ 충당부채로 계상되기 위해서는 당해의무의 이행에 소요되는 금액을 신뢰성 있게 추정할 수 있어야 한다.

Accounting Principles

Chapter 14 자 본

Chapter 14 자 본

Accounting Principles

1. 자본의 의의

자본(capital)이란 기업의 경제적 자원 중에서 주주들에게 귀속되는 지분을 의미하며, 주주지분(shareholder's equity)이라고도 한다. 자본은 자체적으로 평가될 성질의 것이 아니라 자산과 부채를 평가하고 난 후 차액으로만 계산되므로 잔여지분(residual interests)이라고도 한다.

▌그림 14-1 ▌자본의 기본구조

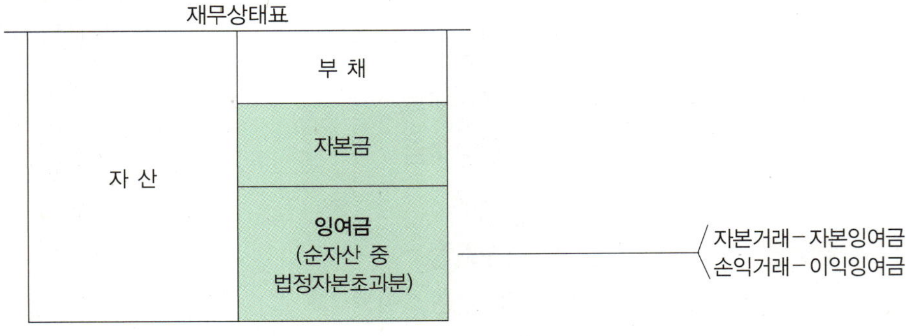

표 14-1 | 자본의 구조와 계정과목

I. 자본금
 1. 보통주자본금　　2. 우선주자본금
II. 자본잉여금
 1. 주식발행초과금
 2. 기타자본잉여금
  • 감자차익　　• 자기주식처분이익
III. 자본조정
 1. 자기주식
 2. 기타자본조정
  • 주식할인발행차금　　• 주식선택권　　• 미교부주식배당금
  • 감자차손　　• 자기주식처분손실
IV. 기타포괄손익누계액
 1. FVOCI 금융자산(선택) 평가손익　　2. 해외사업환산손익
 3. 현금흐름위험회피 파생상품평가손익　　4. 재평가잉여금
V. 이익잉여금
(1) 적립금
 1. 법정적립금
  • 이익준비금
 2. 각종임의적립금
  • 배당평균적립금　　• 결손보전적립금　　• 재해손실적립금(소극적 적립금)
  • 사업확장적립금　　• 감채적립금(적극적 적립금)
(2) 미처분이익잉여금(미처리결손금)

2. 자본금

자본금(capital stock)은 주주가 회사에 실제로 납입한 금액 중에서 액면금액에 해당하는 부분이다. 이러한 자본금은 상법의 규정에 의해 계산된 발행주식의 액면총액(즉, 1주당 액면금액×발행주식총수)으로서 그 증감이 엄격하게 통제되는 법정자본의 성격을 가져 법정자본금(legal capital)이라고도 한다.

(1) 주식의 종류

주식은 자본의 구성단위, 회사에 대한 주주의 권리·의무의 단위라는 의미를 가지고 있으며 회계학에서 중요한 주식의 분류는 다음의 두 가지이다.

① 보통주

보통주(common stock)는 이익이나 잔여재산분배 등의 재산적 내용에 있어 표준이 되는 주식을 의미한다. 보통주의 주주는 자신이 보유하고 있는 보통주의 비율만큼 주주총회에서 의결권(voting right)을 행사할 수 있으며, 기업의 이익을 분배(배당)받을 수 있는 권리가 있다. 또한 보통주의 주주는 기업이 추가로 주식을 발행할 경우 신주를 인수할 수 있는 권리(신주인수권)를 가진다.

② 우선주

우선주(preferred stock)는 보통주에 비하여 주주의 권리 중 이익배당 등에 관한 주주권의 행사에 우선적인 지위를 갖는 주식을 말하며 그 우선권의 내용에 따라 다음과 같이 분류할 수 있다.

표 14-2 | 우선주의 종류

구 분		내 용
배당 우선주	참가적 우선주	일단 소정의 배당을 우선적으로 받고, 잔여배당에도 보통주와 함께 참여할 수 있는 우선주
	비참가적 우선주	
	누적적 우선주	특정 연도의 배당액이 약정된 우선주배당률에 미달하는 경우 그 부족액을 차후에 소급하여 우선적으로 배당받을 수 있는 우선주
	비누적적 우선주	
상환우선주		발행회사가 미래 특정 시점에 약정된 가격으로 상환할 수 있는 우선주
전환우선주		일정기일이 경과한 후 우선주주의 의사에 따라 보통주로 전환할 수 있는 권리가 부여된 우선주

한국채택국제회계기준에서 상환우선주의 회계처리와 관련하여 주의할 점은 발행기업이 의무적으로 상환해야 하는 계약상의 의무를 부담하거나 보유자가 상환을 청구할 수 있는 권리를 보유한다면, 자본금이 아니라 본질이 금융부채에 가까우므로 금융부채로 분류한다는 점이다. 이때 상환우선주의 배당은 손익계산서의 비용항목으로 표시한다.

(2) 주식의 발행(자본금의 증가)

기업이 주식을 발행하여 자본금이 증가된 것을 증자라고 한다. 증자는 유상증자와 무상증자로 구분할 수 있다. 유상증자는 실질적인 증자로 현금 등의 자산이 유입되며, 무상증자는 형식적인 증자로 자본금이 증가하더라도 현금 등의 자산이 유입되지 않는다.

주식은 사채에 비해 자유롭지는 않으나 사채와 마찬가지로 액면금액 이상, 이하로 발행할 수 있다. 할증발행된 경우 액면금액을 초과한 발행금액은 자본금과 성격의 차이가 없지만 상법규정에 따라 주식발행초과금이라는 자본잉여금으로 회계처리하고, 할인발행된 경우 주주가 액면금액보다 적게 출자함으로써 액면금액에 미달된 발행금액은 주식할인발행차금으로 처리하고 이는 재무상태표의 자본조정항목으로 분류하여 자본에서 차감하는 형식으로 기재한다.

표 14-3 | 주식발행의 회계처리

구 분	회계처리			
할증발행 (발행금액>액면금액)	(차) 현 금	×××	(대) 자 본 금 주식발행초과금 (자본잉여금)	××× ×××
액면발행 (발행금액＝액면금액)	(차) 현 금	×××	(대) 자 본 금	×××
할인발행 (발행금액<액면금액)	(차) 현 금 주식할인발행차금 (자본조정)	××× ×××	(대) 자 본 금	×××

예제 14-1 주식의 발행

㈜동아는 2×15년 1월 1일 액면금액 ₩500인 보통주 200주를 주당 ₩800에 발행하였고, 2×15년 9월 1일 법원으로부터 인가를 받아 액면금액 ₩500인 보통주 300주를 주당 ₩450에 발행하였다. 위의 주식발행과 관련하여 ㈜동아가 해야 할 분개를 하라.

| 해설 |

〈2×15년 1월 1일〉

차변	금액	대변	금액
(차) 현 금	160,000	(대) 자 본 금	100,000
		주식발행초과금 (자본잉여금)	60,000

〈2×15년 9월 1일〉

차변	금액	대변	금액
(차) 현 금	135,000	(대) 자 본 금	150,000
주식할인발행차금 (자본조정)	15,000		

무상증자는 주식발행초과금(자본잉여금)과 법정적립금(이익잉여금)을 자본금으로 전입하여 주식을 발행하는 것이다. 기업이 무상증자할 경우 주주는 현금 등을 납입하지 않고 자신의 지분율만큼 주식을 무상으로 받게 된다.

한편, 무상증자시 회계처리는 아래와 같다. 기업이 무상증자를 할 경우 발행주식수는 증가하지만 자본의 총계는 변동되지 않는다.

표 14-4 | 무상증자(주식발행초과금의 자본금 전입을 가정)시 회계처리

(차) 주식발행초과금	×××	(대) 자본금	×××

(3) 자본의 감소

자본의 감소란 감자라고도 표현하며, 주식회사의 발행자본을 감소시키는 것으로서 실질적 감자(유상감자)와 형식적 감자(무상감자)로 구분된다. 실질적 감자란 감자를 통하여 회사 순자산의 실질적인 감소를 수반하는 경우를 말하는 것으로서 기존의 주주들에게 감자에 따른 대가를 지불하고 발행된 주식을 소각시키는 경우(매입소각) 등이 포함된다.

형식적 감자란 주주에게 주식소각의 대가를 지급하지 않아 회사의 순자산이 변동하지 않고 명목상으로만 자본금이 감소하는 경우를 말하는 것으로서 회사의 이월결손금을 상계하기 위하여 자본을 감소시키는 경우가 그 예이다.

실질적 감자의 경우에는 감자에 따른 대가와 주식소각액(소각된 주식의 액면금액)을 비교하여 양자의 차액을 감자에 따른 손익으로 인식하게 되는데, 감자에 따른 대가가 소각된 주식의 액면금액을 초과하는 경우에는 동액을 감자차손으로, 반대의 경우에는 차액을 감자차익으로 처리하게 된다. 이때의 감자차손은 감자차익과 우선적으로 상계하고, 그 잔액은 자본조정계정으로 계상한 후 결손금의 처리순서에 준하여 처리하며, 감자차익은 자본잉여금으로 처리하여야 한다. 한편, 감자차익과 감자차손은 자본거래에서 발생하는 것이므로 당기손익에 포함시키지 않는다.

형식적 감자의 경우 무상감자일에 자본금을 감소시키면서 감자차익(자본잉여금)을 인식한 후 주주총회 결의일에 감자차익과 이월결손금을 상계한다. 따라서 무상감자의 경우 발행주식수는 감소하지만 무상증자의 경우와 동일하게 자본 총계의 변동은 없다.

표 14-5 | 실질적 감자와 형식적 감자의 회계처리

구 분		회계처리			
실질적 감자 (매입소각)	감자차익	(차) 자 본 금	×××	(대) 현 금 감 자 차 익 (자본잉여금)	××× ×××
	감자차손	(차) 자 본 금 감자차익*1) 감자차손*2) (자본조정)	××× ××× ×××	(대) 현 금	×××
형식적 감자 (이월결손금 상계)	무상감자일	(차) 자 본 금	×××	(대) 감 자 차 익	×××
	주주총회 결의일	(차) 감자차익	×××	(대) 미처리결손금	×××

*1) 감자차익의 잔액이 있는 경우

*2) 감자차익 잔액을 상계 제거한 후의 나머지 금액이며, 이는 결손금처리순서에 따라 처리한다.

예제 14-2 실질적 감자

㈜동아는 현재 액면금액 ₩500인 주식 1,000주를 주당 ₩1,000에 발행하여 영업을 하고 있다. 그런데 최근 사업영역의 축소로 인하여, 기발행자본금이 과다하다고 판단하고 이 중 50주를 매입소각하기로 주주총회에서 결의하였고, 이에 따라 50주를 각각 다음의 금액으로 매입소각하였다면 분개는 어떻게 되는가?

1. 주당 ₩300에 매입소각
2. 주당 ₩700에 매입소각

| 해설 |

1. 주당 ₩300에 소각한 경우

(차) 자 본 금	25,000	(대) 현 금	15,000
		감 자 차 익	10,000

2. 주당 ₩700에 소각한 경우

(차) 자 본 금	25,000	(대) 현 금	35,000
감 자 차 손	10,000		

* 만약 감자차익의 잔액이 남아 있다면 먼저 감자차익과 상계제거하고 나머지 금액만 감자차손으로 처리한다.

예제 14-3 형식적 감자

㈜동아는 그동안 누적된 이월결손금 ₩100,000을 상계시키기 위하여 현재의 발행주식을 2주당 1주의 비율로 감소시키기로 하였다. ㈜동아의 감자 전 발행주식수는 500주였으며, 1주당 액면금액은 ₩500이다. 감자의 회계처리를 하라.

| 해설 |

① 무상감자일	(차) 자 본 금	125,000*	(대) 감 자 차 익	125,000
② 주주총회 결의일	(차) 감 자 차 익	100,000	(대) 이월결손금	100,000

* ₩500 × 250주 = ₩125,000

3. 자본잉여금

주주가 불입한 자본에서 자본금을 제외한 부분을 자본잉여금(capital surplus)이라고 한다. 자본잉여금은 증자와 감자 그리고 기타 자본거래에서 발생되는 잉여금으로, 영업활동으로 발생되는 이익잉여금과 구별된다.

(1) 주식발행초과금

주식발행초과금은 액면금액을 초과하여 주식을 발행한 때의 그 액면금액 초과액을 말한다. 주식발행회사의 영업실적이 양호하고 미래의 수익성이 높을 것으로 판단되는 경우에는 1주의 발행금액이 액면금액보다 높게 되어 주식발행초과금이 발생하게 된다. 예를 들어, ㈜동아는 2×15년 1월 1일 신주 1,000주를 발행하여 증자를 하였는데 1주당 액면금액은 ₩5,000이고 1주당 발행금액은 ₩6,000이었다. 이 경우 주주가 액면금액으로 납입한 ₩5,000,000(₩5,000 × 1,000주)은 자본금을 구성하고 발행금액이 액면금액을 초과하는 부분인 ₩1,000,000(₩1,000 × 1,000주)은 주식발행초과금을 구성하게 된다.

이를 분개하면 다음과 같다

(차) 현 금	6,000,000	(대) 자 본 금	5,000,000
		주식발행초과금	1,000,000

(2) 기타자본잉여금 – 감자차익

감자차익은 유상감자 혹은 무상감자시 발생할 수 있다. 유상감자시 감소하는 자본금보다 지급하는 대가가 작을 경우 감자차익은 발생할 수 있다([예제 14-2] 참조). 그리고 무상감자시 감소하는 자본금보다 상계되는 이월결손금이 작을 경우 감자차익이 발생할 수 있다([예제 14-3] 참조).

(3) 기타자본잉여금 – 자기주식처분이익

자기주식처분이익이란 보유 중인 자기주식을 처분한 경우 처분금액이 취득원가를 초과한 부분을 말한다. 만일 재발행시 자기주식처분손실 잔액이 있을 경우에는 이를 상계한 후의 잔액이 자기주식처분이익이다.

(4) 자본잉여금의 처분

자본잉여금은 그 사용과 처분에 엄격한 제한이 따른다. 자본잉여금은 원칙적으로 주식발행을 통한 자본금으로의 전입과 이월결손금의 상계를 위해서만 사용할 수 있다. 자본잉여금을 재원으로 하여 주식을 발행하게 되면 자본잉여금이 감소하는 반면에 자본금은 발행한 주식의 액면금액만큼 증가하게 되므로 자본총액은 변동되지 않으며, 회사의 자산총액도 변동이 없게 된다. 이와 같은 자본잉여금의 자본금 전입을 무상증자라고 하고 형식적 증자의 대표적인 예이다.

(차) 자본잉여금	×××	(대) 자 본 금	×××

그림 14-2 무상증자와 자본흐름

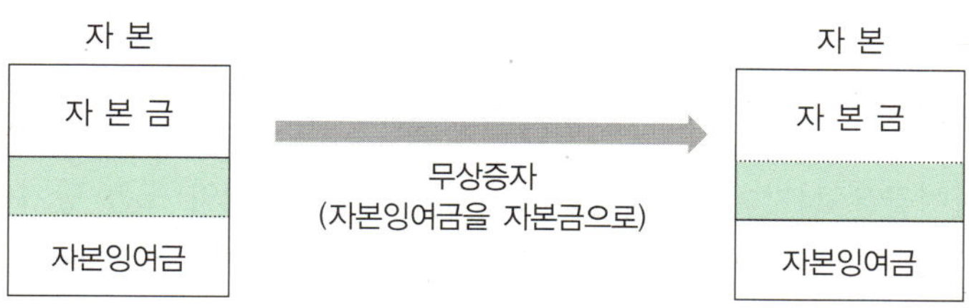

4. 이익잉여금

이익잉여금이란 손익거래에서 발생한 이익 중 사외에 유출되거나 또는 자본금으로 대체되지 않고 기업내부에 유보된 것을 말하며 유보이익이라고도 한다. 이는 배당가능액의 수준을 결정하는 데 있어서 가장 기초가 되는 항목이므로 상법이나 기타 관련법규에서는 자본충실화의 관점에서 그 세부항목의 처분과 분류를 비교적 엄격히 규정하고 있다. 이익잉여금은 법정적립금과 임의적립금 및 미처분이익잉여금으로 구성되어 있다.

(1) 이익준비금(법정적립금)

법정적립금 중 대표적인 적립금이 이익준비금이다. 이익준비금은 상법의 규정에 의하여 기업이 매 결산기에 금전에 의한 이익배당액(현금배당액만을 의미)의 10% 이상을 자본금의 1/2에 달할 때까지 적립하여야 한다(상법 제458조). 이익준비금은 결손전보와 자본전입 이외의 목적으로는 사용할 수 없다.

(2) 임의적립금

임의적립금은 법의 규정에 따라 강제적으로 적립되는 것이 아니라 회사의 정관의 규정에 의해 특별히 적립하거나 주주총회의 결의에 의하여 특정 목적을 위해 적립하는 것을 의미한다.

임의적립금의 적립은 단지 이익잉여금에서 다른 이익잉여금으로의 계정대체에 불과하기 때문에 임의적립금을 적립한다고 해서 특정 목적에 사용할 새로운 자금이 창출되는 것은 아니다. 그럼에도 불구하고 임의적립금을 적립하는 이유는 법정적립금과 임의적립금으로 적립한 후의 남은 금액을 배당의 재원으로 이용함으로써 과다한 배당으로 인한 사외유출을 막을 수 있기 때문이다.

(3) 미처분이익잉여금

미처리이익잉여금은 전기이월미처분이익잉여금에 당기순이익 또는 당기순손실을 가감하여 산출된다. 차기로 이월된 미처분이익잉여금은 법정적립금, 임의적립금, 배당금 등으로 처분된다.

(4) 이익잉여금처분계산서

이익잉여금처분계산서는 전기로부터 이월된 이익잉여금과 당기에 발생한 순이익의 처분내용을 명백히 보고하고, 차기로 이월될 이익잉여금의 금액을 확인하기 위해 작성되는 부속명세서이다. 양식은 다음과 같다.

이익잉여금처분계산서

제 × 기	20××년×월×일부터 20××년×월×일까지	제 × 기	20××년×월×일부터 20××년×월×일까지
처분예정일	20××년×월×일	처분확정일	20××년×월×일

회사명 (단위 : 원)

구 분	당 기		전 기	
미처분이익잉여금		×××		×××
전기이월미처분이익잉여금 (또는 전기이월미처리결손금)	×××		×××	
회계정책변경누적효과	–		×××	
전기오류수정	–		×××	
중간배당액	×××		×××	
당기순이익(또는 당기순손실)	×××		×××	
임의적립금등의이입액		×××		×××
×××적립금	×××		×××	
×××적립금	×××		×××	
합 계		×××		×××
이익잉여금처분액		×××		×××
이익준비금	×××		×××	
주식할인발행차금상각액	×××		×××	
배당금	×××		×××	
현금배당				
주당배당금(률) 보통주 : 당기 ××원(%)				
전기 ××원(%)				
우선주 : 당기 ××원(%)				
전기 ××원(%)				
주식배당				
주당배당금(률) 보통주 : 당기 ××원(%)				
전기 ××원(%)				
우선주 : 당기 ××원(%)				
전기 ××원(%)				
사업확장적립금	×××		×××	
감채적립금	×××		×××	
⋮				
차기이월미처분이익잉여금		×××		×××

5. 배당금

배당금이란 회사자산을 주주의 소유지분에 비례하여 주주에게 분배한 금액을 말한다.

(1) 현금배당

가장 보편적인 형태의 배당으로서 배당기준일에는 아무런 분개를 하지 않고, 배당결의일에 배당금액을 미지급배당금계정에 대기한다. 배당금지급일에 배당금을 주주에게 지급하게 되면 미지급배당금잔액을 제거하는 분개가 이루어진다.

(2) 주식배당

주식배당이란 회사가 이익잉여금을 자본에 전입함으로써 신주를 발행하고 이 주식을 주주에게 무상으로 교부하는 형태의 배당을 말한다. 주식배당을 하게 되면 이익잉여금이 자본금으로 대체되므로 주주들의 배당압력을 감소시킬 수 있고 이익잉여금을 영구자본화할 수 있다는 장점이 있다. 주식배당이 이루어지면 회사의 현금이나 운전자본은 감소하지 않으며, 자본총액도 역시 변동하지 않는다.

표 14-6 | 배당의 회계처리

구 분	현금배당	주식배당
배당결의일*	(차) 미처분이익잉여금 ××× (대) 미지급배당금 ××× (유동부채)	(차) 미처분이익잉여금 ××× (대) 미교부주식배당금 ××× (자본조정)
배당금지급일	(차) 미지급배당금 ××× (대) 현 금 ×××	(차) 미교부주식배당금 ××× (대) 자 본 금 ×××

* 배당결의일이란 주주총회에서 배당의 의사를 공식적으로 확정한 날이다. 배당이 결의되면 회사는 배당을 지급할 의무가 발생하고 주주는 배당금을 수령할 권리가 발생한다.

그림 14-3 | 주식배당과 회계처리

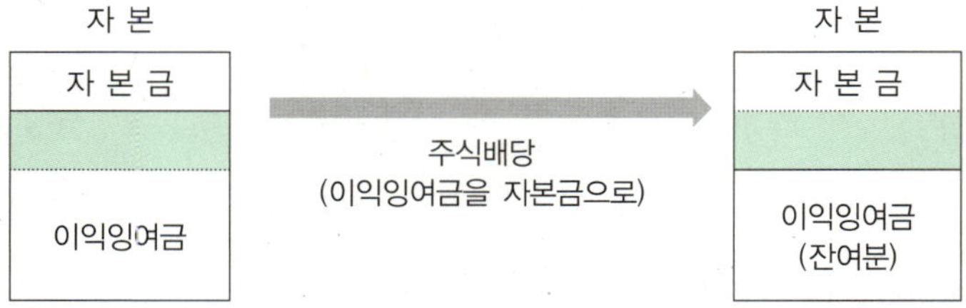

예제 14-4 배당의 회계처리

㈜동아는 2×15년 12월 31일을 기준일로 하여 보통주 1주당 ₩100의 현금배당과 보통주 10주당 1주의 주식배당을 내부적으로 결정하였다. 관련자료는 다음과 같다.

2×15년 당기순이익	₩800,000
2×15년 12월 31일 현재 보통주식수	1,000주 (주당 액면금액 ₩500)

그러나 2×16년 2월 13일 주주총회에서 현금배당액이 주당 ₩150으로 확정되었고, 2×16년 2월 25일 현금배당과 주식배당을 실시하였다. ㈜동아의 입장에서 배당과 관련된 회계처리를 하라.

| 해설 |

2×16년 2월 13일(배당결의일)

(차)	미처분이익잉여금	200,000	(대) 미지급배당금	150,000*1)
			미교부주식배당금	50,000*2)

*1) 현금배당 : ₩150×1,000주=₩150,000

*2) 주식배당 : 1,000주×10%×₩500=₩50,000

2×16년 2월 25일(배당지급일)

(차)	미지급배당금	150,000	(대) 현　　금	150,000
(차)	미교부주식배당금	50,000	(대) 자 본 금	50,000

6. 자본조정

(1) 주식할인발행차금

주식할인발행차금이란 신주를 액면금액 이하로 할인발행한 경우 그 액면미달금액을 말하는 것으로서 자본금은 항상 발행된 주식의 액면금액으로 표시되고 액면미달액만큼 자본에서 차감하는 형식으로 표시된다. 한편 주식을 할증발행한 경우 액면초과액은 주식발행초과금이라는 자본잉여금으로 분류된다.

(2) 자기주식

자기회사가 발행한 주식을 취득하였을 경우 이를 자기주식이라고 한다. 자기주식은 자산 항목이 아니라 자본의 차감 항목이다. 자기주식을 취득하는 목적이 무엇이든지 간에 기말 현재 보유하고 있는 자기주식은 재무상태표 의 자본조정항목으로 자본에서 차감하는 형식으로 보고하여야 한다.

자기주식을 취득했을 경우에는 취득원가로 기록하며, 이를 재매각할 경우에는 처분금액이 취득원가보다 높으면 차액을 자기주식처분이익계정에 기록하고 이는 자본잉여금으로 보고한다. 만약 취득원가보다 낮은 금액으로 처분했을 경우에는 우선적으로 자기주식처분이익과 상계하고, 그 잔액을 자기주식처분손실로 처리한다.

자기주식은 다른 주식과는 달리 의결권·배당권 등의 주주권이 없기 때문에 자기주식에 대해서는 배당금을 지급하지 않는다. 또한 기업이 자기주식을 보유하게 되면 유통주식수는 보유하고 있는 자기주식의 수만큼 감소하게 된다. 자기주식 취득, 재발행 및 소각과 관련된 회계처리는 아래와 같다.

표 14-7 | 자기주식의 회계처리

구분	회계처리			
취득	(차) 자기주식 (자본조정)	×××	(대) 현 금	×××
재발행	① 재발행금액 > 취득원가인 경우 (차) 현 금	×××	(대) 자기주식 자기주식처분이익 (자본잉여금)	××× ×××
	② 재발행금액 < 취득원가인 경우 (차) 현 금 자기주식처분이익 자기주식처분손실 (자본조정)	××× ×××*1) ×××*2)	(대) 자기주식	×××
	*1) 잔액이 있는 경우 *2) 자기주식처분이익의 잔액이 부족한 경우이며 결손금처리순서에 따라 처리한다.			
소각2)	① 액면금액 > 취득원가인 경우 (차) 자본금	×××	(대) 자기주식 감자차익 (자본잉여금)	××× ×××
	② 액면금액 < 취득원가인 경우 (차) 자본금 감자차익 감자차손 (자본조정)	××× ×××*1) ×××	(대) 자기주식	×××
	*1) 잔액이 있는 경우			

예제 14-5 자기주식

2×15년 ㈜동아의 자기주식과 관련된 거래는 다음과 같다. 거래를 분개하라(단, 감자차익 계정의 잔액은 없다).

1월 1일 액면금액 ₩500의 보통주 100주를 주당 ₩600에 발행하다.
3월 1일 자기주식 3주를 주당 ₩650에 취득하다.
5월 1일 자기주식 1주를 주당 ₩700에 처분하다.
7월 1일 자기주식 1주를 주당 ₩450에 처분하다.
9월 1일 자기주식 1주를 소각하다.

| 해설 |

일자	차변	금액	대변	금액
1월 1일	(차) 현 금	60,000	(대) 자 본 금	50,000
			주식발행초과금	10,000
3월 1일	(차) 자기주식	1,950	(대) 현 금	1,950
5월 1일	(차) 현 금	700	(대) 자기주식	650
			자기주식처분이익	50
7월 1일	(차) 현 금	450	(대) 자기주식	650
	자기주식처분이익	50		
	자기주식처분손실	150		
9월 1일	(차) 자 본 금	500	(대) 자기주식	650
	감자차손	150		

(3) 주식선택권

주식선택권이란 임원 또는 종업원들이 자기회사 주식을 미리 약정한 금액으로, 일정한 수량을 일정기간 내에 매수할 수 있는 권리를 말한다.

기업회계기준에 의하면 경우에 따라서 ① 주식선택권 행사기간 내의 매회계연도 말 또는 ② 권리행사에 의해 신주를 발행하는 시점에, 주식선택권의 행사가격과 행사시점 적절한 가격(시가 등)의 차액을 주식보상비용이라는 비용계정으로 회계처리한다. 자세한 내용은 중급회계수준에서 다루게 될 것이다.

(4) 미교부주식배당금

미교부주식배당금이란 당기 결산시 이익잉여금처분계산서에 나타난 주식배당액을 말하는 것으로서 이는 이익잉여금처분계산서가 주주총회에서 확정된 후 주주들에게 교부

---

2) 본 교재에서는 상법상 자본금 감소 규정(제343조①)을 따른다고 가정하고 소각의 회계처리를 제시하였음.

될 주식을 의미하는 것으로 아직 교부되지는 않았다고 하더라도 자본과 같은 성격에 해당한다. 따라서 재무상태표에는 자본조정계정으로 표시하여야 한다.

7. 기타포괄손익

기타포괄손익(미실현이익)이란 자본거래가 아닌 손익거래에서 발생한 순손익 중 당기순이익(실현이익)에 포함되지 않는 금액을 말한다. 즉, 당기순손익과 기타포괄손익을 합하여 포괄손익(compre-hensive income)이라고 하며, 손익계산서는 당기순손익에 기타포괄손익을 가감하여 포괄손익을 산출하는 포괄손익계산서를 작성하도록 하고 있다. 한편 기타포괄손익누계액(accumulated other comprehensive income)이란 재무상태표일 현재 재무상태표에 나타나는 기타포괄손익 각 항목별 누계금액을 말한다.

EXERCISE

연 | 습 | 문 | 제 <<<

1 주식의 발행과 신주청약증거금

㈜경주의 자본관련 거래는 다음과 같다. 분개하라.

발행가능한 주식총수를 1,000주, 1주당 금액을 ₩500으로 결정하고 회사의 설립시에 400주를 발행하기로 하였다. 발기인들의 인수분 200주는 현금으로 납입받았으며 주식의 1주당 발행금액은 ₩700이다.

2 주식의 발행

㈜순천의 자본관련 거래는 다음과 같다. 각 상황은 독립적인 것으로 가정하고 분개하라.

1. 회사설립시 발기인으로부터 공정가치가 각각 ₩95,000과 ₩45,000인 건물과 기계를 현물출자받고 액면금액 ₩500인 주식 200주를 발행하였다.
2. 액면금액 ₩500인 보통주 100주를 발행하고 발행금액을 현금으로 납입받았다. 발행금액은 각각 다음과 같았다.
   (1) 발행금액이 주당 ₩650인 경우
   (2) 발행금액이 주당 ₩500인 경우
   (3) 발행금액이 주당 ₩400인 경우

3 감자의 회계처리(실질적 감자)

㈜묵호의 감자관련 자료는 다음과 같다. 다음을 각각 독립적인 사항으로 보고 분개하라.

1. 사업규모의 축소를 위하여 주식 10주(액면금액 ₩500)를 현금 ₩5,000에 매입하여 소각하다.
2. 주식 20주(액면금액 ₩500)를 주당 ₩250에 매입소각하다.
3. 10주(액면금액 ₩500)를 주당 ₩850에 매입소각하다(단, 감자차익 잔액이 ₩2,000 있다).

E X E R C I S E

4 자기주식

다음은 2×15년도 ㈜구포의 자기주식관련 거래이다. 각 사항을 분개하라.

1. 자기주식 15주(액면금액 ₩1,000)를 주당 ₩1,200에 현금으로 취득하였다. 주식발행시 주당 발행금액은 ₩1,100이었다.
2. 자기주식 중 5주를 주당 ₩1,300에 처분하였다.
3. 자기주식 중 5주를 주당 ₩1,050에 처분하였다.
4. 자기주식 중 5주를 주당 ₩1,100에 처분하였다.

5 주식배당의 회계처리

㈜서면의 자본은 다음과 같이 구성되어 있다.

보통주 자본금(액면금액 주당 ₩500, 발행주식수 100주)	50,000
주식발행초과금	20,000
이익잉여금	40,000
자본총계	110,000

2×15년 12월 31일 동 일자에 주주명부에 등록된 주주에게 10%의 주식배당을 하기로 내부적으로 결정하였다. 각 사항에 따른 주식배당의 회계처리를 하라.

1. 2×16년 2월 15일 주주총회에서 주식배당률이 15%로 결정되었다.
2. 2×16년 3월 31일 주식을 발행하여 배당하였다.

6 자기주식

지난 2년간 ㈜명지의 자본거래는 다음과 같다. 2×16년의 자기주식 관련 거래를 회계처리하라.

1. 2월 1일 자기주식 10주를 주당 ₩700에 구입하다.
2. 3월 5일 자기주식 5주를 주당 ₩760에 구입하다.
3. 3월 30일 3월 5일 구입한 자기주식을 소각하다.
4. 4월 10일 2월 1일 구입한 자기주식 6주를 ₩750에 매각하다.
5. 4월 20일 2월 1일 구입한 자기주식 4주를 ₩520에 매각하다.

7 자본의 구조

㈜동아의 기초자산은 ₩120,000이고, 기말자산은 ₩270,000이다. 또한 기초부채는 ₩70,000이고, 기말부채는 기초부채보다 ₩40,000 증가하였다. 당기 중 현금출자로 인해 납입자본은 ₩42,000 증가하였고, 기타포괄손익(이익)은 ₩50,000(법인세효과 차감 후 금액) 증가하였으며 현금배당(당기에 선언한 것임)으로 ₩20,000을 지급하였다면 당기순이익은?(단, 주어진 자료 이외의 사항은 고려하지 않는다)

연습문제 해답

1 주식의 발행과 신주청약증거금

(차) 현 금	140,000*	(대) 자 본 금	100,000
		주식발행초과금	40,000

* ₩700 × 200주 = ₩140,000

2 주식의 발행

1. 현물출자로 받은 유형자산의 취득원가는 공정가치에 의한다.

	(차) 건 물	95,000	(대) 자 본 금	100,000
	기계장치	45,000	주식발행초과금	40,000
2. (1)	(차) 현 금	65,000	(대) 자 본 금	50,000
			주식발행초과금	15,000
(2)	(차) 현 금	50,000	(대) 자 본 금	50,000
(3)	(차) 현 금	40,000	(대) 자 본 금	50,000
	주식할인발행차금	10,000		

3 감자의 회계처리

1.	(차) 자 본 금	5,000	(대) 현 금	5,000
2.	(차) 자 본 금	10,000	(대) 현 금	5,000
			감자차익	5,000
3.	(차) 자 본 금	5,000	(대) 현 금	8,500
	감자차익	2,000		
	감자차손	1,500		

EXERCISE

4 자기주식

1. (차)	자기주식	18,000	(대) 현　　금	18,000
2. (차)	현　　금	6,500	(대) 자기주식	6,000*
			자기주식처분이익	500

* ₩1,200×5주=₩6,000

3. (차)	현　　금	5,250	(대) 자기주식	6,000
	자기주식처분이익	500*1)		
	자기주식처분손실	250*2)		

*1) 자기주식처분이익의 잔액이 있을 경우 우선적으로 상계한다.
*2) 자기주식처분손실로 계상한 후 결손금처리순서에 따라 처리한다.

4. (차)	현　　금	5,500	(대) 자기주식	6,000
	자기주식처분손실	500		

5 주식배당의 회계처리

1. 배당결의일(2×16년 2월 15일 주주총회)

(차) 미처분이익잉여금	7,500	(대) 미교부주식배당금	7,500*

* ₩50,000×15%=₩7,500

2. 배당지급일(2×16년 3월 31일)

(차) 미교부주식배당금	7,500	(대) 자 본 금	7,500

6 자기주식

① 2월 1일	(차) 자기주식	7,000	(대) 현　　금	7,000*

* ₩700×10주=₩7,000

② 3월 5일	(차) 자기주식	3,800	(대) 현　　금	3,800*

* ₩760×5주=₩3,800

③ 3월 30일	(차) 자 본 금	2,500*	(대) 자기주식	3,800
	감자차손	1,300		

* ₩500×5주=₩2,500

④ 4월 10일	(차) 현　　금	4,500*1)	(대) 자기주식	4,200*2)
			자기주식처분이익	300

*1) ₩750×6주=₩4,500
*2) ₩700×6주=₩4,200

⑤ 4월 20일	(차) 현　　금	2,080*1)	(대) 자기주식	2,800*2)
	자기주식처분이익	300		
	자기주식처분손실	420		

*1) ₩520×4주=₩2,080
*2) ₩700×4주=₩2,800

7 자본의 구조

㈜동아의 기초자본: ₩120,000 − ₩70,000 = ₩50,000

㈜동아의 기말자본: ₩270,000 − ₩110,000 = ₩160,000

기말자본 = 기초자본 + 당기순이익 + 기타포괄손익(이익) − 소유주에 대한 분배(배당 등) + 소유주에 의한 투자

₩160,000 = ₩50,000 + 당기순이익 + ₩50,000 − ₩20,000 + ₩42,000

∴ 당기순이익 = ₩38,000

| 부록 | 화폐의 시간가치표

1. 단일금액의 미래가치 $(1+i)^n$

i=이자율, n=기간수

기간수 (n)	1%	2%	3%	4%	5%	6%	7%	8%	9%	10%
1	1.0100	1.0200	1.0300	1.0400	1.0500	1.0600	1.0700	1.0800	1.0900	1.1000
2	1.0201	1.0404	1.0609	1 0816	1.1025	1.1236	1.1449	1.1554	1.1881	1.2100
3	1.0303	1.0612	1.0927	1.1249	1.1576	1.1910	1.2250	1.2597	1.2950	1.3310
4	1.0406	1.0824	1.1255	1.1699	1.2155	1.2625	1.3108	1.3605	1.4116	1.4641
5	1.0510	1.1041	1.1593	1.2167	1.2763	1.3382	1.4026	1.4693	1.5386	1.6105
6	1.0615	1.1262	1.1941	1.2653	1.3401	1.4185	1.5007	1.5869	1.6771	1.7716
7	1.0721	1.1487	1.2299	1.3159	1.4071	1.5036	1.6058	1.7138	1.8280	1.9487
8	1.0829	1.1717	1.2668	1.3686	1.4775	1.5938	1.7182	1.8509	1.9926	2.1436
9	1.0937	1.1951	1.3048	1.4233	1.5513	1.6895	1.8385	1.9990	2.1719	2.3579
10	1.1046	1.2190	1.3439	1.4802	1.6289	1.7908	1.9672	2.1589	2.3674	2.5937
11	1.1157	1.2434	1.3842	1.5395	1.7103	1.8983	2 1049	2.3316	2.5804	2.8531
12	1.1268	1.2682	1.4258	1.6010	1.7959	2.0122	2.2522	2.5182	2.8127	3.1384
13	1.1381	1.2936	1.4685	1.6651	1.8856	2.1329	2.4098	2.7196	3.0658	3.4523
14	1.1495	1.3195	1.5126	1.7317	1.9799	2.2609	2.5785	2.9372	3.3417	3.7975
15	1.1610	1.3459	1.5580	1.8009	2.0789	2.3966	2.7590	3.1722	3.6425	4.1772
16	1 1726	1.3728	1.6047	1.8730	2.1829	2.5404	2.9522	3.4259	3.9703	4.5950
17	1.1843	1.4002	1.6528	1.9479	2.2920	2.6928	3.1588	3.7000	4.3276	5.0545
18	1.1961	1.4282	1.7024	2.0258	2.4066	2.8543	3.3799	3.9960	4.7171	5.5599
19	1.2081	1.4568	1.7535	2.1068	2.5270	3.0256	3.6165	4.3157	5.1417	6.1159
20	1.2202	1.4859	1.8061	2.1911	2.6533	3.2071	3.8697	4.6610	5.6044	6.7275
21	1.2324	1.5157	1.8603	2.2788	2.7860	3.3996	4.1406	5.0338	6.1088	7.4002
22	1.2447	1.5460	1.9161	2.3699	2.9253	3.6035	4.4304	5.4365	6.6586	8.1403
23	1.2572	1.5769	1.9736	2.4647	3.0715	3.8197	4.7405	5.8715	7.2579	8.9543
24	1.2697	1.6084	2.0328	2.5633	3.2251	4.0489	5.0724	6.3412	7.9111	9.8497
25	1.2824	1.6406	2.0938	2.6658	3.3864	4.2919	5.4274	6.8485	8.6231	10.835
26	1.2953	1.6734	2.1566	2.7725	3.5557	4.5494	5.8074	7.3964	9.3992	11.918
27	1.3082	1.7069	2.2213	2.8834	3.7335	4.8223	6.2139	7.9881	10.245	13.110
28	1.3213	1.7410	2.2879	2.9987	3.9201	5.1117	6.6488	8.6271	11.167	14.421
29	1.3345	1.7758	2.3566	3.1187	4.1161	5.4183	7.1143	9.3173	12.172	15.863
30	1.3478	1.8114	2.4273	3.2434	4.3219	5.7435	7.6123	10.063	13.268	17.449
31	1 4166	1.9999	2.8139	3.9461	5.5160	7.6861	10.676	14.785	20.414	28.102
32	1.4889	2.2080	3.2620	4.8010	7.0400	10.286	14.974	21.725	31.409	45.259
33	1.5648	2.4379	3.7816	5.8412	8.9850	13.765	21.002	31.920	48.327	72.891
34	1.6446	2.6916	4.3839	7.1067	11.467	18.420	29.457	46.902	74.358	117.39
35	1.8167	3.2810	5.8916	10.520	18.679	32.988	57.946	101.26	176.03	304.48

기간수 (n)	11%	12%	13%	14%	15%	16%	17%	18%	19%	20%
1	1.1100	1.1200	1.1300	1.1400	1.1500	1.1600	1 1700	1.1800	1.1900	1.2000
2	1.2321	1.2544	1.2769	1.2996	1.3225	1.3456	1,3689	1.3924	1.4161	1.4400
3	1.3676	1.4049	1.4429	1.4815	1.5209	1.5609	1.6016	1.6430	1.6852	1.7280
4	1.5180	1.5735	1.6305	1.6890	1.7490	1.8106	1.8439	1.9388	2.0053	2.0736
5	1.6851	1.7623	1.8424	1.9254	2.0114	2.1003	2.1924	2.2878	2.3864	2.4883
6	1.8704	1.9738	2.0820	2.1950	2.3131	2.4364	2.5652	2.6996	2.8398	2.9860
7	2.0762	2.2107	2.3526	2.5023	2.6600	2.8262	3.0012	3.1855	3.3793	3.5832
8	2.3045	2.4760	2.6584	2.8526	3.0590	3.2784	3.5005	3.7589	4.0214	4.2998
9	2.5580	2.7731	3.0040	3.2519	3.5179	3.8030	4.1084	4.4355	4.7854	5.1598
10	2.8394	3.1058	3.3946	3.7072	4.0456	4.4114	4.8068	5.2338	5.6947	6.1917
11	3.1518	3.4785	3.8359	4.2262	4.6524	5.1173	5.6240	6.1759	6.7767	7.4301
12	3.4985	3.8960	4.3345	4.8179	5.3503	5.9360	6.5801	7.2876	8.0642	8.9161
13	3.8833	4.3635	4.8980	5.4924	6.1528	6.8858	7.6987	8.5994	9.5964	10.699
14	4.3104	4.8871	5.5348	6.2613	7.0757	7.9875	9.0075	10.147	11.420	12,839
15	4.7846	5.4736	6.2543	7.1379	8.1371	9.2655	10.539	11.974	13.589	15.407
16	5.3109	6.1304	7.0673	8.1372	9.3576	10.748	12.330	14.129	16.172	18.488
17	5.8951	6.8660	7.9861	9.2765	10.761	12.468	14.427	16.672	19.244	22.186
18	6.5436	7.6900	9.0243	10.575	12.375	14.463	16.879	19.673	22.901	26.623
19	7,2633	8.6128	10.197	12.056	14.232	16.777	19.748	23.214	27.252	31.948
20	8.0623	9.6463	11.523	13.743	16.367	19.461	23.106	27.393	32.429	38.338
21	8.9492	10.804	13.021	15.668	18.822	22.574	27.034	32.324	38.591	46.005
22	9.9336	12.100	14.714	17.861	21.645	26.186	31.629	38.142	45.923	55.206
23	11.026	13.522	16.626	20.362	24.891	30.376	37.006	45.008	54.648	66.247
24	12.239	15.179	18.788	23.212	28.625	35.236	43.297	53.109	65.032	79.497
25	13.586	17.000	21.231	26.462	32.919	40.874	50.658	62.669	77.388	95.396
26	15.080	19.040	23.991	30.167	37.857	47.414	59.270	73.949	92.092	114.48
27	16.738	21.325	27.109	34.390	34.535	55.000	69.345	87.260	109.56	137.37
28	18.580	23.884	30.634	39.204	50.066	63.800	81.134	102.97	130.41	164.84
29	20.624	26.750	34.617	44.693	57.575	74.009	94.927	121.50	155.19	197.81
30	22.892	29.960	39.116	50.950	66.212	85.850	111.06	143.37	184.67	237.38
31	38.575	52.800	72.068	98.100	133.18	180.31	243.56	327.99	440.70	590.67
32	65.001	93.051	132.78	188.88	267.86	378.72	533.86	750.38	1051.6	1469.8
33	109.53	163.99	244.64	363.68	538.77	795.44	1170.5	1716.7	2509.6	3657.3
34	184.56	289.00	450.74	700.23	1083.7	1670.7	2566.2	3927.4	5988.9	9100.4
35	524.06	897.60	1530.1	2595.9	4384.0	7370.2	12335.	20555.	34105.	56348.

2. 단일금액의 현재가치 $\frac{1}{(1+i)^n}$

i=이자율, n=기간수

기간수 (n)	1%	2%	3%	4%	5%	6%	7%	8%	9%	10%
1	.9901	.9804	.9709	.9615	.9524	.9434	.9346	.9259	.9174	.9091
2	.9803	.9612	.9426	.9246	.9070	.8900	.8734	.8573	.8417	.8264
3	.9706	.9423	.9151	.8890	.8638	.8396	.8163	.7938	.7722	.7513
4	.9610	.9238	.8885	.8548	.8227	.7921	.7629	.7350	.7084	.6830
5	.9515	.9057	.8626	.8219	.7835	.7473	.7130	.6806	.6499	.6209
6	.9420	.8880	.8375	.7903	.7462	.7050	.6663	.6302	.5963	.5645
7	.9327	.8706	.8131	.7599	.7107	.6651	.6227	.5835	.5470	.5132
8	.9235	.8535	.7894	.7307	.6768	.6274	.5820	.5403	.5019	.4665
9	.9143	.8368	.7664	.7026	.6446	.5919	.5439	.5002	.4604	.4241
10	.9053	.8203	.7441	.6756	.6139	.5584	.5083	.4632	.4224	.3855
11	.8963	.8043	.7224	.6496	.5847	.5268	.4751	.4289	.3875	.3505
12	.8874	.7885	.7014	.6246	.5568	.4970	.4440	.3971	.3555	.3186
13	.8787	.7730	.6810	.6006	.5303	.4688	.4150	.3677	.3262	.2897
14	.8700	.7579	.6611	.5775	.5051	.4423	.3878	.3405	.2992	.2633
15	.8613	.7430	.6419	.5553	.4810	.4173	.3624	.3152	.2745	.2394
16	.8528	.7284	.6232	.5339	.4581	.3936	.3387	.2919	.2519	.2176
17	.8444	.7142	.6052	.5134	.4363	.3714	.3166	.2703	.2311	.1978
18	.8360	.7002	.5874	.4936	.4155	.3503	.2959	.2502	.2120	.1799
19	.8277	.6864	.5703	.4746	.3957	.3305	.2765	.2317	.1945	.1635
20	.8195	.6730	.5537	.4564	.3769	.3118	.2584	.2145	.1784	.1486
21	.8114	.6598	.5375	.4388	.3589	.2942	.2415	.1987	.1637	.1351
22	.8034	.6468	.5219	.4220	.3418	.2775	.2257	.1839	.1502	.1228
23	.7954	.6324	.5067	.4057	.3256	.2618	.2109	.1703	.1378	.1117
24	.7876	.6217	.4919	.3901	.3101	.2470	.1971	.1577	.1264	.1015
25	.7798	.6095	.4776	.3751	.2953	.2330	.1842	.1460	.1160	.0923
26	.7720	.5976	.4637	.3604	.2812	.2198	.1722	.1352	.1064	.0839
27	.7644	.5859	.4502	.3468	.2678	.2074	.1609	.1252	.0976	.0763
28	.7568	.5744	.4371	.3335	.2551	.1956	.1504	.1159	.0895	.0693
29	.7493	.5631	.4243	.3207	.2429	.1846	.1406	.1073	.0822	.0630
30	.7419	.5521	.4120	.3083	.2314	.1741	.1314	.0994	.0754	.0573
35	.7059	.5000	.3554	.2534	.1813	.1301	.0937	.0676	.0490	.0356
40	.6717	.4529	.3066	.2083	.1420	.0972	.0668	.0460	.0318	.0221
45	.6391	.4102	.2644	.1712	.1113	.0727	.0476	.0313	.0207	.0137
50	.6080	.3715	.2281	.1407	.0872	.0543	.0339	.0213	.0134	.0085
60	.5504	.3048	.1697	.0951	.0535	.0303	.0173	.0099	.0057	.0033

기간수 (n)	11%	12%	13%	14%	15%	16%	17%	18%	19%	20%
1	.9009	.8929	.8850	.8772	.8696	.8621	.8547	.8475	.8403	.8333
2	.8116	.7972	.7831	.7695	.7561	.7432	.7305	.7182	.7062	.6944
3	.7312	.7118	.6931	.6750	.6575	.6407	.6244	.6086	.5934	.5787
4	.6587	.6355	.6133	.5921	.5718	.5523	.5337	.5158	.4987	.4323
5	.5935	.5674	.5428	.5194	.4972	.4761	.4561	.4371	.4190	.4019
6	.5346	.5066	.4803	.4556	.4323	.4104	.3898	.3704	.3521	.3349
7	.4817	.4523	.4251	.3996	.3759	.3538	.3332	.3139	.2959	.2791
8	.4339	.4039	.3762	.3506	.3269	.3050	.2848	.2660	.2487	.2326
9	.3909	.3606	.3329	.3075	.2843	.2630	.2434	.2255	.2090	.1938
10	.3522	.3220	.2946	.2697	.2472	.2267	.2080	.1911	.1756	.1615
11	.3173	.2875	.2607	.2366	.2149	.1954	.1773	.1619	.1476	.1346
12	.2858	.2567	.2307	.2076	.1869	.1685	.1520	.1372	.1240	.1122
13	.2575	.2292	.2042	.1821	.1625	.1452	.1299	.1163	.1042	.0935
14	.2320	.2046	.1807	.1597	.1413	.1252	.1110	.0985	.0876	.0779
15	.2090	.1827	.1599	.1401	.1229	.1079	.0949	.0835	.0736	.0649
16	.1883	.1631	.1415	.1229	.1069	.0930	.0811	.0708	.0618	.0541
17	.1696	.1456	.1252	.1073	.0929	.0802	.0693	.0600	.0520	.0451
18	.1523	.1300	.1103	.0946	.0803	.0691	.0592	.0508	.0437	.0376
19	.1377	.1161	.0981	.0829	.0703	.0596	.0506	.0431	.0367	.0313
20	.1240	.1037	.0863	.0723	.0611	.0514	.0433	.0365	.0303	.0261
21	.1117	.0926	.0768	.0633	.0633	.0443	.0370	.0309	.0259	.0217
22	.1007	.0326	.0680	.0560	.0560	.0382	.0316	.0262	.0218	.0181
23	.0907	.0738	.0601	.0491	.0491	.0329	.0270	.0222	.0183	.0151
24	.0817	.0659	.0532	.0431	.0431	.0284	.0231	.0188	.0154	.0126
25	.0736	.0588	.0471	.0378	.0378	.0245	.0197	.0160	.0129	.0105
26	.0663	.0525	.0417	.0331	.0264	.0211	.0169	.0135	.0109	.0087
27	.0597	.0469	.0369	.0291	.0230	.0182	.0144	.0115	.0091	.0073
28	.0538	.0419	.0325	.0255	.0200	.0157	.0123	.0097	.0077	.0061
29	.0485	.0374	.0289	.0224	.0174	.0135	.0105	.0082	.0064	.0051
30	.0437	.0334	.0256	.0196	.0151	.0116	.0090	.0070	.0054	.0042
35	.0259	.0189	.0139	.0102	.0075	.0055	.0041	.0030	.0023	.0017
40	.0154	.0187	.0075	.0053	.0037	.0026	.0019	.0013	.0010	.0007
45	.0091	.0061	.0041	.0027	.0019	.0013	.0009	.0006	.0004	.0003
50	.0054	.0035	.0022	.0014	.0009	.0006	.0004	.0003	.0002	.0001
60	.0019	.0011	.0007	.0004	.0002	.0001	.00008	.00005	.00003	.00002

3. 연금의 미래가치 $\frac{(1+i)^n-1}{i}$

i=이자율, n=기간수

기간수 (n)	1%	2%	3%	4%	5%	6%	7%	8%	9%	10%
1	1.0000	1.0000	1.0000	1.0000	1.0000	1.0000	1.0000	1.0000	1.0000	1.0000
2	2.0100	2.0200	2.0300	2.0400	2.0500	2.0600	2.0700	2.0800	2.0900	2.1000
3	3.0301	3.0604	3.0909	3.1216	3.0525	3.1836	3.2149	3.2464	3.2781	3.3100
4	4.0604	4.1216	4.1836	4.2465	4.3101	4.3746	4.4399	4.5061	4.5731	4.6410
5	5.1010	5.2040	5.3091	5.4163	5.5256	5.6371	5.7507	5.8666	5.9847	6.1051
6	6.1520	6.3081	6.4684	6.6330	6.8019	6.9753	7.1533	7.3359	7.5233	7.7156
7	7.2135	7.4343	7.6625	7,8983	8.1420	8.3938	8.6540	8.9228	9.2004	9.4872
8	8.2857	8.5830	8.8932	9.2142	9.5491	9.8975	10.260	10.637	11.028	11.436
9	9.3685	9.7546	10.159	10.583	11.027	11.491	11.978	12.488	13.021	13.570
10	10.462	10.950	11.464	12.006	12.578	13.181	13.816	14.487	15.193	15.937
11	11.567	12.169	12.808	13.486	14.207	14.972	15.784	16.645	17.560	18.531
12	12.683	13.412	14.192	15.026	I5.917	16.870	17.888	18.977	20.141	21.384
13	13.809	14.680	15.618	16.627	17.713	18.882	20.141	21.495	22.953	24.523
14	14.947	15.974	17.086	18.292	19.599	21.015	22.550	24.215	26.019	27.975
15	16.097	17.293	18.599	20.024	21.579	23.276	25.129	27.152	29.361	31.772
16	17.258	18.639	20.157	21.825	23.657	25.673	27.888	30.324	33.003	35.950
17	18.430	20.012	21,762	23.698	25.840	28.213	30.840	33.750	36.974	40.545
18	19.615	21.412	23.414	25.645	28.132	30.906	33.999	37.450	41.301	45.599
19	20.811	22.841	25.117	27.671	30.539	33.760	37.379	41.446	46.018	51.159
20	22.019	24.297	26.870	29.778	33.066	36.786	40.995	45.762	51.160	57.275
21	23.239	25.783	28.676	31.969	35.719	39.993	44.865	50.423	56.765	64.002
22	24.472	27.299	30.537	34.248	38.505	43.392	49.006	55.457	62.873	71.403
23	25.716	28.845	32.453	36.618	41.430	46.996	53.436	60.893	69.532	79.543
24	26.973	30.422	34.426	39.083	44.502	50.816	58.177	66.765	76.790	88.497
25	28.243	32.030	36.459	41.646	47.727	54.865	63.249	73.106	84.701	98.347
26	29.526	33.671	38.553	44.312	51.113	59.156	68.676	79.954	93.324	109.18
27	30.821	35.344	40.710	47.084	54.669	63.706	74.484	87.351	102.72	121.10
28	32.129	37.051	42.931	49.968	58.403	68.528	80.698	95.339	112.97	134.21
29	33.450	38.792	45.219	52.966	62.323	73.640	87.347	103.97	124.14	148.63
30	34.785	40.568	47.575	56.085	66.439	79.058	94.461	113.28	136.31	164.49
31	41,660	49.994	60.462	73.652	90.320	111.43	138.24	172.32	215.71	271.02
32	48.886	60.402	75.401	95.026	120.80	154.76	199.64	259.06	337.88	442.59
33	56.481	71.893	92.720	121.03	159.70	212.74	285.75	386.51	525.86	718.90
34	64.463	84.579	112.80	152.67	209.35	290.34	406.53	573.77	815.08	1163.9
35	81.670	114.05	163.05	237.99	353.58	533.13	813.52	1253.2	1944.8	3034.8

기간수 (n)	11%	12%	13%	14%	15%	16%	17%	18%	19%	20%
1	1.0000	1.0000	1.0000	1.0000	1.0000	1.0000	1.0000	1.0000	1.0000	1.0000
2	2.1100	2.1200	2.1300	2.1400	2.1500	2.1600	2.1700	2.1800	2.1900	2.2000
3	3.3421	3.3744	3.4069	3.4396	3.4725	3.5056	3.5389	3.5724	3.6061	3.6400
4	4.7097	4.7793	4.8498	4.9211	4.9934	5.0665	5.1405	5.2154	5.2913	5.3580
5	6.2278	6.3528	6.4803	6.6101	6.7424	6.8771	7.0144	7.1542	7.2966	7.4416
6	7.9130	8.1152	8.3230	8.5355	8.7537	8.9775	9.2068	9.4420	9.6830	9.9299
7	9.7830	10.089	10.405	10.730	11.067	11.414	11.772	12.142	12.523	12.916
8	11.859	12.300	12.757	13.233	13.727	14.240	14.773	15.327	15.902	16.499
9	14.163	14.776	15.416	16.085	16.786	17.519	18.285	19.086	19.923	20.799
10	16.722	17.549	18.419	19.337	20.304	21.321	22.393	23.521	24.709	25.959
11	19.561	20.655	21.814	23.045	24.349	25.733	27.199	28.755	30.404	32.150
12	22.713	24.133	25.650	27.271	29.002	30.850	32.823	34.931	37.180	39.581
13	26.211	28.029	29.984	32.089	34.352	36.786	39.404	42.218	45.244	48.497
14	30.095	32.393	34.883	37.581	40.505	43.672	47.103	50.818	54.841	58.196
15	34.405	37.280	40.418	43.842	47.580	51.660	56.110	60.965	56.261	72.035
16	39.199	42.753	46.672	50.980	55.717	60.925	66.649	72.939	79.850	87.442
17	44.501	48.884	53.739	59.118	65.075	71.673	78.979	87.068	96.022	105.93
18	50.396	55.750	61.725	68.394	75.836	84.141	93.406	103.74	115.26	128.12
19	56.939	63.440	70.749	78.969	80.212	98.603	110.29	123.41	138.16	154.74
20	64.203	72.052	80.947	91.025	102.44	115.38	130.03	146.63	155.42	186.69
21	72.265	81.699	92.469	104.77	118.81	134.84	153.14	174.02	197.85	225.03
22	81.214	92.503	105.49	120.44	137.63	157.41	180.17	206.34	236.44	271.03
23	91.148	104.60	120.20	138.30	159.28	183.60	211.80	244.49	282.36	326.24
24	102.17	118.16	136.83	158.66	184.17	213.98	248.81	289.49	337.01	392.48
25	114.41	133.33	155.62	181.87	212.79	249.21	292.21	324.60	402.04	471.98
26	127.99	150.33	176.85	208.33	245.71	290.09	342.76	405.27	497.43	567.38
27	143.08	169.37	200.84	238.50	283.57	337.50	402.03	479.22	571.52	681.85
28	159.82	190.70	227.95	272.89	327.10	392.50	471.38	566.48	681.11	819.22
29	178.39	214.58	258.58	312.09	377.17	456.30	552.51	659.45	811.52	984.07
30	199.02	241.33	293.19	356.79	434.75	530.31	647.44	790.95	966.71	1181.9
31	341.59	431.66	546.68	693.57	881.17	1120.7	1426.4	1816.7	2314.2	2948.3
32	581.83	767.09	1013.7	1342.0	1779.1	2360.8	3134.5	4163.2	5529.8	7343.9
33	986.64	1358.3	1874.2	2590.6	3585.1	4965.3	6879.2	9531.6	13203.	18281.
34	1668.7	2400.0	3459.5	4994.5	7217.7	10436.	15089.	21813.	31515.	45497.
35	4755.1	7471.6	11762.	18535.	29220.	46057.	72555.	114189	179494	281737

4. 연금의 현재가치 $\frac{1-(1+i)^{-n}}{i}$

i=이자율, n=기간수

기간수 (n)	1%	2%	3%	4%	5%	6%	7%	8%	9%	10%
1	0.9901	0.9804	0.9616	.09615	0.9524	0.9434	0.9346	0.9259	0.9174	0.9091
2	1.9704	1.9416	1.9165	1.8861	1.8594	1.8334	1.8080	1.7833	1.7591	1.7355
3	2.9410	2.8839	2.8286	2.7751	2.7232	2.6730	2.6243	2.5771	2.5313	2.4868
4	3.9020	3.8077	3.7171	3.6299	3.5460	3.4651	3.3872	3.3121	3.2397	3.1699
5	4.8534	4.7135	4.5797	4.4518	4.3295	4.2124	4.1002	3.9927	3.8897	3.7908
6	5.7955	5.6014	5.4172	5.2421	5.0757	4.9173	4.7665	4.6229	4.4859	4.3553
7	6.7282	6.4720	6.2303	6.0021	5.7864	5.5824	5.3893	5.2064	5.0330	4.8684
8	7.6517	7.3255	7.0197	6.7327	6.4632	6.2098	5.9713	5.7466	5.5348	5.3349
9	8.5660	8.1622	7.7861	7.4353	7.1078	6.8017	6.5152	6.2469	5.9952	5.7590
10	9.4713	8.9826	8.5302	8.1109	7.7217	7.3601	7.0236	6.7101	6.4177	6.1446
11	10.368	9.7868	9.2526	8.7605	8.3064	7.8869	7.4987	7.1390	6.8052	6.4951
12	11.255	10.575	9.9540	9.3851	8.8633	8.3838	7.9427	7.5361	7.1607	6.8137
13	12.134	11.348	10.635	9.9856	9.3936	8.8527	8.3577	7.9038	7.4869	7.1034
14	13.004	12.106	11.296	10.563	9.8986	9.2950	8.7455	8.2442	7.7862	7.3667
15	13.865	12.849	11.938	11.118	10.380	9.7122	9.1079	8.5595	8.0607	7.6061
16	14.718	13.578	12.561	11.652	10.838	10.106	9.4466	8.8514	8.3136	7.8237
17	15.562	14.292	13.166	21.166	11.274	10.477	9.7632	9.1216	8.5436	8.0216
18	16.398	14.992	13.756	12.659	11.690	10.828	10.059	9.3719	8.7556	8.2014
19	17.226	15.679	14.324	13.134	12.085	11.158	10.336	9.6036	8.9501	8.3649
20	18.046	16.351	14.877	13.590	12.462	11.470	10.594	9.8181	9.1285	8.5136
21	18.857	17.011	15.415	14.029	12.821	11.764	10.835	10.017	9.2922	8.6487
22	19.660	17.658	15.937	14.451	13.613	12.042	11.061	10.201	9.4424	8.7715
23	20.456	18.292	16.444	14.857	13.489	12.303	11.272	10.371	9.5802	8.8832
24	21.243	18.914	16.935	15.247	13.799	12.550	11.469	10.529	9.7066	8.9847
25	22.023	19.524	17.413	15.622	14.094	12.783	11.654	10.675	9.8266	9.0770
26	22.795	20.121	17.877	15.983	14.375	13.003	11.826	10.810	9.9290	9.1609
27	23.560	20.707	18.327	16.330	14.643	13.210	11.987	10.935	10.027	9.2372
28	24.316	21.281	18.764	16.663	14.898	13.406	12.137	11.051	10.116	9.3066
29	25.066	21.844	19.188	16.984	15.141	13.591	12.278	11.158	10.198	9.3696
30	25.808	22.397	19.600	17.292	15.373	13.765	12.409	11.258	10.274	9.4269
35	29.409	24.999	21.487	18.665	16.374	14.498	12.948	11.655	10.567	9.6442
40	32.835	27.356	23.115	19.793	17.159	15.046	13.332	11.925	10.757	9.7791
45	36.095	29.490	24.519	20.720	17.774	15.456	13.605	12.108	10.881	9.8628
50	39.196	31.424	25.730	21.482	18.256	15.762	13.801	12.233	10.962	9.9148
60	44.955	34.761	27.676	22.623	18.929	16.161	14.039	12.376	11.048	9.9671

기간수 (n)	11%	12%	13%	14%	15%	16%	17%	18%	19%	20%
1	0.9009	0.8929	0.8850	0.8722	0.8696	0.8621	0.8547	0.8475	0.8403	0.8333
2	1.7125	1.6901	1.6681	1.6467	1.6257	1.6052	1.5852	1.5656	1.5465	1.5278
3	2.4437	2.4018	2.3612	2.3216	2.2832	2.2459	2.2096	2.1743	2.1399	2.1065
4	3.1024	3.0373	2.9745	2.9137	2.8550	2.7982	2.7432	2.6901	2.6386	2.5887
5	3.6959	3.6048	3.5172	3.4331	3.3522	3.2743	3.1993	3.1272	3.0576	2.9906
6	4.2305	4.1114	3.9975	3.8887	3.7845	3.6847	3.5892	3.4976	3.4098	3.3255
7	4.7122	4.5638	4.4226	4.2883	4.1604	4.0386	3.9224	3.8115	3.7057	3.6046
8	5.1461	4.9676	4.7988	4.6389	4.4873	4.3436	4.2072	4.0776	3.9544	3.8372
9	5.5370	5.3282	5.1317	4.9464	4.7716	4.6065	4.4506	4.3030	4.1633	4.0310
10	5.8892	5.6502.	5.4262	5.2161	5.0188	4.8332	4.6586	4.4941	4.3389	4.1925
11	6.2065	5.9377	5.6869	5.4527	5.2337	5.0286	4.8364	4.6560	4.4865	4.3271
12	6.4924	6.1944	5.9176	5.6603	5.4206	5.1971	4.9884	4.7932	4.6105	4.4392
13	6.7499	6.4235	6.1218	5.8424	5.5831	5.3423	5.1183	4.9095	4.7147	4.5327
14	6.9819	6.6282	6.3025	6.0021	5.7245	5.4675	5.2293	5.0081	4.8023	4.6106
15	7.1909	6.8109	6.4624	6.1422	5.8474	5.5755	5.3242	5.0916	4.8759	4.6755
16	7.3792	6.9740	6.6039	6.2651	5.9542	5.6685	5.4053	5.1624	4.9377	4.7296
17	7.5488	7.1196	6.7291	6.3729	6.0472	5.7487	5.4746	5.2223	4.9897	4.7746
18	7.7016	7.2497	6.8399	6.4674	6.1280	5.8718	5.5339	5.2732	5.0333	4.8122
19	7.8393	7.3658	6.9380	6.5504	6.1982	5.8775	5.5845	5.3162	5.0700	4.8435
20	7.9633	7.4694	7.0248	6.6231	6.2593	5.9288	5.6278	5.3527	5.1009	4.8696
21	8.0751	7.5620	7.1015	6.6870	6.3125	5.9731	5.6648	5.3837	5.1263	4.8913
22	8.1757	7.6446	7.1695	6.7429	6.3587	6.0113	5.6964	5.4099	5.1486	4.9094
23	8.2664	7.7184	7.2297	6.7921	6.3988	6.0442	5.7234	5.4321	5.1668	4.9245
24	8.3481	7.7843	7.2829	6.8351	6.4338	0.0726	6.7465	5.4509	5.1822	4.9371
25	8.4217	7.8431	7.3300	6.8729	6.4641	6.0971	5.7662	5.4669	5.1951	4.9476
26	8.4881	7.8957	7.3717	6.9061	6.4906	6.1182	5.7831	5.4804	5.2060	4.9563
27	8.5478	7.9426	7.4086	6.9352	6.5135	6.1364	5.7975	5.4919	5.2151	4.9636
28	8.6016	7.9844	7.4412	6.9607	6.5335	6.1520	5.8099	5.5016	5.2223	4.9697
29	8.6501	8.0218	7.4701	6.9830	6.5509	6.1656	5.8204	5.5093	5.2292	4.9747
30	8.6938	8.0522	7.4957	7.0027	6.5660	6.1772	5.8294	5.5168	5.2347	4.9789
35	8.8552	8.1755	7.5856	7.0700	6.6166	6.2153	5.8582	5.5386	5.2512	4.9915
40	8.9511	8.2433	7.6344	7.1050	6.6418	6.2335	5.8713	5.5482	5.2582	4.9966
45	9.0079	8.2825	7.6609	7.1232	6.6543	6.2421	5.8773	5.5523	5.2611	4.9986
50	9.0417	8.3045	7.6572	7.1327	6.6605	6.2463	5.8801	5.5541	5.2623	4.9995
60	9.0736	8.3240	7.6873	7.1401	6.6651	6.2491	5.8819	5.5553	5.2630	4.9999

| 찾아보기 |

ㅈ

| 저자약력 |

이충섭
동아대학교 경영대학 경영학과 교수
경영학박사, Georgia State University

[주요 연구주제]
경영전략, 성과평가, BSC
clee@dau.ac.kr

조용언
동아대학교 경영대학 경영학과 교수
경영학박사, 부산대학교

[주요 연구주제]
ESG 측정과 보고, 기업가치평가, 재무분석
yecho@dau.ac.kr

이상완
동아대학교 경영대학 경영학과 부교수
경영학박사, 서강대학교

[주요 연구주제]
성과평가, 보상, 예산
sangwan12@dau.ac.kr

정재현
동아대학교 경영대학 경영학과 부교수
세무학박사, 서울시립대학교

[주요 연구주제]
조세회피, 조세전략, 조세불복과 기업가치
jhjung@dau.ac.kr

정재경
동아대학교 경영대학 경영학과 조교수
경영학박사, 성균관대학교

[주요 연구주제]
이익품질, 국제회계기준, 자본시장
jgjung0905@dau.ac.kr

이승태
동아대학교 경영대학 경영학과 조교수
경영학박사, 부산대학교

[주요 연구주제]
지배구조, ESG, 기업가치평가
stlee@dau.ac.kr

정현욱
동아대학교 경영대학 경영학과 부교수
경영학박사, 영남대학교

[주요 연구주제]
거래량, 부채특성, 손실기업과 수익비용대응 수준
biglotos@dau.ac.kr

회계원리(제5판)

2013년 9월 5일 1판 1쇄 발행
2023년 2월 25일 5판 1쇄 발행

저 자 | 이충섭 · 조용언 · 이상완 · 정재현 · 정재경 · 이승태 · 정현욱
발행인 | 이수영
발행처 | 도서출판 청람
서울시 마포구 독막로 288(대흥동, 세양상가 109호)
전 화 | 02)3272-2601~2
팩 스 | 02)3272-2603
이메일 | crbooks@daum.net
홈페이지 | http://www.crbooks.co.kr
등 록 | 2000년 8월 26일 제6-0509호

ISBN 978-89-5972-937-1 93320 [정가 25,000원]